AFFAIRE
DES DÉPORTÉS
DE
LA MARTINIQUE.
1823—1824.

MÉMOIRES, CONSULTATIONS,
ET PIÈCES JUSTIFICATIVES.

Livraison.

PARIS.
CONSTANTIN, ÉDITEUR,
RUE SAINT-JACQUES, N° 91.
BAUDOUIN FRÈRES, LIBRAIRES, RUE DE VAUGIRARD, N° 36.

JUILLET 1824.

IMPRIMERIE DE J. TASTU, RUE DE VAUGIRARD, N° 36.

AFFAIRE

DES DÉPORTÉS

DE

LA MARTINIQUE.

DE L'IMPRIMERIE DE J. TASTU,
RUE DE VAUGIRARD, n° 36.

AFFAIRE
DES DÉPORTÉS
DE
LA MARTINIQUE.

 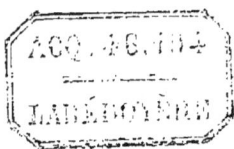

1823-1824.

MÉMOIRES, CONSULTATIONS,
PIÈCES JUSTIFICATIVES, ETC.

PARIS.

CONSTANTIN, ÉDITEUR, RUE SAINT-JACQUES, N° 91.
BAUDOUIN FRÈRES, RUE DE VAUGIRARD, N° 36.

JUILLET 1824.

AVIS DE L'ÉDITEUR.

La publicité a révélé à la France une grande plaie, a dit le Journal des Débats du 22 juillet; cette plaie est l'affaire des déportés de la Martinique. Elle est doublement saignante; d'une part, on voit une liste de plus de deux cents personnes déportées sans jugement, c'est-à-dire pour donner à la chose sa véritable qualification, une *proscription*; de l'autre, on apprend le misérable état dans lequel se trouvent les hommes de couleur libres dans nos colonies.

Le savant et courageux avocat qui a entrepris cette défense a lui-même été inquiété; on aurait voulu ensevelir dans le silence une cause qui a fait tant d'éclat.

Si les ministres persistent à ne pas faire justice, l'opinion publique la fera.

Cette affaire sort du cercle ordinaire des causes judiciaires; elle intéresse de trop près l'humanité, la justice et la politique; elle importe trop à l'honneur de la France; elle excite dans le Nouveau-Monde une trop vive sollicitude pour que tous les actes n'en soient pas recueillis fidèlement.

Nous avons entrepris cette publication qui aura lieu par numéros successifs de trois ou quatre feuilles d'impression. Il en paraît aujourd'hui quatre livraisons.

Prix de chaque livraison par feuille : 20 c.

On souscrit, pour le tout, sur le pied de 5 fr.

MÉMOIRE

POUR

LES DÉPORTÉS

DE LA MARTINIQUE.

Latet jus privatum sub tutelâ juris publici.
BACON, Aphorism. 3.

(Il n'y a pas de droits privés, là où il n'y a pas d'institutions publiques.)

« On n'est coupable que lorsqu'on a été jugé. »
(Paroles de M. le Garde-des-sceaux à la Chambre des Députés, le 29 juin 1824.)

PARIS.

IMPRIMERIE DE J. TASTU,
RUE DE VAUGIRARD, N° 36.

1824.

AU ROI

EN SON CONSEIL DES MINISTRES.

SIRE,

Quand Votre Majesté inscrivait, dans l'article 73 de la Charte, ce principe que les colonies françaises seraient régies par des Lois et par des Réglemens particuliers, elle posait les bases d'une organisation *législative* tout à la fois et *réglémentaire :* elle annonçait à ses fidèles sujets des colonies, une charte spéciale et des institutions analogues à celles sous lesquelles sa haute sagesse a placé les Français de la métropole.

Digne successeur d'un prince qui mérita d'être appelé le restaurateur de la liberté française, Votre Majesté avait en vue le rétablissement, dans nos possessions d'outre-mer, de ces assemblées coloniales, dont Louis XVI, par une ordonnance à jamais célèbre du 17 juin 1787, avait réglé l'organisation sur le pied le plus libéral; non pas de ces assemblées *mi-partie d'agriculture et de commerce* (1), nom sous lequel on les désignait alors, et que l'on vient de rétablir en ces dernières années, assemblées composées de membres choisis sur la proposition des

---

(1) Créées les 23 juillet et 10 décembre 1759, réformées le 28 mars 1763, et remplacées temporairement par des assemblées plénières ou de notables.

préfets colonaiux, dont l'impuissance a été plusieurs fois proclamée par nos Rois; mais d'un corps vraiment représentatif, tirant sa force de son élection, stipulant les droits du peuple, et renouvelé tous les quatre ans.

Le bienfait de ces institutions protectrices était attendu avec d'autant plus d'impatience dans nos colonies, que le mélange toujours croissant des castes, y a produit des germes de dissensions que les préjugés et les prétentions excessives des blancs tendent incessamment à accroître, et que l'abolition graduelle et désormais assurée de l'esclavage, appelle dans la classe des hommes libres de couleur, un grand nombre de citoyens. Le temps est venu, pour les blancs qui forment une classe à part et privilégiée, et qui seuls jouissent des droits civils et politiques, de partager enfin les avantages sociaux avec ceux qui supportent comme eux toutes les charges publiques.

On peut le dire hautement, parce que c'est une vérité généralement sentie : si nos colonies ne sont pas montées au degré de prospérité auquel elles sont appelées par la marche progressive des choses dans le Nouveau-Monde; si même elles sont tombées dans un état de souffrance et de pauvreté reconnues par les hommes de toutes les opinions; si elles sont une charge pour la métropole (1); c'est que la législation y a été stationnaire ou pour mieux dire rétrograde.

Les institutions qui les gouvernent, bien loin de protéger l'industrie et d'aider au développement des facultés morales et intellectuelles de la population de ces contrées, tendent au contraire à les comprimer.

Cette erreur est d'autant plus grave, elle est d'autant plus fâcheuse, que de toutes parts sur le conti-

---

(1) *La Martinique*, au lieu de grossir le trésor royal, lui coûte chaque année plus d'un million. Il en est de même des autres colonies, à l'exception, dit-on, des établissemens de l'Inde.

nent et dans l'archipel des Antilles, la civilisation a fait d'immenses progrès; le vieux système colonial a péri dans les anciennes colonies espagnoles.

Les colonies anglaises ont obtenu de la sagesse du gouvernement britannique des institutions basées sur celles dont Louis XVI a donné le modèle dans l'édit de 1787, qui concilient les intérêts de la métropole, avec la protection que tout habitant d'un État a droit de réclamer de ceux qui le gouvernent. Même dans les colonies qui n'ont point encore de législature coloniale, telles que la Trinité, Sainte-Lucie, Demerary, et là plus qu'ailleurs, S. M. le roi de la Grande-Bretagne, vient d'améliorer considérablement le sort de la population esclave (1). Partout les hommes de couleur, qui forment la base de la population, ont obtenu la jouissance de l'intégrité des droits civils. Ils sont, à cet égard, sur un pied d'égalité parfaite avec les blancs ou créoles; partout le droit est substitué au privilége.

Les colonies françaises ressentent les mêmes besoins; elles ont les mêmes droits, et notre gouvernement est trop sage et trop éclairé, la promesse faite par notre auguste monarque est trop formelle et trop précise, pour qu'on les laisse plus long-temps dans le provisoire; pour que les vœux de cette intéressante partie de l'empire français soient plus

---

(1) Un ordre du conseil privé du mois de mars, communiqué aux deux chambres du parlement, qui est annoncé comme le précurseur d'améliorations plus grandes, abolit l'usage du fouet, comme une peine envers les individus du sexe féminin, et comme emblême d'autorité, et un stimulant au travail pour tous les autres; des réglemens précis sur les punitions à infliger aux mâles; des dispositions propres à encourager et valider les mariages entre esclaves; des facilités pour les affranchissemens et rachats. On accorde aux esclaves la capacité du témoignage en justice; on va jusqu'à leur garantir les droits de propriété, avec faculté de disposer. Les ministres ont dit, avec raison, que par-là l'esclave commençait à entrer de la classe des brutes dans celle des hommes, et qu'on le traitait comme un enfant mineur.

long-temps ajournés, pour qu'enfin les hommes de couleur libres restent privés de la participation aux droits civils et de cité, réduits qu'ils sont à l'état de véritables Parias.

Le malheureux événement qui donne lieu à la publication de ce Mémoire, en démontre d'ailleurs l'urgente *nécessité;* car il sera *prouvé* que les hommes de couleur sont privés de la protection des lois, qu'ils ne jouissent pas même des droits civils. Il ne faut pas que des bannissemens en masse se renouvellent, et qu'une population tout entière puisse être mise hors la loi sur le plus léger soupçon, et sous prétexte d'une conspiration que les élémens judiciaires démontrent tout-à-fait imaginaire.

Dans toutes les colonies françaises, et à la Martinique en particulier, la pratique de l'esclavage que l'un des ministres du Roi (1) a si bien nommé *un crime légal,* a produit ce mal, qu'elle a accoutumé les blancs à se considérer comme des hommes d'une espèce supérieure, ayant droit d'exploiter à leur profit exclusif, la population de ces colonies qui s'y trouve parquée et enfermée, pour ainsi dire, comme dans une prison perpétuelle (2).

Oubliant qu'aux yeux de Dieu et de la religion qu'ils professent, tous les hommes naissent libres, qu'ils ont également droit aux produits de la terre, et que les indigènes des Antilles avaient même une

---

(1) Note officielle de M. le vicomte de Châteaubriand au congrès de Vérone, en réponse au Mémoire de l'ambassadeur de S. M. B. relativement à l'abolition de la traite.

(2) D'après les réglemens coloniaux, tout individu né sur le sol des colonies (excepté les Européens ou les blancs), ne peut le quitter et réaliser sa fortune, sans la permission du gouverneur. On ne peut pas même, sans cette permission, quitter un quartier pour aller s'établir dans un autre.

Autrefois quand un nègre avait touché le sol français, il était libre. Lettre du ministre du 5 février 1698. Mais les temps sont changés!

possession antérieure légitimée par la mise en culture, les premiers colons, presque tous aventuriers, en abandonnant la flibuste (1), et devenant planteurs, parce qu'il y avait moins de dangers, abusèrent à si haut point du prétendu droit de la victoire, qu'ils firent périr les habitans par le fer ou les réduisirent en esclavage, et lorsque cette innocente population (2) eut disparu presque tout entière par leur barbarie, ils la remplacèrent par l'odieux trafic connu sous le nom de TRAITE DES NOIRS.

Ces abus cruels demeurèrent sans aucune répression jusqu'au milieu du dix-septième siècle, qu'ils excitèrent l'attention et éveillèrent la sollicitude et l'humanité de nos rois. Le gouvernement intervint pour empêcher les mêmes excès de se renouveler.

On ne pouvait détruire le mal dans sa racine; on y chercha des palliatifs.

Louis XIII ne consentit qu'avec beaucoup de peine (3) à souffrir que les premiers habitans des îles eussent des esclaves. Fidèle à cet ancien principe, que toute terre soumise à la souveraineté du roi de France, est une terre de liberté, il voulait que tous ses sujets des colonies fussent libres; mais on parvint à lui persuader, contre les principes les plus certains de la religion chrétienne, que le maintien de l'esclavage était le plus sûr, et même l'unique moyen de tirer les Africains indigènes de l'idolâtrie.

Un édit rendu par ce prince à Narbonne, au mois de mars 1642, donna les îles de l'Amérique, et no-

---

(1) *Voyez* le père Labat, l'Histoire générale des Voyages, liv. VIII, chap. 1er, 2 et 3, et les Annales de Saint-Domingue et de la Martinique. *Ducasse*, qui a été gouverneur de Saint-Domingue en 1711, avait été chef des flibustiers ou pirates. Une déclaration du roi du 5 juillet 1722, défend d'envoyer à l'avenir aux colonies des vagabonds et gens sans aveu.

(2) Les Caraïbes.

(3) Le père Labat, cité Histoire générale des Voyages, par La Harpe. Liv. VIII, chap. 2, pag. 138, édition in-12. — 1822.

tamment la Martinique (1) à titre d'inféodation, à une compagnie privilégiée, à la charge d'y établir et d'y faire fleurir la religion catholique.

Par l'établissement de cette compagnie, on mettait un frein à l'avidité et à la barbarie des premiers possesseurs.

« Et d'autant, porte l'article 13 de cet édit, qu'au-
» cuns de nos sujets pourraient faire difficulté de
» transférer leurs demeures ès-dites îles, craignant
» que leurs enfans ne perdissent leur droit de natu-
» ralité en ce royaume ; nous voulons et ordonnons
» que les descendans de Français habitués auxdites
» îles, et MÊME LES SAUVAGES CONVERTIS A LA FOI CHRÉ-
» TIENNE, seront censés et réputés NATURELS français,
» capables de toutes charges, honneurs, successions
» et donations, ainsi que les originaires et régni-
» coles. »

Louis XIV, s'étant aperçu que la compagnie abusait des pouvoirs qui lui étaient conférés (2), révoqua ses priviléges par édit du 1er avril 1679, et il en reprit la protection directe, qu'un gouvernement ne doit jamais abandonner sur les peuples soumis à sa souveraineté.

Malgré cette révocation, les créoles ou planteurs, descendans des familles anciennement établies dans les Antilles, se considèrent toujours, soit comme conquérans, soit comme souverains seigneurs et propriétaires du sol, à la charge d'un stérile *hommage* envers la couronne de France ; plus d'une fois ils se sont permis de s'insurger contre les gouverneurs, et d'em-

---

(1) C'est la première loi insérée dans le Code de la Martinique, six vol. in-8°, d'où toutes nos citations de lois sont extraites, ainsi que du savant et volumineux recueil des Constitutions des Colonies, par Moreau de Saint-Méry. Six vol. in-4°.

(2) On peut voir dans l'Histoire des Voyages, *ibid.*, pag. 162, les obstacles que les compagnies privilégiées apportèrent à l'accroissement de Saint-Domingue.

barquer ceux dont l'administration ferme et sévère, conforme aux intentions formellement exprimées dans les ordonnances de nos rois et dans leurs mémoires d'instructions, tendait à rabaisser leur orgueil et à rétablir l'égalité des droits et une autorité protectrice de tous les intérêts.

Plus souvent encore, par des mémoires adressés clandestinement au ministère des colonies, ou par les sollicitations intéressées des députés coloniaux, ils ont calomnié la conduite des gouverneurs les plus respectables, et ils en ont obtenu le rappel.

Les gouverneurs qui ont voulu se maintenir plus long-temps dans leur commandement, ou qui, par faiblesse ou par les préjugés de leur naissance, épousaient les intérêts de la classe privilégiée, ont dissimulé au gouvernement du roi l'oppression sous laquelle gémissent les hommes de couleur et les esclaves.

Elle n'avait pas cependant échappé à l'attention du grand roi, et par un édit du mois de mars 1685 (appelé le Code noir), il crut y mettre un terme pour l'avenir. Par cette loi, le sort des esclaves fut considérablement adouci (les lumières n'étaient pas encore assez avancées pour qu'on songeât à l'abolition graduelle de l'esclavage, par la prohibition de la traite).

On va juger par les dispositions relatives aux hommes de couleur libres, de l'esprit de libéralité qui dominait alors dans le conseil du roi.

« Déclarons (dit l'art. 57) l'affranchissement fait
» dans nos isles, tenir lieu *de naissance*, et les es-
» claves affranchis n'avoir besoin de nos lettres de
» naturalité, pour jouir de l'*avantage* de nos sujets
» naturels du royaume, encore qu'ils soient nés dans
» les pays étrangers. »

Et dans l'art. 59, on lit :

« Octroyons aux affranchis, les mêmes *droits*, *pri-*
» *viléges* et *immunités* dont jouissent les personnes
» libres ; voulons que le mérite d'une liberté acquise,

» produise en eux, tant pour leurs personnes que
» pour leurs biens, les mêmes effets que *le bonheur*
» *de la liberté naturelle* cause à nos autres sujets.»

On trouve dans cette disposition d'une loi solennelle, enregistrée dans tous les tribunaux des colonies, la base de toutes les améliorations accordées par Louis XVI, et de nouveau promises par V. M. (1). On y concède aux hommes de couleur, non-seulement la plénitude des droits civils, mais encore l'intégralité des droits politiques, qui peuvent ou pourront être départis aux créoles des colonies.

Quand même ceux-ci les réclameraient à titre d'immunités ou de *priviléges*, les hommes de couleur y participeraient comme eux-mêmes.

Telle est la Charte octroyée il y a plus d'un siècle par le grand roi à la population des Antilles.

Il est de toute évidence que, dans les conseils de Louis XIV, on avait reconnu l'illégitimité primordiale

___

(1) On lit dans l'ordonnance du 22 novembre 1819, qui n'est que le développement d'une partie des promesses consignées dans l'article 73 de la Charte, article 4 :

« Voulons, *en conformité du droit public des Français*, qu'à
» dater du jour de l'enregistrement de la présente ordonnance
» dans nos colonies, tous arrêts et jugemens soient motivés,
» et qu'à partir du même jour, la peine de la confiscation des
» biens des condamnés, soit abolie.

» Seront au surplus repris et complétés, sous le moindre
» délai, les travaux commencés relativement à la mise en vi-
» gueur dans nos possessions d'outre-mer, des dispositions des
» nouveaux Codes.

» Une organisation judiciaire, aussi rapprochée que faire
» se pourra de celle de la métropole, sera établie dans les co-
» lonies.

» A la Martinique, ils seront rédigés par le commissaire de
» justice, que nous y envoyons à cet effet. »

Nos Codes sont tellement basés sur des principes d'égalité, que pour en ôter le bienfait, on a été obligé d'en modifier les dispositions, là où ils ont été publiés.

de l'esclavage (1); et si la raison d'Etat empêchait de l'abolir alors, le vice originel s'en trouvait du moins entièrement effacé par (2) l'affranchissement; on ne voulait pas que la dignité que l'Etre-Suprême a imprimée à l'homme, (quelle que soit sa couleur,) fût flétrie en la personne des hommes de couleur libres, par aucune de

---

(1) Le gouvernement de Louis XV lui-même, malgré sa faiblesse, et quoiqu'il ait augmenté, au lieu d'adoucir graduellement les sévérités du Code noir, et rétracté plusieurs des concessions de son auguste prédécesseur, le gouvernement de Louis XV, par une ordonnance célèbre du 2 mars 1739, a défendu la traite des Caraïbes et des Indiens.

Y avait-il un autre motif que l'intérêt et la cupidité, de traiter autrement les Africains ? Des décisions spéciales des 7 janvier 1763 et 27 mai 1771, ont cependant fait cette distinction outrageante envers la raison et l'humanité.

(2) On lit dans une lettre ministérielle du 5 février 1698, que le gouverneur de Saint-Domingue proposait de porter une loi qui déclarerait libres tous les mulâtres, dès qu'ils auraient atteint leur vingt-unième année. Moreau de Saint-Méry observe que c'était *alors* un usage assez communément observé à Saint-Domingue et ailleurs de la leur accorder ; preuve sans réplique que l'on a rétrogradé. L'esclavage n'est pas ce qu'il y a de plus avantageux pour les planteurs eux-mêmes.

On a prouvé au parlement d'Angleterre, dans la séance de la chambre des communes du 13 mai, que dans les colonies américaines, un homme libre fait deux fois plus de travail qu'un esclave. M. Steele, voyant décroître sensiblement le revenu d'une grande plantation qu'il avait à la Barbade, s'y transporta en 1790 pour en découvrir la cause et pour tâcher d'y remédier. Il avait mille soixante acres de terre et deux cent quatre-vingt-huit esclaves; le nombre des naissances avait été de quinze dans les trois dernières années et celui des décès de cinquante-sept. Il supprima le fouet, transforma ses esclaves en petits fermiers, et établit un tribunal de Nègres, pour punir les offenses et les contraventions. Dans les quatre années suivantes, les naissances s'élevèrent à quarante-quatre, les décès à quarante-un, et le revenu se trouva triplé. M. Whitmore a fait remarquer que le prix des terres est d'un tiers plus élevé dans la Pensylvanie où l'esclavage n'existe pas, que dans la Virginie, cultivée par des esclaves. Dans le Maryland, la différence est même plus grande; les terres de la partie haute, où il n'y a pas d'esclaves, valent moitié de plus que dans la partie haute où l'esclavage est pratiqué.

ces distinctions humiliantes qui sont effacées presque partout, et qui n'existent plus guère qu'à la Martinique.

Voyons maintenant comment les Chartes de 1642 et de 1685 ont été respectées par ceux qui ont exercé l'autorité du roi dans les colonies.

Nous avons déjà signalé les moyens employés par les créoles pour subjuguer les gouverneurs. Ils en ont employé un autre bien plus efficace, qui à lui seul suffisait pour paralyser tous les efforts qu'on aurait tentés pour y maintenir l'égalité entre les castes.

Les conseils supérieurs ou cours de justice, établis dans les colonies (1), ont reçu ou usurpé le droit de faire des *réglemens* généraux, et par suite, de partager avec les gouverneurs, ou même d'exercer sans partage, la puissance législative.

Que l'on parcoure dans les volumineux recueils des constitutions de Moreau de Saint-Méry, et dans le Code de la Martinique, la longue et fastidieuse série des actes de cette législation locale, et l'on verra perpétuellement les conseils supérieurs lutter contre les gouverneurs (2), refuser d'enregistrer leurs ordonnances (3), et publier eux-mêmes des réglemens odieux et tyranniques (4).

---

(1) Celui de la Martinique a été institué par édit de Louis XIV du 11 octobre 1664 ; et jusqu'en 1684 les arrêts et réglemens de ce conseil ont régi Saint-Domingue et ses dépendances.

(2) Le 3 octobre 1700, le gouverneur s'est plaint de ce que le conseil avait fait contre lui information de vie et mœurs. Le 1er juin 1815, le conseil supérieur de la Guadeloupe a délibéré des remontrances au roi contre l'enregistrement d'une ordonnance.

(3) Ils les ont même souvent annulées, et le ministre a été obligé de rappeler aux gouverneurs qu'ils ne devaient pas le souffrir. Lettres des 14 avril 1710, et 20 avril 1711.

(4) Le 16 février 1660, défense aux femmes de monter dans les chambres hautes des marchands magasiniers et cabaretiers, hors la présence de leurs maris, à peine de 4000 fr. d'amende et du baillon et carcan.

13 octobre 1671, établissement contre les nègres des mutilations et de la peine du jarret coupé.

Ces conseils sont composés de propriétaires pris exclusivement dans la classe privilégiée. Louis XIV avait voulu, par un édit de 1681, qu'au moins ils fussent tenus de motiver leurs arrêts; mais ils ont résisté à son exécution jusqu'en 1819, époque de la publication de l'ordonnance spéciale de V. M.

Louis XIV voulut aussi, pour préserver ses sujets des effets de l'ignorance de ces juges et des préjugés de caste, qu'ils fussent *gradués*, et comme il n'existe

---

10 décembre 1674, introduction de la torture; elle a lieu, en mettant les pieds du patient auprès du feu, préalablement frottés d'huile et de souffre.

(Une ordonnance de Louis XIV, du 13 mars 1713, défendit aux blancs de soumettre leurs esclaves à la question, ce qui pourtant est encore aujourd'hui pratiqué, et n'est jamais réprimé, parce que les esclaves n'osent se plaindre. Louis XVI a aboli la question préparatoire par un édit du 8 avril 1781.)

Le 13 janvier 1676, le conseil supérieur interdit l'exercice des fonctions des avocats, craignant sans doute des représentations courageuses.

En 1723, il défendit même d'écrire les moyens des parties.

Le 22 novembre 1713, on nomma un avocat unique, faiseur de requêtes.

Le 5 octobre 1716, le conseil ordonna que quand une partie ne pourrait parler, le procureur-général parlerait pour elle.

Le 4 octobre 1677, il fait un réglement sur la police des esclaves, et les mutilations forment la base de ce Code barbare. On coupe d'abord le nez ou les oreilles, puis une jambe (que l'on attache à la potence), puis les deux jambes, etc. Une ordonnance du 1er mars 1768 a même substitué ces cruelles mutilations à la peine de mort contre les esclaves, quoique la peine capitale fût souvent préférable et toujours moins dégradante pour ces malheureux. Il semble même que l'intérêt des maîtres s'opposait à ce changement. Il est du moins certain qu'ils s'élevèrent contre les mutilations, tant qu'il fut de jurisprudence que le prix de l'esclave qui mourait par suite de l'exécution, ne devait pas être remboursé à son maître. (Note de Moreau de Saint-Méry sur une ordonnance du 16 août 1700. Arrêt du conseil supérieur du 11 août 1718.) Dans le cas où on y aurait persisté, ils auraient préféré l'impunité.

Le 7 avril 1758, le conseil supérieur fit défense aux esclaves de s'assembler pour *prier* lors des funérailles de leurs compagnons, sous prétexte de pratique superstitieuse.

pas d'école de droit dans ces contrées, cela voulait dire, qu'ils fussent Européens, au moins en majorité.

Ce sage édit n'est pas encore exécuté à la Martinique; le procureur-général seul est choisi parmi les magistrats de la métropole; mais que peut un seul homme contre l'esprit colonial? Il arrive toujours avec les meilleures intentions, mais bientôt il est circonvenu ou subjugué par son intérêt (1); car s'il résiste, il est révoqué ou embarqué (2).

Si les gouverneurs n'ont pu garder leur indépendance, il en doit être, à plus forte raison, de même des procureurs-généraux. C'est pour se soustraire à cette influence coloniale, et pour reconnaître les besoins des colonies, qu'il est passé en principe de renouveler fréquemment les fonctionnaires supérieurs et les magistrats.

La justice rendue par des Tribunaux ainsi constitués, ne peut être que partiale (3), et l'on peut dire

―――――――――――――

(1) Un magistrat envoyé d'Europe pour exercer, dans la ville de Saint-Pierre (Martinique), arriva dans cette colonie avec les meilleures dispositions et les principes d'équité qui caractérisent le véritable magistrat. Il fit respecter la justice, et il s'était attiré par sa fermeté les bénédictions de tous. La justice se rendait comme en Europe. Les colons se liguèrent contre lui, et firent plusieurs sorties indécentes. Il sentit qu'il ne pourrait résister longtemps; voici en quels termes un jeune créole rendait compte de sa conversion à son oncle, ancien avocat aujourd'hui à Paris : « Je vous apprends, cher oncle, que nous avons enfin » réussi à convertir au système colonial notre procureur du » roi; il est aujourd'hui comme il faut être; nous lui faisons » épouser une créole; le voilà, en un mot, colon, quoiqu'il le » soit déjà dans toute la force du terme. »

(2) Le 10 mai 1714, un procureur-général a protesté, avant son embarquement, contre la cabale formée contre lui, au sein du conseil, disant qu'il en référerait au roi.

(3) Relativement aux esclaves, un arrêt du conseil supérieur, du 20 octobre 1670, a condamné un nègre à avoir la jambe coupée pour avoir tué un bourriquet.

10 mai 1671, Arrêt qui, pour punir Brocard d'avoir brûlé avec un tison ardent les parties naturelles d'une négresse, le condamne à 500 fr. *d'amende* seulement. Brocard n'ayant pas cette

qu'elle est l'injustice même, lorsqu'il s'agit d'intérêt de caste ; lors, par exemple, qu'un homme de couleur réclame contre un créole le paiement de quelque créance, ou lorsqu'il se plaint d'avoir été maltraité. On en cite à cet égard des exemples qui passent toute croyance.

---

somme à sa disposition, trouva de suite un blanc pour la lui fournir.

17 juillet 1679. Arrêt du conseil supérieur qui après avoir condamné des nègres à avoir la jambe coupée et des négresses à avoir le nez coupé, avec une fleur de lys sur le front, pour avoir cherché à s'échapper, déclare avoir usé d'indulgence, et annonce qu'il prononcera à l'avenir le dernier supplice. Cette terrible promesse s'exécute, et comme les peines sont encore arbitraires dans les colonies, c'est-à-dire soumises à la discrétion des juges, nous avons vu au XIXe siècle deux arrêts du conseil de la Martinique, du 1er décembre 1815, qui condamnent à la peine capitale le jeune Elysée et ses compagnons, pour avoir, en cherchant à sortir de la colonie sur une barque, commis le crime d'avoir voulu dérober le prix de leurs personnes à leur maître ; d'autres à avoir les jarrets coupés, et la mère d'Elysée à assister à l'exécution de son fils, et à garder prison perpétuelle, pour avoir, pendant quatre mois, dérobé son enfant aux recherches de la justice!

14 novembre 1712. Arrêt du conseil supérieur qui interdit plusieurs médecins de leurs fonctions, à cause de leur incapacité, et leur permet seulement de se livrer au traitement des nègres.

Pour donner une idée de la justice du conseil en certains cas, nous citerons l'arrêt qu'a rendu, le 22 septembre 1721, celui de Saint-Domingue.

« Lefebvre, capitaine des milices, est entré, et a présenté sa
» dénonciation contre vingt-un nègres, dont cinq armés et le reste
» chargés de bagage, accusés de désertion chez l'Espagnol; sur
» quoi le conseil, vu le réquisitoire de M. le comte d'Arquian,
» la plainte ayant été communiquée auxdits nègres présens, et
» fait interpellation judiciaire de reconnaître la vérité en pré-
» sence de Lefebvre, qui leur a soutenu le tout véritable, à quoi
» ils ont répondu que quoiqu'ils eussent des armes, ils avaient
» dessein de revenir, le tout vu et *mûrement considéré*, et ouï
» le procureur-général ; LE CONSEIL, *sans aucune formalité, pour*
» *cette fois et sans tirer à conséquence* ; attendu la nature du
» fait, a déclaré les deux nègres, Alexandre et César, atteints et
» convaincus de désertion, soulèvement et rébellion les armes
» à la main (la désertion seule était vraisemblable), et Bazat,

Si, au contraire, un homme de couleur se rend coupable du moindre méfait, envers un blanc, ou se permet quelque sarcasme contre la classe privilégiée, il n'y a pas de punition assez forte pour réprimer un tel excès d'audace. Les bannissemens, les déportations, les condamnations aux galères, le dernier supplice même suffisent à peine.

Quand on ne peut les atteindre en détail, on suppose une conspiration. (Ordonnance anglaise du 20 septembre 1811.)

On a vu, jusque dans ces derniers temps, des barbaries qui effacent tout ce que l'Asie a inventé de plus cruel en ce genre (1). Les mutilations, la torture, le

---

» Justinien, Francœur, Louis, Marin et Thérèse, complices ;
» pour réparation de quoi, le conseil a condamné Alexandre
» et César à être pendus et étranglés, et ensuite leurs têtes
» coupées et élevées sur des piquets, à laquelle exécution Ba-
» zat et autres assisteront, et seront fustigés et flétris d'un fer
» chaud, avec défense de récidiver sous peine de la vie. »

Dans quel pays du monde suffit-il du témoignage d'un seul homme pour conduire tant de malheureux à l'échafaud, à des peines afflictives et infamantes ?

On est dans l'usage d'y mettre à prix la tête des nègres, malgré qu'un arrêt du conseil d'Etat du roi, du 30 septembre 1726, ait cassé un arrêt du conseil supérieur, qui l'avait ainsi ordonné.

« Il y a des habitans, dit une lettre du ministre, du 30 sep-
» tembre 1727, qui, sur des soupçons qu'ils ont de l'existence
» de nègres sorciers, se donnent la licence de les faire mourir,
» les uns par le feu, les autres en leur brisant les os à coups de
» bâton ou de marteau, sans leur procurer le baptême. »

Telle est la misérable condition des esclaves, qu'il ne leur est pas permis de mourir, et qu'une ordonnance du gouverneur, du 3 janvier 1704, proclame que la condamnation aux galères perpétuelles, à leur égard, n'est pas une *peine*. Qu'est-ce donc, Grand Dieu ! que la vie des esclaves, et qu'ont fait ces malheureux, pour être condamnés en naissant aux galères perpétuelles ?

N'est-ce pas à cause de la rigueur outrée de ces *peines*, et pour que la mémoire des juges n'en demeure pas entachée, que l'on ordonne à des époques très-rapprochées la destruction de toutes les procédures dirigées contre les esclaves. (Arrêt du 24 septembre 1787.)

(1) Un arrêt du conseil supérieur de Saint-Domingue, du

supplice du feu, l'écartellement. Les peines y sont légalement arbitraires (1), c'est-à-dire que les tribunaux peuvent à discrétion appliquer une peine plus ou moins forte, selon l'inspiration de leurs malheureux préjugés.

20 janvier 1758, a condamné *Macondal* pour ses maléfices, sortiléges et ventes de poisons, à être *brûlé vif*, comme séducteur, profanateur et empoisonneur, après avoir été mis à la question, et ce, par application d'un édit du mois de juillet 1682 contre *les devins et magiciens*, qui n'avait jamais été publié dans cette colonie.

Le 11 brumaire an XI, à la Guadeloupe, le nommé P. Barsse, fut condamné comme conspirateur, à être rompu et brûlé vif, après avoir été exposé pendant trois heures sur la roue, et un chevalier de Saint-Louis, Millet *de la Girardière*, à être exposé vivant dans une cage de fer sur la place de la Pointe à Pitre, jusqu'à ce que mort s'ensuive.

Raynal dit qu'être exposé au soleil ardent de la Zône Torride, est un supplice plus cuisant, plus affreux que celui du bûcher. La cage de fer de sept à huit pieds de haut, à claire-voie, est exposée sur un échafaud. On y renferme le condamné, il y demeure à cheval sur une lame tranchante; ses pieds portent sur des étriers, et il est obligé de tenir le jarret tendu pour éviter les atteintes de la lame. Sur une table devant lui, se trouve un pain et une bouteille d'eau, mais la garde l'empêche d'y toucher; quand ses forces sont épuisées, il tombe sur le tranchant qui lui fait les plus cruelles blessures; il se relève, il retombe encore..... Ce supplice dure trois ou quatre jours.

Nous aimons à dire que ces jugemens sont étrangers à la colonie de la Martinique ; mais leurs tribunaux ont les mêmes pouvoirs. Or, si l'on doit présumer qu'ils n'useront jamais du droit d'ordonner de pareils supplices, il est de l'honneur français d'abolir les peines arbitraires dans les colonies, comme dans la métropole. Déjà le conseil d'état du roi de France l'avait essayé, le 22 avril 1754, en cassant un arrêt du conseil supérieur de Saint-Domingue. Il faut aussi faire en sorte qu'on n'y applique plus des édits contre les sorciers, et des lois inconnues et sans aucune force légale comme celle de 1757, appliquée à *Bissette*, *Fabien et Volny*. (Arrêts du conseil, 6 juin 1763, 23 avril 1771.)

(1) Voyez les ordonnances de 1685, 1743, et surtout l'art. 48 de l'ordonnance anglaise du 1er novembre 1809, qui porte que dans tous les cas d'infraction, dont la peine n'est pas déterminée, elle sera fixée par le procureur du roi, de concert avec le gouverneur.

La partialité des Tribunaux de la colonie s'est montrée même vis-à-vis des intérêts de la métropole. Ainsi un conseil supérieur a jugé (le 7 juillet 1735) que les créanciers des colonies devaient être préférés à ceux de France. On sait assez comme ils déguisaient la connaissance qu'ils avaient de navires négriers, lorsque des contestations judiciaires venaient à s'ouvrir devant eux, entre les intéressés, ou même lorsque les gouverneurs leur dénonçaient des contraventions à l'une des lois qui honorent le plus le gouvernement de V. M., celle relative à l'abolition de la traite.

Cette résistance n'existe plus, sans doute, mais cela prouve au moins que le gouvernement lui-même a peine à triompher de la ligue des intérêts coloniaux (1) soutenue par l'autorité des planteurs qui occupent toutes les places de magistrature.

On ne doit donc pas être étonné si les édits de 1642 et de 1685 sont restés sans exécution, relativement aux hommes de couleur libres.

Ces Chartes concédées à toujours, et même avec l'équitable promesse d'améliorations successives, veulent que les descendans des affranchis soient réputés *naturels français*, et jouissent de tous les avantages des autres sujets du royaume; et la France est pour eux comme la terre promise! ils ne peuvent venir y

---

(1) A une époque, le conseil supérieur du cap tint des registres secrets qui n'étaient pas déposés aux greffes. (Arrêts des 21 et 22 janvier 1773.) Ces arrêts furent cassés (13 et 18 avril 1776).

Ces conseils se sont refusés souvent à ce que leurs arrêts fussent déférés à la censure du conseil d'État, et ils ont fréquemment interdit les huissiers qui se permettaient de signifier de pareils recours. (9 septembre 1757, 12 juin 1776.)

Une dépêche ministérielle, du 27 juillet 1771, a statué sur la difficulté qu'a faite celui de la Martinique, d'envoyer la procédure, avec le jugement rendu dans son ressort, sur une accusation d'assassinat.

jouir de la fortune acquise par leur industrie (1). Lorsqu'ils en obtiennent la permission pour des affaires graves, c'est à la charge de donner caution du retour (2). A cette époque, ils ne pouvaient pas même quitter le quartier où ils étaient domiciliés, et vendre leurs propriétés pour les transporter dans un autre, sans une permission (3).

On a dit, dans un Mémoire d'instruction du 25 janvier 1765, que les Colons sont des planteurs libres sur *un sol esclave*. Ce n'était pas dire assez, au moins quant aux hommes de couleur libres ; ils sont esclaves comme le sol lui-même.

L'édit de 1642 dit qu'ils sont capables de toutes charges, *emplois publics* et *honneurs*; et, dans le fait, si un homme de couleur était élu par un département membre de la Chambre des députés, ou si V. M., pour des services éclatans rendus à l'Etat, élevait quelqu'un d'eux à la pairie (chose qui ne serait pas invraisemblable (4), car l'armée française compte au rang de ses généraux, et le gouvernement, dit-on, au nombre des ministres d'Etat, des hommes de couleur), aucune exclusion ne pourrait les frapper ; ils siégeraient au sein de la représentation nationale.

Eh bien! ces mêmes hommes, l'honneur de la mère-

───────────────

(1) Arrêté du 13 brumaire an X, décision spéciale du 30 juin 1763.

(2) Ordonnances locales des 2 juin 1735, et 9 août 1777.

(3) Ordonnances locales des 30 avril et 25 août 1707. Le ministre, par une lettre du 7 septembre 1707, a dit qu'il n'appartenait pas à l'autorité de rendre des ordonnances faisant loi entre les habitans dans leur commerce. Malgré cette défense, ordonnance du 4 mai 1711, qui défend aux habitans du quartier de Léogane de vendre leurs habitations sans permission. Voy. aussi l'ordonnance du 8 mai 1714.

(4) Il paraît même qu'elle s'est plus d'une fois réalisée ; on cite plusieurs pairs de France, et des ministres qui sont des *sangs-mêlés*. Notre célèbre peintre, M. Lethiers, et M. le général Roche, qui a gagné tous ses grades sur le champ de bataille, sont des hommes de couleur.

patrie, seraient dans nos colonies soumis aux distinctions les plus humiliantes; ils y sont déclarés incapables de noblesse (décision du 7 janvier 1767). Il leur est défendu de prendre la qualification de monsieur ou madame. (Arrêt du conseil supérieur du 6 novembre 1781.) Il leur est défendu, à peine de perdre la liberté, de porter des soiries et dentelles, et même des chapeaux. (Réglement local du 4 juin 1720)(1).

Une décision du 7 décembre 1723 les déclare, contre le texte formel de l'édit de 1685, incapables d'exercer

---

(1) C'est, dit un autre réglement des administrateurs de Saint-Domingue, du 9 février 1779, « c'est l'assimilation des gens de couleur avec les personnes blanches, dans la manière de se vêtir, le rapprochement des distances d'une espèce à l'autre, dans la forme des habillemens, les parures éclatantes et dispendieuses, l'arrogance qui en est quelquefois la suite, le scandale qui l'accompagne toujours, contre lesquels il est important d'exciter la vigilance de la police. » En conséquence, arrêté en trois articles ainsi conçu :

« Art. 1er. Enjoignons à tous gens de couleur, ingénus ou
» affranchis, de l'un ou de l'autre sexe, de porter le plus grand
» respect, non-seulement à leurs anciens maîtres, mais à tous
» les blancs en général, à peine d'être poursuivis extraordinai-
» rement si le cas y échet, et punis selon la rigueur des ordon-
» nances, même par la perte de la liberté, si le manquement
» le mérite.

» 2. Leur défendons très-expressément d'affecter dans leurs
» vêtemens, coiffures, habillemens ou parure, une assimilation
» répréhensible avec la manière de se mettre des hommes blancs
» ou femmes blanches. Leur ordonnons de conserver les mar-
» ques qui ont servi jusqu'à présent de caractère distinctif dans
» la forme desdits habillemens et coiffures, sous les peines por-
» tées en l'article ci-après.

» 3. Leur défendons pareillement tous objets de luxe dans leur
» extérieur, incompatibles avec la simplicité de leurs condition
» et origine, à peine d'y être pourvu sur-le champ, soit par
» voie de police, ou autrement; par les officiers des lieux, et ce,
» tant par emprisonnement de leurs personnes, que confisca-
» tion desdits objets de luxe, sans préjudice de plus forte peine,
» en cas de récidive et de désobéissance, ce que nous commet-
» tons à la prudence desdits juges, sauf l'appel au conseil supé-
» rieur du ressort. »

aucunes charges dans la judicature ni dans les milices. On les flétrit, non-seulement dans le langage des privilégiés, mais encore dans les actes officiels, et même dans les lois coloniales, du titre de *sangs-mêlés*; et ce qu'il y a d'incroyable, c'est qu'au lieu de favoriser le mélange des castes pour affaiblir cet intolérable préjugé, on est allé jusqu'à prohiber l'union des sexes et le séjour en France des hommes de couleur (1), comme si le sang d'un homme libre n'était pas toujours pur, et comme si ce que la Divinité tolère et protège sous le climat du nouveau et même de l'ancien monde, ne pouvait exister en Europe !

Un arrêt du conseil supérieur, du 18 février 1761, défend aux gens de couleur de s'assembler dans les églises et de catéchiser dans leurs maisons et habitations, à peine du fouet. Une ordonnance locale, du 9 février 1765, leur défend de s'assembler sous prétexte de noces, festins ou danses, à peine de 300 livres d'amende et de la perte de la liberté; même de plus graves peines s'il y échet.

Une autre ordonnance, du 11 mai 1785, leur défend de danser la nuit, et même le jour, sans la permission des officiers de l'administration.

Tous ces réglemens ont été renouvelés par un gouverneur anglais, le 1ᵉʳ novembre 1809. *Ils sont en vigueur.*

Une ordonnance des administrateurs, du 14 juin 1773, plusieurs fois renouvelée, leur a défendu de faire baptiser leurs enfans sous d'autres noms que ceux tirés de l'idiôme africain, ou de leur métier et couleur, avec injonction de ne jamais prendre le nom de familles blanches.

Même dans l'application des peines, il existe une partialité déplorable. Une décision du 13 mars 1778, ordonne la publication d'un arrêt du conseil supérieur de l'Ile-de-France, qui avait condamné un

---

(1) Décision ministérielle du 20 juillet 1807.

homme de couleur à être pendu, pour injures et attentat prémédité contre un blanc, et ce, dit le ministre, afin de servir d'exemple et maintenir ces hommes dans la subordination.

Cette publication était inutile; car dès le 22 janvier 1767, le conseil supérieur avait condamné un mulâtre à être fouetté, marqué et privé de sa liberté pendant un temps indéterminé pour avoir battu un blanc. Lorsque ce sont les blancs qui excèdent de coups les mulâtres libres, on les condamne seulement à 300 livres d'amende. (Arrêt du conseil supérieur du 21 octobre 1783.)

Un autre arrêt du même conseil, du 9 juin 1780, a condamné deux femmes de couleur, libres, à être exposées au carcan avec cet écriteau : « Mulâtresses insolentes envers les femmes blanches. »

17 juillet 1783, arrêt du même conseil, qui condamne des mulâtres libres au carcan et au bannissement, pour avoir donné à jouer à des gens de couleur *libres*.

Arrêt du conseil supérieur du 22 octobre 1783, qui condamne un mulâtre aux galères pour avoir, sur le grand chemin, levé la main contre le sieur Gauthier, qui avait cherché à arracher de ses mains la négresse Ursule.

Un gouverneur anglais a osé dire, dans cet arrêté de 1809, qui a encore force de loi dans la colonie, et qui a été évidemment dicté par les préjugés de caste :

« Les gens de couleur libres savent qu'ils sont des
» affranchis ou des descendans d'affranchis, et qu'à
» quelque distance qu'ils soient de leur origine, rien
» ne peut les rendre égaux aux blancs, ni leur faire
» oublier le respect qu'ils leur doivent. »

Quelle distance entre le style injurieux de ce réglement et le noble langage des édits de Louis XIII et de Louis XIV?

Quoi! parce que les ancêtres de ces hommes libres auront été achetés par suite d'un trafic réprouvé par la religion, par l'humanité, par le droit naturel, leur postérité tout entière sera réduite à un état de dégradation légale, et les blancs s'autoriseront du crime de leurs pères pour faire à jamais peser le sceau de la réprobation sur les enfans de leurs victimes !

Le grand roi veut que le *mérite d'une liberté acquise, produise, tant pour leurs personnes que pour leurs biens, les mêmes effets que le bonheur de la liberté naturelle!*

Et un arrêt du conseil supérieur, du 9 mai 1765, défend aux notaires et avoués de les employer comme clercs dans leurs études, parce que, dit cet arrêt, « des fonctions de cette espèce ne peuvent être con- » fiées qu'à des personnes dont la probité soit recon- » nue, ce qu'on ne peut présumer se rencontrer dans » une naissance aussi vile que celle d'un mulâtre. »

Comme si la probité était le partage exclusif des blancs, surtout des Européens qui vont chercher fortune aux colonies, et comme si l'on n'avait pas vu (et là seulement) des magistrats condamnés pour avoir vendu leur crédit (1) ! Comme si beaucoup d'autres n'avaient pas été mis en jugement, et plusieurs rappelés comme suspects de favoriser sous main la traite des nègres !

N'y a-t-il pas au fort royal de la Martinique un procureur du roi qui, par suite des nombreux procès que d'anciennes gestions lui ont suscités, passe quelquefois plusieurs mois sans pouvoir paraître au tribunal ? A l'égard de ses procès, on ne peut trouver des juges pour les décider, parce que les magistrats sont en petit nombre, et que les avoués qui les suppléent, ont presque tous occupé contre lui.

Une dépêche de M. le comte de La Luzerne, du

---

(1) Arrêt du 5 mars 1811, contre le procureur du Roi à la Pointre-à-Pitre (Guadeloupe). En jugeant ce magistrat prévaricateur, on a du moins observé des formes qui ont été violées à l'égard de *Bissette, Fabien, Volny*, etc.

5 juillet 1788, a ordonné aux administrateurs de la Guadeloupe de mettre fin à l'avidité des juges, qui imposaient alors des taxes exorbitantes, et s'attribuaient la plus grande partie du produit des confiscations. Votre Majesté, en abolissant la confiscation, et en mettant fin à la vénalité de la justice, a fait cesser les plus crians de ces abus.

Il est défendu aux blancs d'épouser des filles de sang-mêlé (1); ni la jeunesse, ni la beauté, ni les vertus ne trouvent grâce devant ce détestable préjugé; on a même décidé que les nobles qui se seraient ainsi mésalliés (2) seraient privés de leurs priviléges de noblesse, et ordre a été donné au conseil supérieur de ne pas les enregistrer. (Décision du 26 décembre 1705, enregistré le 13 novembre 1704.)

Un arrêt du conseil supérieur, du 3 juillet 1719, a

---

(1) Réglement spécial de mars 1724. Décisions des 7 décembre 1723 et 25 septembre 1774. Les mariages ont été interdits, même en France; arrêt du conseil supérieur du 5 avril 1778. Cependant, et comme la raison prévaut toujours sur les dérogations à la loi naturelle, un arrêt du 2 mai 1746 a ordonné de passer outre au mariage d'un blanc et d'une mulâtresse libre, à peine, contre le curé, de la saisie de son temporel.

Un ministre de Louis XV a écrit en 1771 (27 mai) que cette prohibition avait pour but de ne pas affaiblir *l'état d'humiliation attaché à l'espèce des hommes de couleur, dans quelque degré que ce soit*, *etc.*, prêtant à la majesté royale un langage indigne d'elle, et que toutes les ordonnances de nos rois désavouent. Ce ministre a osé dire que le gouvernement maintiendrait à jamais le principe qui doit écarter les gens de couleur et leur postérité de tous les avantages des blancs; en conséquence de ces principes, ce ministre a cassé le marquis de.........., capitaine de dragons, qui avait épousé, en France, une fille de sang-mêlé. Un autre ministre en 1807, a interdit aux officiers de l'état civil de célébrer de pareils mariages, et peut-être faudrait-il recourir à des formalités judiciaires, pour contraindre les officiers de l'état civil, qui refuseraient

(2) Arrêt du conseil supérieur, du 23 octobre 1783, qui maintient un sieur Reculé dans l'état et profession de blanc *non-mésallié*, et lui accorde une réparation de la part de celui qui l'avait appelé un *quarteron libre*.

destitué un tuteur pour avoir voulu marier sa pupille d'une manière non sortable, et a confié cette tutelle au procureur-général *qui l'avait demandée*. Un autre arrêt du 14 octobre 1726 a ôté à un mulâtre la tutelle d'une créole, *attendu sa condition*.

Une ordonnance du 17 avril 1762, a été jusqu'à défendre, sous peine de 1000 fr. d'amende (apparemment dans une famine), aux boulangers, de vendre du pain aux gens de couleur, et aux capitaines des bâtimens du commerce, de leur céder des farines sous les mêmes peines, *avant que les blancs fussent approvisionnés*.

L'édit de Louis XIV déclare les hommes de couleur libres capables toutes successions et donations; et par un arrêté colonial (1) du 6 brumaire an XIII, art. 3, qui a fait revivre une ordonnance du 5 février 1726 (laquelle était temporaire), ils ont été privés de cette capacité, qui est purement de droit civil. Il en résulte que des enfans de couleur sont exhérédés de la succession de leur père au profit de collatéraux au douzième degré, parce que ceux-ci sont blancs. Ainsi ce préjugé étouffe le cri de la nature (2) et tous les devoirs de la paternité.

Il semblerait que tous les enfans naturels devraient être rangés sur un pied égal; eh bien! ceux qui sont blancs succèdent à leur père; ceux qui

---

(1) Il en est de même à la Guadeloupe. Arrêté du 7 brumaire an XIV, sur la publication du Code civil.

(2) L'un des déportés, le sieur Louis Anaclet, est porteur de pièces qui prouvent qu'un blanc, après avoir acheté la liberté d'un enfant naturel, ayant gardé ce titre pardevers lui, revendit sept ans après ce fils à M. Lagende de Saint-Pierre, comme esclave, et céda le titre de liberté, au sieur Anaclet, dont par-là même, à défaut d'identité suffisante, la liberté n'est pas garantie. Anaclet ne doit, dit-on, sa déportation, qu'à cette circonstance particulière, parce qu'averti de son état précaire, il menaçait de se pourvoir devant le gouverneur contre la fraude de son vendeur.

doivent la vie à des négresses, sont exclus de toute participation à l'hérédité : on ne peut pas les reconnaître, et tous les fidéicommis qui ont pour but de leur assurer des moyens d'existence, sont annulés : par-là, les blancs se sont placés dans le cas de se livrer sans contrainte au libertinage, et de ne pas même en supporter les charges.

On a poussé la naïveté jusqu'à dire, dans un réglement colonial du 12 mars 1806, que s'il y a des inconvéniens à ce que les blancs puissent faire des libéralités aux affranchis et à leurs descendans, « il » n'y en a aucun à ce que ces derniers en exercent » envers les blancs ; que c'est même fournir à ces » affranchis les moyens d'acquitter les devoirs de la » reconnaissance à l'égard de leurs patrons ou au- » tres, en leur permettant de rapporter le bienfait » à sa source. »

L'intention de ces réglemens odieux et tyranniques est évidente : on ne veut pas que les hommes de couleur libres deviennent propriétaires (1).

L'art. 6 d'un arrêté du 5 vendémiaire an XI, renouvelé du réglement du 6 novembre 1781 (art. 16), et d'un acte du 30 avril 1764, et confirmé lui-même par l'article 7 du réglement anglais du 1ᵉʳ novembre 1809, leur interdit l'exercice de la médecine, de la chirurgie et des autres arts libéraux. Pour terminer ce tableau de la situation des hommes de couleur, nous dirons qu'il ne leur suffit pas d'être réellement en possession de la liberté pour avoir droit d'en jouir. Ce n'est plus comme autrefois une présomption légale que l'on est né libre ; une jurisprudence récente (2) oblige les hommes de couleur à justifier à des époques très-rapprochées de leurs titres de liberté

---

(1) L'aveu formel en est consigné dans un acte des magistrats de la Guadeloupe du 7 brumaire an XIV.

(2) La première sommation de ce genre, date du 7 juillet 1720.

et de celle de leurs enfans. Que répondraient les blancs, si ceux auxquels on conteste la liberté, les sommaient d'avoir à justifier eux-mêmes devant Dieu et devant les hommes de la légitimité de l'esclavage ?

Qu'est-il arrivé ? Que des hommes en possession de la liberté depuis un temps plus que suffisant pour acquérir la prescription, sont retombés dans l'esclavage. Un arrêt du conseil supérieur du Cap, du 7 février 1770, condamna un mulâtre à rentrer dans la servitude, après quarante ans de possession ; son mariage était nul, et ses six enfans bâtards. Cet arrêt parut si odieux, que le gouverneur accorda la liberté à ce mulâtre, mais sans tirer à conséquence pour l'avenir. C'est un moyen de tenir les hommes de couleur dans la terreur et de les humilier.

Ne suffit-il que Dieu ait gravé sur la figure de l'homme sa dignité et sa liberté naturelle (1); et n'est-il pas affligeant, que ce soit au nom et dans l'intérêt d'un gouvernement, qui déclare, par l'organe de ses ministres, que la traite est un crime, que l'on poursuive ainsi, sous le nom d'*épaves*, des malheureux que les anciennes lois coloniales elles-mêmes réputaient affranchis de droit à l'âge de vingt-un ans ?

Le but de tous ces réglemens est évident ; on a voulu leur ravir le plus précieux des biens, la liberté que Louis XIII et que Louis XIV croyaient leur avoir assurée pour toujours. Car, qu'est-ce qu'une *liberté* soumise à de telles restrictions ? elle est quelquefois pire que l'esclavage ; et dans le fait, il est certain que beaucoup d'hommes de couleur libres, pour obtenir le paiement leurs créances contre les blancs, et pour éviter de perpétuelles avanies, se mettent sous la protection (2) et se disent les esclaves des créoles qui quelquefois en ont cruellement abusé.

---

(1) *Os homini sublime dedit, cœlumque tueri*
Jussit, et erectos ad sidera tollere vultus. (Ovide.)

(2) Dans tous les pays où il y a plusieurs castes, la législation

Qu'est-ce que la *liberté*, si on n'a pas les moyens de travailler librement pour vivre et pour élever sa famille, si l'on est exclus de toutes les professions lucratives, et si on ne peut utilement réclamer la protection des tribunaux? Qu'on juge par ce que les lois autorisent, et par le langage qu'elles tiennent à l'égard des hommes de couleur, de ce que doit être dans la pratique de la vie, la conduite des blancs à leur égard. Pour s'en faire une idée juste, il faudrait avoir vécu dans les Antilles.

Maintenant quels efforts d'industrie ne leur a-t-il pas fallu faire, pour sortir de l'état précaire où ils sont restés au sortir de l'affranchissement? Les blancs auraient volontiers consenti à leur laisser supporter la chaleur du jour, et le poids sans cesse renaissant des plus rudes travaux. Mais leur orgueil ne s'accoutumera jamais à voir un mulâtre sortir de la classe des artisans, se placer par sa bonne conduite, son intelligence et son industrie dans la classe supérieure, et donner de l'éducation à ses enfans.

Par les réglemens coloniaux, les arts mécaniques seuls étaient abandonnés aux hommes de couleur; mais les circonstances politiques des trente dernières années ayant fait tomber en désuétude ces réglemens que l'on fait revivre, les mulâtres se sont livrés à d'utiles spéculations; et aujourd'hui ils sont entrés dans la classe des propriétaires; ils se sont livrés au commerce extérieur: ils ont lié avec les principales maisons de la métropole et des autres États de l'Europe et de l'Amérique, des négociations également avantageuses pour les uns et pour les autres. Voilà la véritable conspiration dont,

---

interdit aux hommes privilégiés de prêter leur nom à ceux de la caste inférieure. Dans nos établissemens de l'Inde, il est défendu aux gens à chapeau (les Européens) de se rendre cessionnaires de créances de propriétés, contre les naturels indiens, Maures ou chrétiens (Note sur l'arrêté du gouverneur général, M. le comte Dupuy, du 6 janvier 1819, au recueil complet des lois et des ordonnances, année 1820.)

ils se sont rendus coupables, et celle-là est permanente.

Les blancs s'indignent de les voir industrieux et riches, et c'est par des proscriptions qu'ils voudraient reconquérir leur ancienne supériorité.

Les planteurs s'aperçoivent que pendant qu'ils s'appauvrissent dans l'oisiveté d'une vie abandonnée tout entière aux jouissances, aux voluptés, leurs rivaux élevent à côté d'eux des établissemens dont ils peuvent être justement jaloux.

Mais, comme le dit une bouche royale, la métropole *qui a plus d'une fois réprimé les prétentions excessives des blancs, qui s'est plaint de leur insubordination peu corrigée, et quelquefois même soutenue par les gouverneurs* (1), adoptera-t-elle leurs vues intéressées? Quel gouvernement serait assez ennemi de lui-même et de ses administrés, pour les punir de ce qu'ils sont bons pères de famille, sujets fidèles, négocians habiles, et de ce qu'ils enrichissent la colonie et la métropole par leurs spéculations?

Chose incroyable, si on n'en avait donné l'explication! Plus la population des hommes de couleur augmente et s'améliore physiquement et moralement, plus le préjugé semble acquérir de force et d'empire; c'est une preuve que ce préjugé est hypocrite. Les blancs eux-mêmes ne croient pas à l'infériorité des hommes de couleur, et c'est pour cela qu'ils craignent tant qu'on expose aux yeux du père commun des Français, le tableau des vexations autorisées par la législation locale.

On craint que V. M., suivant les traces de ses augustes prédécesseurs, ne fasse, par un acte de sa volonté souveraine, disparaître ces abus, en rappelant les édits de 1642 et de 1685 à toute leur vigueur.

Ce n'est pas que nous prétendions que tous les blancs qui résident aux colonies partagent ces cruels préjugés, qu'ils approuvent l'état d'humiliation où

---

(1) Louis XV; mémoire d'instruction du 25 janvier 1765.

sont placés les hommes de couleur. A Dieu ne plaise; il en est parmi eux, et ce sont les plus considérés (1) et les plus éclairés, qui appellent de tous leurs vœux un autre ordre de choses. Ils sentent qu'un système colonial établi sur une législation aussi vicieuse, ne peut amener que des catastrophes et l'anéantissement de la prospérité des colonies.

Mais pour mettre un terme à ces abus, il ne suffit pas de faire des déclarations de principes. Vainement on donnerait acte, comme on l'a fait le 24 novembre 1768, à M. le prince de Rohan, gouverneur de Saint-Domingue, de ce qu'il a dit que les affranchis sont toujours sous la protection des lois, et que les gens de couleur seront traités comme les autres sujets de S. M. dans la colonie; vainement aussi on publierait de nouveau les édits de 1642 et 1685. Qu'a produit l'ordonnance du 22 novembre 1819? Rien, que d'exciter davantage l'animosité des créoles contre les hommes de couleur; car ils sentent très-bien que le moment est venu d'organiser définitivement les colonies.

Les hommes de couleur sont et ils resteront hors la loi; les promesses les plus augustes seront éludées, les lois les plus solennelles violées, tant que leurs droits ne seront pas garantis par des institutions.

Ce qui s'est passé nous révèle une grande vérité

---

(1) On cite dans le nombre M. *Dubuc-Duferret*, capitaine de frégate en retraite, et chevalier de Saint-Louis; M. *Dugué*, propriétaire, membre du comité consultatif, commandant du sixième bataillon de la garde nationale; M. *Desfourneaux*, propriétaire, chevalier de Saint-Louis, chef d'escadron de dragons de la garde nationale; Dubois-Morenel, propriétaire, chevalier de Saint-Louis; Poney, négociant-commissionnaire (*V.* les ouvrages de M. le marquis de Sainte-Croix, propriétaire d'habitation à la Martinique). Quant aux Européens, le détail en serait trop long. Les hommes de couleur rendent hommage aux principales autorités militaires et administratives, et en particulier à l'ordonnateur et au contrôleur général.

proclamée par un ministre d'Élisabeth (le chancelier *Bacon*), et long-temps avant lui, en 510, par un prince que l'on appelle un roi barbare (le grand *Théodoric*); c'est qu'il n'y a pas même de droits *civils*, là où il n'y a pas de droits politiques :

Jus privatum latet sub tutelâ juris publici.

Jura publica certissima sunt humanæ vitæ solatia, infirmorum auxilia, potentum fræna.

Ces institutions que l'on réclame ne sont pas celles de la révolution, mais celles octroyées par Louis XVI et par ses augustes prédécesseurs.

Il était digne d'un prince qui, à son avénement (1), prononçait ces belles paroles : « Que la distribution de la justice est le meilleur moyen dont un roi puisse se servir pour s'acquitter dignement de ses fonctions, » et qui, pendant toute la durée de son règne, a donné tant de preuves de son amour pour ses peuples, et de ses bonnes intentions (2), d'être aussi le restaurateur des colonies.

On lit dans le préambule de son édit du 27 juin 1787 :

« L'attention que le roi ne cesse de porter sur ses
» possessions d'outre-mer, comme sur celles rappro-

---

(1) Lettre de cachet, du 10 mai 1774, adressée aux tribunaux des colonies.

(2) On ne sait pas communément que Louis XVI a introduit la liberté des cultes dans les colonies, par un Édit du mois de novembre 1788. En voici le préambule :

» Lorsque Louis XVI, de glorieuse mémoire, défendit l'exer-
» cice public de toute autre religion que de la catholique,
» l'espoir d'amener ses peuples à l'unité si désirable, soutenu
» par des apparences de conversion, empêcha ce grand Roi
» de suivre le plan qu'il avait formé pour constater leur état
» civil.

» Notre justice et l'intérêt de notre royaume et de nos colo-
» nies, ne nous permettent pas d'exclure plus long-temps des
» droits de l'état civil ceux de nos sujets ou des étrangers do-
» miciliés qui ne professent point la religion catholique....
» Nous ne devons plus souffrir que nos lois les punissent inu-
» tilement du malheur de leur croyance, en les privant des
» emplois que la nature ne cesse de réclamer en leur faveur. »

» chées, a fait connaître qu'il serait important de re-
» tenir sur le sol même des colonies, par l'attrait
» d'une administration sagement combinée, les pro-
» priétaires-cultivateurs qui n'aspirent que trop sou-
» vent à le quitter. S. M. a pensé que pour les atta-
» cher personnellement à la direction de leurs établis-
» semens, et procurer par-là, non-seulement de la
» stabilité à leurs fortunes, mais encore une plus
» grande extension aux richesses de la métropole, il
» importait que le gouvernement des colonies re-
» posât sur des principes constans, et fût moins
» exposé à la mobilité. »

A ces causes, le roi ordonne qu'il sera formé une assemblée annuelle, composée du gouverneur, d'un député *élu* par chaque paroisse, mais payant un cens déterminé; d'un député des propriétaires de maisons; l'assemblée est renouvelée tous les quatre ans; le pouvoir de la dissoudre est donné au gouverneur; elle vote seule l'impôt; elle s'occupe de toutes les questions de propriété intérieure, et de la réforme des abus; elle entend le compte des revenus de la perception; un comité de l'assemblée représente les anciennes chambres d'agriculture.

Voilà la Charte que l'auguste prédécesseur de V. M. avait méditée et appropriée aux besoins de ses sujets des colonies. Ce ne fut pas seulement une promesse, cette Charte a reçu un commencement d'exécution; et parce que les gouvernemens éphémères qui se sont succédés ont outré toutes choses et empêché que ce sage établissement, si bien approprié aux localités, se consolidât, pourquoi serait-il défendu aux habitans des colonies, et aux hommes de couleur, en particulier, de faire des vœux pour être admis à jouir des bienfaits de Louis XVI ? Comment de pareils vœux, émis dans le sein des administrateurs nommés par V. M., ou communiqués paisiblement dans des entretiens particuliers, peuvent-ils être traités, dans une dénonciation des créoles, de conspiration contre le salut de la colonie?

Le gouvernement britannique n'a cru pouvoir rien faire de plus sage, que de mettre à exécution un système d'organisation politique, conforme à la Charte de Louis XVI. Pourquoi donc répudierait-on aujourd'hui son ouvrage?

Les vœux de la population libre et industrieuse des colonies ne sont-ils pas légitimés aussi par la concession que V. M. a faite d'une Charte aux Français de la métropole, qui a pour premier principe l'égalité des droits, par l'allusion évidente et par les promesses consignées dans l'article 73 de cette Charte, et dans l'ordonnance du 22 novembre 1819?

Les habitans de la Martinique peuvent d'autant moins l'oublier, que la sollicitude paternelle de V. M. s'était manifestée d'une manière toute particulière à leur égard, par l'envoi d'un commissaire spécial, M. le baron de la Mardelle, dont la mission était d'organiser définitivement la colonie (1).

Les vœux des hommes de couleur seraient comblés si V. M. daignait, dans sa sagesse, ordonner de nouveau l'exécution des édits de 1642 et de 1685,

―――――

(1) Ce commissaire royal de justice fut très-mal accueilli par les Créoles en 1820. L'explosion de la fin de 1823, n'est que l'expression des sentimens qu'ils émettaient alors publiquement, et des menaces qu'ils faisaient de s'opposer, par la force, à l'introduction des améliorations promises au nom du monarque. Ce nom sacré ne fut pas un palladium suffisant contre les outrages répandus dans certains écrits, et contre les calomnies de toute espèce, vomies contre le commissaire royal, contre M. le commissaire général ordonnateur de Ricard, et contre tous les fonctionnaires qui n'ont pas l'esprit colonial.

Les ministres de la religion eux-mêmes sont persécutés, s'ils croient devoir, dans l'intérêt de l'humanité, réclamer contre les barbaries dont les Créoles se rendent journellement coupables envers leurs esclaves. Nous en connaissons qui sont revenus en France, révoltés des injustices des blancs.

et surtout de l'ordonnance de 1787, émanée d'un prince dont le nom est resté si cher à l'Amérique.

Les hommes de couleur sont dignes, par leur dévouement au gouvernement de V. M., de ce grand bienfait ; ils doivent obtenir enfin un état civil solidement garanti par des institutions politiques.

Jamais aussi les circonstances ne furent plus impérieuses ni plus pressantes ; jamais la justice ne parla si haut en leur faveur.

Vainement leurs ennemis les accusent de conspirer; ils défient leurs accusateurs de prouver rien de ce qu'ils avancent. Aux sourdes accusations, dont on connaît le principe, les hommes de leur couleur peuvent opposer des faits récens et publics, qui prouvent leur attachement au bon ordre et à la mère-patrie.

Lors de l'insurrection du Carbet en 1822, au moment où la tranquillité de la colonie était compromise par des mouvemens dans la classe des esclaves, les hommes de couleur armés comme gardes nationales, prirent tous les armes et parvinrent, presque sans le secours des blancs, à apaiser la révolte.

Infortuné Bissette! vous commandiez alors des compagnies de milice ; malheureux Fabien, vous exposiez votre vie pour protéger la vie et la propriété des blancs! vous ne vous attendiez guère à la récompense qui vous était réservée.

A l'époque de l'annonce de la guerre d'Espagne, voici ce qu'ils écrivirent spontanément, le 15 mai 1823 au gouverneur, tandis que les créoles gardaient le silence.

« Les hommes de couleur, libres, de la Martinique
» viennent renouveler les sentimens qu'ils ont tou-
» jours manifestés, dans toutes les circonstances, à
» V. Ex.

» Ils viennent du fond de leur cœur protester de
» cette constante et inébranlable fidélité qui caracté-
» rise si éminemment les fidèles sujets du roi ; ils vien-
» nent faire l'engagement solennel de leur amour et

» de leur attachement sans bornes au digne et respec-
» table représentant de S. M. sous le gouvernement
» duquel ils ont le bonheur de vivre.

» Ils croient de leur devoir de saisir l'occasion
» où des bruits de guerre semblent prendre consis-
» tance, pour exprimer les sentimens dont ils sont
» animés pour la défense de la colonie ; si l'ennemi
» osait y mettre un pied hostile, leur dévoûment, en
» cette circonstance, n'en est pas moins pour V. Ex.,
» et quels que soient d'ailleurs les événemens,
» V. Ex. peut compter et se reposer sur le zèle,
» la loyauté et le courage de cette grande partie de la
» colonie, qui se fera toujours un devoir de défendre
» les intérêts de S. M., comme de soutenir de toutes
» leurs forces son représentant dans la colonie (1).

» Les hommes de couleur de la Martinique, dé-
» voués au gouvernement français, et constamment
» dirigés par l'honneur, demeureront toujours fermes
» et inébranlables dans ces résolutions; heureux pour
» eux, M. le gouverneur, si vous daignez les faire
» connaître à S. Ex. le ministre de la marine, pour
» les porter au pied du trône. Ils acquerront, par ce
» bienfait, un nouvel espoir que leur démarche
» près de vous n'a pas été vaine.

» Se référant à tout ce qu'ils ont fait relative-
» ment à leur état politique, ils viennent renou-
» veler leurs sollicitations avec la confiance que la
» comparaison faite par V. Ex. de leur dévoûment
» et de leur fidélité, à l'état d'abjection dans lequel
» ils gémissent, sera un puissant moyen de parvenir
» à l'amélioration qu'ils attendent de la justice de la
» métropole.

» Pleins de ce doux espoir, ils vous prient, M. le

---

(1) Allusion aux mouvemens séditieux de ceux qui se permettent de déporter les gouverneurs, ou qui menacent de prendre les armes, pour s'opposer à toute amélioration.

» gouverneur, d'agréer le dévoûment à toute
» épreuve pour votre personne, et le respectueux
» attachement avec lequel ils sont et seront toujours

» de Votre Excellence, les très-humbles, etc. »

Qui le croirait? qu'un pareil acte de dévoûment n'a pas été sans influence dans la condamnation prononcée le 12 janvier 1824, et que c'est un des griefs allégués contre plusieurs, d'avoir eu cette pièce parmi leurs papiers, ou d'en avoir été les rédacteurs ou distributeurs.

Ce n'est pas la seule occasion où les hommes de couleur aient montré leur attachement à la mère-patrie; on ne les a jamais vus donner le lâche conseil d'ouvrir la colonie aux Anglais. Et cependant déshérités des avantages sociaux, quoiqu'ils supportent toutes les charges publiques, réduits à un état de dégradation légale, fait pour révolter les cœurs les plus indifférens, ils n'ont pas cherché à émigrer dans les îles, ou sur le continent voisin, qui leur tendent les bras, et qui s'enrichiraient de leur industrie et de leur fortune; tant l'amour de la patrie est fort dans ces ames que l'on peint comme dégradées; tant ils ont d'attachement pour le sol qui les a vus naître, et où ils ont placé toutes leurs affections de famille et de fortune.

Les gouverneurs des diverses colonies savent qu'il n'y a pas de sujets plus dévoués et plus fidèles que les hommes de couleur (1).

Il était nécessaire d'entrer dans ces développemens avant d'arriver à l'exposé du malheureux événement qui force les supplians de recourir à la justice de V. M.; autrement on n'aurait pas eu la clef de la prétendue conspiration dénoncée par les créoles, et le conseil de V. M. ne serait pas péné-

---

(1) Tous les écrivains, et notamment M. le colonel Boyer de Peyreleau, en déposent.

tré, comme il le sera sans doute, de la nécessité de réparer l'iniquité dont ils sont victimes.

Nous nous proposons de démontrer dans ce mémoire, 1° qu'il n'y a pas eu conspiration de la part des hommes de couleur; mais de la part des blancs, contre l'autorité de V. M.

Et 2° que les plus hautes considérations de justice et de politique se réunissent pour que l'ordre du bannissement, arraché à M. le gouverneur de la Martinique, non-seulement ne soit pas confirmé par Votre Majesté, mais soit annulé par un acte public et éclatant de sa justice souveraine.

IIe PARTIE.

Faits particuliers de la Cause.

Nous avons, dans la première partie de ce mémoire, exposé l'état actuel des hommes de couleur dans les colonies, et particulièrement à la Martinique; nos preuves ne sont pas appuyées sur des renseignemens vagues, dénaturés par la passion; elles sont puisées dans le recueil officiel et authentique des lois et constitutions de la colonie.

Le tableau en serait plus complet si l'ouvrage de Moreau de Saint-Méry ne s'arrêtait à une époque voisine de la révolution (1786), et si le code particulier de la Martinique n'était interrompu depuis 1812. Mais ce qu'on peut affirmer, c'est que depuis la reprise de possession par les autorités françaises, le sort des hommes de couleur, bien loin d'avoir été amélioré, est devenu plus humiliant et plus précaire.

Les entraves qu'on avait mises au développement de l'industrie des hommes de couleur, quoique subsistantes toujours légalement, avaient cessé d'être appliquées rigoureusement sous l'administration intermédiaire, et ils en avaient profité pour élever des établissemens de commerce.

Les créoles n'ont pu voir, sans une extrême jalousie, un état de prospérité qui blesse autant leurs intérêts que leurs préjugés; et, pour l'arrêter, ils ont employé toute leur influence auprès des gouverneurs successifs de la colonie.

Tel était l'état des esprits, lorsqu'au mois de décembre 1823, une brochure de trente-deux pages d'impression, intitulée, *De la situation des gens de couleur libres aux Antilles françaises*, fut introduite, on ne sait par qui, dans la colonie.

Cette brochure, imprimée à Paris chez Maccarthy, déposée à la Direction de la librairie le 20 octobre 1823, distribuée aux membres des deux chambres, aux ministres de V. M., n'a été l'objet d'aucune poursuite, d'aucune censure; l'auteur en est connu, et il n'en décline pas la responsabilité.

Rédigée dans des termes mesurés et respectueux envers V. M. et son gouvernement, elle ne fait connaître qu'imparfaitement les vices de la législation locale; et quant aux faits qu'elle signale, elle est restée bien loin de la vérité.

Les blancs ayant eu connaissance de l'arrivée de cette brochure, dénoncèrent son introduction aux autorités administratives et judiciaires comme une *conspiration*.

Si cette brochure eût été criminelle, la seule chose à faire était d'en ordonner la saisie, de la déférer aux tribunaux, et de la faire condamner comme séditieuse; l'absence de l'auteur n'était pas un obstacle.

Une fois condamnée et supprimée, il eût été légal et régulier d'en poursuivre les distributeurs; jusque-là, la réception et la distribution de cet écrit, était un fait innocent qu'aucune loi ne pouvait atteindre, ainsi qu'on le démontrera bientôt; mais ou voulait une conspiration.

Voici en quels termes cette dénonciation clandestine fut faite, et l'on jugera par le ton menaçant qui y règne, qui, des dénonciateurs ou des victimes, a conspiré contre l'ordre établi, et contre le gouvernement du Roi.

Décembre 1823.

Monsieur le général,

« Depuis quelques jours, des bruits alarmans se
» répandent dans cette colonie; nous paraissons me-
» nacés d'une commotion prochaine. Dans cette
» circonstance, nous croirions manquer au Roi, à
» notre pays et à nous-mêmes, M. le Général, si
» nous hésitions à faire connaître à V. Exc. les causes
» de l'agitation qui se manifeste.
» Les mulâtres (1) *Mont-Louis Thébia* et J. *Éri-*
» *ché*, sont arrivés depuis peu à la Martinique, de
» retour de France, où ils avaient demeuré plusieurs
» années. Leur retour a été suivi, ici près, de faits
» qui excitaient l'indignation des habitans de ce
» pays. L'insolence du mulâtre Léonce (2) a été
» punie; mais les distributeurs d'un libelle infâme,
» d'un écrit séditieux, le sont-ils? Plusieurs mulâtres
» ont été pris en flagrant délit, en contravention à
» la loi, et ont été relâchés à l'exception de trois.
» Ces derniers avaient, dit-on, déjà signé une
» adresse (3), pour le bouleversement de la colonie;

---

(1) Ces *mulâtres* sont des négocians propriétaires, qui ont 600,000 fr. de capitaux, et qui sont en relations intimes avec les premières maisons de commerce de la capitale. Voy. ci-après, la note, p. 62.

(2) Léonce, négociant mulâtre, a été condamné à un mois de prison et à 1,000 fr. d'amende, pour avoir eu *chez lui* une discussion avec *Beaudu* fils, négociant, au sujet de l'acquit d'une traite, et avoir élevé des doutes sur la solvabilité de cette maison. Les blancs se trouvèrent offensés en la personne de Baudu fils. Ils parurent *armés* aux portes du tribunal, vociférant la condamnation. Le tribunal, composé d'un seul juge, n'osa résister, et condamna Léonce comme mulâtre insolent. Il a été depuis déporté. Ce jugement (du 4 décembre 1823) ne précède que de huit jours les arrestations.

(3) Apparemment celle du 15 mai 1823.

» mais les autres étaient-ils moins coupables? et si
» on leur eût donné le temps d'apposer leur signa-
» ture au bas de cette adresse, ne l'eussent-ils pas
» fait; n'étaient-ils pas assemblés dans cette inten-
» tion? Cette réunion, dans un pareil moment, n'in-
» diquerait-elle pas assez son but?

» L'écrit que nous qualifions de séditieux, l'est
» sans doute, dans l'acception du mot; il doit être
» poursuivi et puni comme tel. Les prétentions que
» les mulâtres y exposent, et les demandes qu'ils
» ont faites, sont combattues et rejetées par toutes
» les lois (1) et ordonnances qui régissent les colonies.
» Nous demandons avant eux, M. le Général, que
» ces lois et ordonnances soient maintenues, et les
» habitans de la Martinique sont prêts à seconder de
» tous leurs moyens, les mesures que V. Exc. sera
» dans le cas de prendre, pour faire rentrer dans
» le rang qu'elles ont assigné, ceux qui veulent s'en
» écarter. Les blancs ne consentiront jamais à se
» voir les égaux d'hommes qui, comme la plus
» grande partie des mulâtres, et même de ceux
» d'entre eux qui font le plus de bruit, ont des pa-
» rens très-proches dans nos ateliers (2).

» Nous savons, M. le Général, *que les mulâtres,*
» *en général, resteront tranquilles; ils connaissent*
» *trop bien l'insuffisance de leurs moyens;* ils savent
» que le gouvernement du Roi ne souffrira jamais
» que le système établi soit renversé; mais si le
» grand nombre est raisonnable, on ne peut pas se
» dissimuler que beaucoup d'entre eux, séduits par
» les chimères qu'on leur propose, peuvent être
» égarés au point de troubler la tranquillité de la
» colonie.

---

(1) Serait-ce par hasard les ordonnances de Louis XIII, de Louis XIV et de Louis XVI? non; les ordonnances coloniales? Cela peut être.

(2) *Atelier*, réunion des nègres esclaves d'une habitation.

» C'est entre vos mains, M. le Général, que le
» Roi a mis son autorité; vous n'êtes seulement pas
» administrateur, vous êtes aussi, et avant tout, gou-
» verneur. C'est de vous seul que dépend la tran-
» quillité publique, et c'est vous qui en êtes respon-
» sable; c'est vous qui répondrez au Roi, et à la
» colonie, des malheurs partiels qui pourraient ar-
» river.

» Nous devons ajouter, pour faire connaître à
» V. Exc. l'opinion entière des habitans, qu'ils at-
» tribuent ce qui arrive aujourd'hui aux idées
» négrophiles (1), et à la conduite de plusieurs per-
» sonnes qui entourent V. Exc. et qui se sont attiré
» l'animadversion de la colonie.

» Il est des hommes qui, depuis cinq à six ans,
» semblent prendre à tâche d'émettre des opinions
» extrêmement contraires au système colonial; il
» n'est pas étonnant que ces hommes placés en évi-
» dence, auprès du gouvernement, aient d'abord
» perverti les esclaves, et ensuite les mulâtres libres.
» C'est à eux que nous avons dû, l'année dernière,
» la révolte des esclaves du Mont-Carbet, et c'est à
» eux que nous devons la manifestation des pré-
» tentions des mulâtres; ceux-ci, nous le savons,
» ont l'audace de s'étayer de votre nom, et de se
» vanter de l'appui des personnes que nous venons
» de désigner. Mais quelles que soient les menées
» et les intrigues des uns et des autres, nous devons
» dire à V. Exc. que les habitans de la Martinique
» sont unanimement décidés à *maintenir* et *défendre*,
» à quelque prix que ce soit, l'état actuel de la législ-
» lation, et à ne jamais laisser porter aucune atteinte
» aux réglemens coloniaux. Si le gouvernement avait
» un jour le projet d'y faire quelques changemens,
» nous prions V. Exc. d'être notre organe auprès
» de lui, et *de lui faire bien comprendre* que comme

---

(1) c'est-à-dire philanthropiques.

» il y va de l'existence de nos femmes et de nos en-
» fans, *nous sommes fermement résolus à n'admettre
» aucune modification.*

» Nous demandons à V. Exc. le maintien pur
» et simple des lois et ordonnances coloniales,
» et que V. Exc. veuille bien donner des ordres
» pour qu'elles soient à l'avenir exactement main-
» tenues. Pour peu qu'on s'en écarte, l'édifice
» colonial est attaqué, et les habitans ayant pris la
» ferme résolution de se défendre, s'ils succombent
» la colonie sera perdue pour la France; et qui en
» sera cause ?

» Nous sommes avec respect, etc, etc., etc.

» *Signé* Fortier, au nom de tous les habitans de
» la Basse-Pointe, et commissaire de la paroisse
» de B.....; de Brettevel, pour les habitans de la
» paroisse de Macouba; la S... Dufond, commissaire
» de la paroisse de la Grande-Anse. »

Ainsi les signataires ne se contentent point d'é-
veiller la sollicitude des autorités sur un fait qu'ils
ont jugé importer à la tranquillité de la colonie; ils
présentent une pétition *collective;* ils ne parlent pas
en leur nom personnel, mais en celui des paroisses
de Macouba, de la Basse-Pointe et de la Grande-
Anse; ils s'intitulent commissaires, ce qui suppose
des réunions, des assemblées clandestines, des résolutions prises en commun, sans autorisation des
autorités; et, en effet, il y en a eu avant et après,
et ce n'est pas la première fois. En 1819, il y eut aussi
des assemblées illicites dans toutes les paroisses, à
l'occasion de l'annonce de l'arrivée du commissaire
de justice (*M. le baron de la Mardelle*).

Ils portent leur audace jusqu'à dénoncer les autorités elles-mêmes; les personnes qui exercent sous
les ordres de l'administrateur, les pouvoirs de V.
M.; que dis-je ! ils accusent le gouverneur lui-
même. Ils le menacent d'une responsabilité terrible,
s'il n'obéit pas à leurs injonctions.

Enfin, ils ne craignent pas d'avancer qu'ils sont fermement résolus à n'admettre jamais aucune *modification* aux réglemens coloniaux, relative à l'état des hommes de couleur ; oubliant sans doute que ces reglemens sont l'ouvrage de leur caste, et qu'ils sont un monument de rébellion envers l'autorité législative des augustes prédécesseurs de V. M.

Que dis-je ! c'est envers l'autorité suprême de V. M. elle-même qu'ils se déclarent.

Si donc V. M. voulait l'exécution des ordonnances de 1642, 1685 et 1787 ; si réalisant, dans sa haute sagesse, les promesses consignées dans la Charte, et réitérées dans son ordonnance du 22 novembre 1819, elle croyait devoir, non pas donner aux hommes de couleur un nouvel état civil et politique, mais leur rendre celui qu'ils n'auraient jamais dû perdre, les orgueilleux colons se mettront en insurrection contre la volonté de V. M.; ce sont eux qui le disent. Ils sont fermement résolus à maintenir et défendre, à quelque prix que ce soit, le code obscur et tyrannique qui s'est formé loin des yeux et à l'insu du gouvernement royal.

Un langage aussi criminel ne dénote-t-il pas une conspiration véritable de la part des créoles ?

Sans doute il est plutôt fait pour inspirer une indulgente pitié que la sévérité de V. M.

L'honorable M. *Canning*, dénonçant au parlement d'Angleterre (séance de la chambre des communes, du 17 mars 1824) l'opposition des colons de la Jamaïque, aux mesures bienfaisantes de la métropole, envers la population esclave, a dit, dans une occasion toute semblable :

« Si le gouvernement avait pu en éprouver quelque
» courroux, cette conduite ne manquerait pas d'of-
» frir des motifs pour recourir à des mesures de ri-
» gueur. Mais l'emploi de la force réduirait les co-
» lons rebelles en atômes... Ces mesures n'obtiendront
» pas la gloire d'une querelle. Je ne veux pas les ad-

» mettre à l'honneur de la lutte. *Quos ego...... sed
» motos præstat componere fluctus.* Une insurrec-
» tion pour la liberté du fouet et pour le maintien d'un
» privilége ! En ne sévissant pas contre eux, mais
» en accordant aux opprimés une bonne justice et
» des garanties pour l'avenir, les colons quitteront
» ce langage hautain, et retomberont dans *l'escla-*
» *vage de la raison.* »

Il eût été digne de la fermeté de caractère et de l'honorable réputation dont jouit M. le général Donzelot de répondre sur ce ton.

Mais dans l'ignorance où nous sommes des circonstances qui l'environnent, gardons-nous de l'accuser.

Suspect lui-même aux yeux des colons, il a cru peut-être plus prudent de céder pour un moment à l'orage, en se réservant de faire connaître à V. M. les véritables causes du triste événement qui nous occupe, et d'en solliciter lui-même la réparation.

Qui nous dit qu'il n'est pas notre plus zélé défenseur aux pieds du trône de V. M.? Puisque l'ordre de bannissement dont nous nous plaignons, lui a été imposé, nous sommes autorisés à croire et à dire que la proclamation du 20 décembre 1823, adressée à MM. les commandans des bataillons de milices, et aux commissaires-commandans des paroisses, n'est pas de lui.

Voici les termes de cette proclamation :

« Quelques agitateurs se sont emparés d'une classe
» crédule et peu éclairée, pour la pousser au désordre
» par l'espoir d'un changement prochain dans la lé-
» gislation politique des colonies. Des pamphlets,
» distribués clandestinement, ont trahi de coupables
» vœux, et produit le déplorable effet d'enflammer
» les esprits de toutes les classes de la population.

» Que tous les habitans de la Martinique soient
» convaincus que je saurai maintenir l'ordre et la
» tranquillité.

» La législation établie est l'ouvrage des rois, pré-
» décesseurs de notre bien-aimé Monarque; chacun
» y doit obéissance et respect ; et, moi, je l'appuierai
» de tout mon pouvoir.

» S. M., seule, a le droit d'y apporter des modi-
» fications.

» Mais elle veut le bonheur et la prospérité de tous
» ses sujets; aussi ne consacrera-t-elle que ce qu'une
» sage expérience aura prouvé être convenable et né-
» cessaire à l'accomplissement de ce double but.

» Je ferai poursuivre avec la dernière rigueur les
» perturbateurs, et particulièrement ceux qui, par
» de sourdes manœuvres ou des libelles séditieux,
» tenteraient d'inquiéter ou de remuer les esprits.

» Je ne doute pas que vous continuiez à exercer
» une active surveillance, et que vous ne vous em-
» pressiez de m'informer de ce qui peut intéresser la
» tranquillité publique.

» Je vous invite à m'accuser réception de la pré-
» sente lettre.

» Recevez, M. le commandant, l'assurance de ma
» considération distinguée,

» Le lieutenant-général gouverneur et administra-
» teur pour le roi,

» *Signé* Donzelot. »

Il est évident que cet acte a été dicté tout entier par l'esprit colonial. Comment, en effet, un administrateur aussi instruit que M. Donzelot, aurait-il pu dire que la législation relative à la position actuelle des hommes de couleur était l'ouvrage des rois, prédécesseurs de V. M., lorsque, au contraire, elle en est la destruction ?

Sans doute V. M. a seule droit d'y apporter des modifications; mais M. le gouverneur doit ignorer moins que personne, que les réglemens de ses prédécesseurs, anglais ou autres, et les arrêts des conseils supérieurs n'ont jamais pu prévaloir sur les actes émanés de l'autorité royale.

D'ailleurs, dans quel pays est-il défendu de demander des améliorations au souverain par des suppliques respectueuses? M. le gouverneur, lui-même, ne s'est-il pas rendu l'organe des hommes de couleur, sur ce point? n'a-t-il pas reçu avec indulgence et bonté les adresses qui lui ont été remises ?

C'est parce que V. M. veut le bonheur et la prospérité de tous ses sujets, qu'elle a besoin d'être éclairée, et qu'il faut que toutes les réclamations parviennent jusqu'au trône, afin qu'elle les juge dans sa haute sagesse.

Tout administrateur qui empêcherait l'émission de pareils vœux, serait coupable envers son roi et envers son pays.

Quoi qu'il en soit, la publication de cette proclamation a été funeste aux hommes de couleur.

Elle donnait créance à l'existence d'une conspiration. Il ne s'agissait plus, pour les blancs, que de la consacrer par un acte judiciaire. Rien n'était plus facile. Les juges de la colonie sont des créoles; ils partagent les préjugés de leur caste. Qui sait de quelles sollicitations, et par quelles menaces ils ont été conduits à rendre l'arrêt qui a frappé tant de malheureux !

Dès le 12 décembre 1823, une perquisition avait été ordonnée. Il semblait qu'elle devait être dirigée contre MM. *Mont-Louis Thébia* et Joseph *Eriché*, arrivés récemment de France, et nominativement dénoncés par l'adresse que nous venons de transcrire; il paraît qu'on leur réservait le privilége d'être déportés sans jugement, de peur que dans leur défense ils ne fissent entendre les espérances que leur séjour dans la métropole a dû leur donner, et qu'ils n'en appelassent à la justice directe de V. M. et de son gouvernement. Les blancs, qui sentent que les *députés* des chambres d'agriculture, qui résident à Paris, et reçoivent un traitement sur le trésor de la colonie, ne sont que leurs représentans et non ceux de la colonie, désignaient ironiquement MM. *Thébia* et *Eriché* comme *les députés des hommes de couleur*.

La descente de justice se fit chez M. Bissette, négociant au Fort-Royal. Ce propriétaire avait, aux yeux des créoles, le tort irrémissible d'avoir été rédacteur de plusieurs pétitions adressées par les hommes de couleur à M. le gouverneur de la colonie, à S. Exc. le ministre de la marine, et d'un projet d'adresse à V. M.

Il était aussi rédacteur de l'adresse faite au sujet de la guerre d'Espagne, à la date du 15 mai 1823.

C'en était assez, sans doute, pour être dénoncé comme chef de la prétendue conspiration.

On trouva chez lui deux exemplaires seulement de la brochure.

Cela suffirait pour prouver qu'il n'en était pas le dépositaire, ni le colporteur; les poursuites n'en furent pas moins continuées. Le 13, il fut cité à comparaître devant le tribunal de première instance, et depuis il n'a plus revu son domicile; cependant il ne fut décrété de prise de corps que le 27 mars; la signification fut antidatée et reportée au 16, afin de pallier une incarcération illégale de plusieurs semaines.

Parmi les pièces saisies chez Bissette se trouve un projet d'adresse à la Chambre des députés, de la main de M. Fabien fils, son ami, propriétaire et négociant au Fort-Royal, et copie d'une lettre adressée au procureur du roi prise sur l'original qui aurait été, dit-on, décacheté (1).

Il n'en fallait pas davantage pour faire comprendre Fabien dans la poursuite criminelle. Il fut arrêté le 22 et interrogé.

Enfin, parmi les papiers de Bissette se trouvait une

---

(1) Le dénonciateur unique de ce fait, Joseph Anois, reçut un démenti public de son fils (Eudoxis), et il a été depuis arrêté.

autre feuille (1) avec cette épigraphe : *Salus populi suprema lex esto*, qui n'était que la réfutation manuscrite d'une brochure publiée, sous le voile de l'anonyme, par M. *Richard de Lucy*, alors procureur-général de la Martinique.

Cette feuille contient copie d'un jugement extrêmement curieux, rendu le 11 mars 1822, contre M. Clavier, propriétaire, homme de couleur, pour avoir reçu ses amis le lundi gras. Ce jugement est rendu par application de l'ordonnance anglaise, du premier novembre 1809, et de l'ordonnance de police du 25 décembre 1783; cette brochure justifie l'honorable M. Lainé de Ville-l'Évêque de quelques attaques dirigées contre lui à l'occasion du beau discours sur les Colonies, prononcé par ce député, le 28 juin 1821, à la tribune nationale, discours *imprimé par ordre de la Chambre*.

Le manuscrit d'un tel ouvrage était évidemment séditieux; et comme il se trouvait écrit de la main de Volny, marchand au Fort-Royal, celui-ci fut arrêté également le 22 décembre.

MM. Eugène Delphile, Frapart, Bellisle Duranto, et Joseph Dumil, propriétaires et négocians du Fort-Royal, furent impliqués dans la même procédure, pour avoir signé les adresses trouvées chez Bissette. M. Eugène Delphile était de plus accusé d'avoir tenu le propos séditieux suivant :

« Il n'arrivera rien de fâcheux à notre ami Bissette.
» Le gouverneur, le commandant militaire et l'or-
» donnateur de la colonie, se sont prononcés en sa
» faveur. »

5 janvier 1824. — Jugement qui condamne Bissette au bannissement perpétuel, Volny et Fabien fils à cinq ans, ordonne un plus ample informé à l'égard d'Eugène Delphile, et met hors de cause

---

(1) Elle a été imprimée à Paris, chez Richomme.

Bellisle Duranto, Joseph Dumil, et Joseph Frapart.

Il semblait que l'appel dût être réservé aux seuls condamnés, contre une sentence déjà si sévère à leur égard.

Eh bien! le procureur général trouva que les premiers juges avaient été trop indulgens; il interjeta un appel *à minima*, comme si la société n'ût pas dû être satisfaite de la condamnation que des magistrats comme lui avaient trouvée suffisante.

12 janvier 1824.—Arrêt définitif qui condamne les malheureux *Bissette, Fabien et Volny* aux galères à perpétuité. — Eugène Delphile, comme *véhémentement soupçonné* (telle est l'expression de l'arrêt; car ici il ne s'agit pas de conviction) d'avoir tenu le propos séditieux que nous venons de transcrire, au bannissement perpétuel du royaume; et Bellisle Duranto, Dumil et Frapart au bannissement perpétuel des Colonies françaises (1).

Cet arrêt étant déféré à la Cour de cassation par les condamnés Bissette, Fabien et Volny, nous n'en entreprendrons pas ici la critique détaillée; nous dirons seulement que les témoins n'ont pas été confrontés selon le vœu formel de l'ordonnance de 1670, qui régit encore la Colonie, et qu'ainsi on n'a pu convaincre Joseph Anois de son imposture, relativement à l'ouverture d'une lettre cachetée; que les débats n'ont pas été publics; que les accusés n'ont point eu de défenseurs (2), et ont été privés, par la célérité d'une procédure conduite *ab irato*, des moyens

---

(1) *V.* le texte de cet arrêt aux pièces justificatives.
(2) Dans toutes nos colonies, cette assistance est prescrite à peine de nullité, même au Sénégal, art. 14 de l'ordonnance royale du 7 janvier 1822. — A Cayenne, ordonnance du 16 avril 1819, au recueil complet des lois et ordonnances; décret du 9 octobre 1789, pour la réforme de la procédure criminelle, publié à la Guadeloupe, le 14 août 1790, et très-probablement à la Martinique.

justificatifs (1); que l'ordonnance de 1757, qui leur a été appliquée, n'a jamais été publiée dans la Colonie; qu'elle y est légalement inconnue, et ne pouvait être invoquée; que même en France, cette ordonnance qui condamnait à la peine de mort les auteurs d'écrits séditieux, n'a jamais été exécutée, et qu'elle était tombée en désuétude (2) long-temps avant la révolution; que fût-elle applicable, elle aurait été mal appliquée, puisque, d'après sa disposition expresse, les distributeurs d'écrits séditieux ne peuvent être recherchés qu'autant qu'on a omis de remplir les formalités légales; que la brochure, qui a servi de base à la condamnation, a été imprimée, déposée à la direction de la police sans avoir été condamnée, et qu'ainsi nul ne peut être coupable pour l'avoir lue ou distribuée.

Un arrêt entaché de vices aussi graves, ne peut manquer d'être cassé. Mais comment se fait-il qu'aujourd'hui encore, la Cour suprême de cassation n'ait pu être saisie de ce pourvoi, et qu'on ait mis autant d'obstacles à ce qu'il fût même déclaré (3)?

Il est dit que l'apparition de la brochure, au moment où l'autorité était avertie qu'une conspiration s'ourdissait dans l'ombre, a jeté l'alarme, et nécessité de la part du gouvernement des mesures de haute police.

Il résulte de ce considérant et de la circonstance même, que Bissette n'a été trouvé coupable que du colportage du libelle; que cette brochure n'est pas

(1) La défense de Bissette fut confiée à un jeune avocat d'un mérite connu. Il n'eut pas le temps de rédiger un mémoire détaillé, ni de le communiquer à son client.

(2) Il est notoire qu'alors on se contentait de supprimer le livre, et qu'on n'instruisait jamais de procès criminel contre l'auteur.

(3) Le greffier a refusé de le recevoir, ainsi que le procureur-général, et il a reçu toute son exécution dans la colonie. Bissette, Fabien et Volny ont subi la marque. Si l'arrêt est cassé, comment effacera-t-on cette flétrissure?

par elle-même un fait de conspiration; qu'elle n'en est qu'un accessoire, un moyen, ou, si l'on veut, une circonstance aggravante.

Il faut donc rechercher si, d'ailleurs, la conspiration est prouvée. Or, il n'existe, à ce sujet, aucun autre document que la dénonciation clandestine de ceux qui se sont dits commissaires des blancs, et que la proclamation du gouverneur.

En premier lieu, et quant à la dénonciation, les blancs parlent de bruits alarmans, de craintes qui circulent, de menaces d'une commotion; mais ils n'en citent d'autre indice que la distribution de la brochure elle-même.

Une conspiration ou un complot n'est pas une chose idéale. « C'est, (dit le Code pénal de 1810, » qu'on n'accusera pas d'indulgence) un acte com- » mis ou consommé, ou au moins la résolution d'a- » gir concertée et arrêtée entre deux ou plusieurs » conspirateurs, pour détruire et changer le gou- » vernement ou l'ordre de successibilité au trône, » et pour exciter les citoyens ou habitans à s'armer » contre l'autorité royale. »

Mais où sont les auteurs ou complices de pareils attentats ou complots? Quels conciliabules ont-ils tenus? Quels étaient leurs moyens d'exécution? Par quels actes ont-ils manifesté leurs manœuvres criminelles? Quels étaient leurs plans; que voulaient-ils substituer à l'autorité du gouverneur? Voulaient-ils livrer la colonie aux Anglais ou se déclarer indépendans?

Ont-ils appelé les esclaves et les hommes de couleur aux armes, menacé les blancs d'incendie ou d'assassinat?

On n'ose pas même alléguer aucun de ces faits. Il n'y a d'autre conspiration que l'innocente brochure, qui circule encore librement à Paris et dans tous nos départemens.

Or, que demande-t-on dans cette brochure? On

supplie V. M. de rappeler les ordonnances de ses augustes prédécesseurs, à l'exécution qu'il était du devoir des autorités locales de maintenir ; de faire disparaître les réglemens locaux, qui y sont contraires, et que le gouvernement a ignorés. On demande des améliorations et des institutions ; mais on les attend de la bienfaisance et de la haute sagesse de V. M. Ce n'est pas en menaçant de s'insurger ou de réclamer, les armes à la main, comme le font les Créoles ; c'est, au contraire, en supplians, que l'auteur de la brochure amène les hommes de couleur au pied du trône.

Un langage si humble et si décent ne serait pas blâmé à Constantinople, devant le trône de sa hautesse, et les Colons y voient un indice de conspiration. Depuis quel temps la plainte n'est-elle plus donc permise à l'opprimé ! la plainte, cette dernière consolation des malheureux ! Cette brochure est l'œuvre d'un bon citoyen, d'un sujet fidèle, et même d'un véritable ami des Colons blancs. Elle n'est que l'écho des vœux désintéressés émis par plusieurs d'entre eux, et consignés dans plusieurs ouvrages ; elle n'est que l'expression des intérêts véritables des Créoles et de leurs enfans.

Vous tous, créoles de bonne foi, qui voulez la justice, l'humanité, le triomphe de l'ordre, la sécurité pour vous, pour votre postérité et pour vos propriétés, écoutez la voix de vos consciences ; consultez l'histoire du passé ; abjurez un malheureux préjugé qui fait votre malheur, et qui, vous tenant dans un état perpétuel d'hostilité avec la classe des hommes de couleur, paralysez les bienfaisantes intentions du monarque législateur, et des bons Français qui administrent sous son autorité. Prenez garde de lasser leur patience, de les révolter par vos injustices, et qu'ils ne vous retirent une protection dont vous vous montrez si peu dignes.

Songez que le monarque, image vivante de l'Être-

Suprême sur la terre, est le père commun de tous ses sujets; qu'à ses yeux la différence de couleur n'est rien, qu'il veut que tous jouissent d'une égale protection.

Plus d'une fois les hommes de couleur ont exposé leur vie pour défendre vos propriétés et vos personnes contre la population esclave, non qu'ils ne fassent des vœux pour son émancipation successive, mais ne voulant pas qu'on l'obtienne par la violence. Pouvaient-ils vous donner une preuve plus forte de leur désir sincère de vivre avec vous dans la plus parfaite intelligence? La reconnaissance seule ne devrait-elle pas vous faire un devoir de les traiter en frères? Combien, parmi les hommes de couleur, n'en est-il pas auxquels la liberté a été accordée à titre de récompense coloniale sur le trésor public, pour services rendus à vous et à vos familles? Ne les avez-vous jugés dignes de la liberté, que sous la condition de les réduire au désespoir par vos injustes dédains, et par une persécution sans cesse renaissante? Ah! revenez à de meilleurs sentimens; écoutez la voix de Dieu, celle du monarque, et le cri du sang et de la nature.

Cette brochure a produit de l'agitation; mais à qui la faute? Elle appartient tout entière à ceux qui en ont fait le sujet d'une si monstrueuse accusation. On ne saurait en donner une preuve plus frappante que ce qui s'est passé à la Guadeloupe; bien que dans cette colonie existe aussi la division des castes, et par suite les mêmes levains de discorde, son introduction n'y a causé aucun trouble.

Il en eût été de même à la Martinique, si des hommes passionnés et fougueux n'avaient saisi ce prétexte pour accuser une population fidèle et paisible, qui, malgré l'état d'oppression où elle se trouve, espère tout du temps, de la justice de sa cause et de la protection du gouvernement.

La conspiration n'existe donc que dans l'imagination de ceux qui ont signé la dénonciation clandestine, et qui, nous en sommes persuadés, sont désavoués par tout ce que la colonie renferme de blancs, amis de la justice et du véritable ordre social.

La proclamation du gouverneur lui-même, écrite avec une grande circonspection, est dirigée autant contre les agitateurs, qui ont dénoncé, que contre les distributeurs de la brochure dont il s'agit. D'ailleurs cette proclamation ne dit pas un mot de la conspiration; elle ne parle que de l'agitation des esprits; et, si depuis on a arraché au gouverneur l'ordre de déportation, que l'on signale comme une preuve de l'existence du complot, nous disons que cet ordre n'est pas l'œuvre du gouverneur, mais d'un comité colonial, qui s'arroge l'autorité souveraine, et qui prétend dicter ses volontés tyranniques aux administrateurs et aux tribunaux.

Comment, s'ils n'avaient pas été effrayés par des terreurs paniques, les magistrats de la Martinique auraient-ils, dans un arrêt, supposé comme existante une conspiration dont il n'y avait aucune preuve judiciaire?

Si, dans leur opinion, cette conspiration eût été flagrante, auraient-ils été chercher dans les lois inconnues à la colonie, des peines pour un délit nouveau? Le crime de conspiration ou de complot, c'est-à-dire le crime de lèze-majesté, n'est-il pas prévu, puni par nos anciennes lois criminelles, aussi sévèrement que par les nouvelles? Auraient-ils négligé de poursuivre et de condamner les conspirateurs?

Comment les magistrats de la Martinique ont-ils pu considérer comme des écrits séditieux les minutes d'adresses communiquées au gouverneur, et adressées aux premières autorités de l'État, et à V. M. elle-même?

Qu'est-ce que les formules? Bissette, *véhémentement soupçonné* d'avoir eu part à la composition d'un libelle; Eugène Delille d'avoir tenu un propos séditieux. Le soupçon d'un crime est-il donc le crime lui-même? Et ne faut-il pas, pour qu'une condamnation soit légitime, qu'il y ait conviction entière, et que le doute ne soit plus permis?

Quand Bissette, Fabien, Volny ou les autres, auraient écrit le manuscrit avec l'épigraphe, *Salus populi suprema lex esto*, qui, en effet, a beaucoup de ressemblance avec la brochure sur la situation des hommes de couleur, en quoi seraient-ils coupables? L'ont-ils publié? Non, et dès-lors la pensée, elle-même, ne trouverait-elle pas grâce devant la justice coloniale? Ce crime fut celui du fameux Sidney. Mais quelle est l'opinion de la postérité sur le jugement qui a conduit cet illustre citoyen à l'échafaud?

C'en est assez sur le trop célèbre arrêt du 12 janvier. Il n'est point, par lui-même, la preuve de l'existence d'une conspiration; il la suppose, au contraire, et c'est parce que les magistrats abusés sont partis de ce faux point, qu'ils ont appliqué aux malheureux condamnés des peines effroyables, et que, nous n'en doutons pas, ils regrettent déjà d'avoir prononcées.

Tels sont les vices de l'organisation coloniale, que ceux qui ont échappé à la justice des tribunaux, ont été moins maltraités que Bissette et ses infortunés compagnons.

Les conspirateurs prétendus ont été éloignés de la colonie par une mesure administrative, et les simples distributeurs de la brochure ont été condamnés aux galères perpétuelles et à la flétrissure.

Si rien ne peut justifier l'illégalité de la déportation prononcée contre les supplians, ils ont du moins à s'applaudir de l'humanité de M. le gouverneur; elle s'est manifestée jusque dans la personne des commandans des bâtimens du roi, et de leurs officiers, qui se sont vus avec peine transformés en geôliers de citoyens irréprochables, et le leur ont plusieurs fois exprimé.

Quoique frappés par un ordre qu'ils présument être revêtu de sa signature, les supplians ne l'accusent pas; ils savent que M. le gouverneur est convaincu de leur innocence.

L'ordre de déportation a été délibéré et arrêté dans un conseil de gouvernement, véritable comité colonial, dévoué à ceux qui ont dénoncé cette fausse conspiration.

Tout annonce que, quand M. le gouverneur eut connaissance de la marche que prenait cette affaire devant les tribunaux, et de l'animosité avec laquelle on poursuivait ceux dans les mains de qui on avait saisi la fatale brochure, il crut devoir céder; et, pour éviter de plus grands malheurs, faire embarquer les personnes qui pouvaient se trouver compromises.

En effet, dès le 23 décembre, à trois heures du matin, douze hommes de couleur, les principaux négocians du Fort-Royal, MM. Joseph *Eriché*, Mont-Louis *Thébia*, Joseph *Millet* (1), *Armand*, Hilaire *Laborde*, Germain *Saint-Aude*, *Dufond*, Etienne *Pascal*, *Angel*, Joseph *Verdet*, *Montganier*, et Edouard *Nouillé*, furent arrêtés dans leur domicile à neuf heures du matin; ils furent transférés du fort à bord de la goëlette *la Béarnaise*, mouillée dans la rade.

Pour mettre V. M. à portée de juger comme ils sont ennemis de l'ordre et de la mère-patrie, il suffira de dire que le feu s'étant déclaré à bord de la

---

(1) M. Millet était chargé de recevoir, par procuration, une somme de 20,000 fr. du substitut du procureur du roi de Saint-Pierre de Martinique, M. B. C. — Celui-ci l'avait touchée et la gardait depuis plus de vingt ans. — On ne parvint au paiement qu'après des menaces de le faire poursuivre. M. Millet avait aussi donné commission à l'infortuné Bissette de recouvrer 5,000 fr. dûs par billet sur un avoué au Fort-Royal. Des poursuites avaient été commencées. *Indè mali labes!*

goëlette, peu d'instans après leur embarquement, ils s'empressèrent tous de porter des secours, et furent assez heureux pour l'éteindre, et préserver le bâtiment et son équipage. Au moment où ils recevaient des remercîmens sur leur dévouement, les créoles de Saint-Pierre les accusaient d'y avoir mis le feu.

Cependant le comité qui dirigeait toute cette affaire ne s'endormait pas : les arrestations continuèrent dans la journée du 23 ; il n'épargna pas même les personnes du sexe.

Parmi les douze déportés qui, après l'incendie, passèrent sur *la Constance*, se trouvait un respectable vieillard ; G. Saint-Aude connaissait, par une expérience de soixante années, toute l'activité de la haine de la caste privilégiée. Il ne désespéra sans doute pas de la justice de V. M. ; mais craignant peut-être que cette justice ne fût tardive, ou que, rétabli dans la colonie, il ne fût exposé aux mêmes humiliations, et dans tous les cas hors d'état de réparer les pertes résultant d'une telle catastrophe, le désespoir le saisit ; et après avoir prédit à ses compagnons d'infortune une série de maux qui, sans doute, ne se réaliseront jamais, ce vieillard, dont la conduite avait été irréprochable, et dont les cheveux blancs inspiraient la vénération, se précipite, la nuit du 24 au 25 décembre, dans les flots, et disparaît pour jamais.

Pour ne pas perdre une victime, son fils fut arrêté le jour même où on lui apprit la mort de son père, et il fut déporté à sa place.

Après avoir ainsi substitué le fils au père, on pouvait bien arrêter le frère pour le frère. M. Sidney Descasse, instruit que des ordres avaient été donnés pour l'arrêter, se mit en lieu de sûreté ; M. Montrose Descasse, négociant à Saint-Pierre, fut arrêté à sa place, et déporté pour l'étranger.

Jusqu'alors il semblait que c'était une querelle de famille, et que la métropole serait chargée de recevoir tous les bannis, sauf à leur rendre justice plus tard.

Il n'en fut pas ainsi : la haine des persécuteurs ne rougit pas de rendre le monde entier témoin de leur injustice : ces déportations eurent lieu pour les colonies anglaises, espagnoles, américaines, et déjà les journaux étrangers retentissent de la célébrité d'une mesure aussi désastreuse.

On compte plus de deux cents déportations (1) (dont 43 seulement pour France); dans le nombre sont des négocians qui ont plus de 20,000 fr. de rente. Ceux qui sont déportés pour la France, sont des moins aisés, et, pour la plupart, illétrés; les autres ont été envoyés enrichir des colonies étrangères, la France nourrira sans doute le reste. La terreur fut si grande, que l'émigration des hommes de couleur s'élève, dit-on, à 1,500 personnes. Ceux qui ne furent pas arrêtés par la force, ont reçu des passe-ports ou congés avec invitation de quitter la colonie dans le plus bref délai.

Plusieurs étaient créanciers des créoles : on cite, entre autres, Jacob Lebrun, négociant au quartier de la Trinité, et Francisque, mécanicien au quartier de la Basse-Pointe, l'un et l'autre propriétaires, forcés de s'embarquer sans avoir pu obtenir le paiement de sommes assez considérables qui leur étaient dues par un magistrat.

Les créoles s'offraient eux-mêmes pour faire les arrestations, et ils y ajoutaient les traitemens les plus cruels envers des vieillards et des enfans.

Plusieurs sont morts du coup que cette arrestation leur a porté : on cite entre autres M. Bolly, qui fut embarqué malade sur la frégate la Flore, puis débarqué pour être mis à l'hôpital, puis jeté en prison

---

(1) *V.* ci-après, parmi les pièces justificatives, l'état nominatif des déportés, à l'époque du 15 mars 1824. Les journaux annoncent qu'elles continuent.

où il demeura sans secours; il s'est donné la mort. M. J. Baptiste de la paroisse du Lamentin fut arrêté et conduit dans les prisons du Fort-Royal ; il était dangereusement malade ; il a succombé peu de jours après son arrestation. Joseph Abraham est mort dans la traversée de France.

MM. Hippolyte Zenne et Joseph Millet, malgré leur âge et leurs infirmités, ont été maltraités.

Dans la paroisse du Carbet, un propriétaire, le sieur Precop, âgé de 62 ans, chargé de 12 enfans, avait, dans l'insurrection du Carbet, rendu des services signalés, il y avait à peine deux ans. La reconnaissance n'est pas la vertu des créoles. Soupçonné mal à propos d'avoir chez lui un dépôt d'armes, lui qui ne s'en servait que pour protéger la vie des blancs, il est arrêté; et quoiqu'on n'ait rien découvert, il est déporté de la colonie; ses trois jeunes fils, qui doivent le remplacer, sont également déportés; voilà donc en un instant, une intéressante famille livrée à la misère et au désespoir. L'un de ces fils laissait aussi une jeune épouse et des enfans.

On assure qu'en plein jour, dans la ville de Saint-Pierre, un créole se permit de décharger son pistolet sur un homme de couleur avec lequel il n'était pas en discussion.

Dans la paroisse de la Rivière-Salée, un homme de couleur, pour avoir donné la main et dit bonjour à un de ses amis arrêté, fut, sans autre explication, arrêté lui-même, et conduit dans la même prison.

Tandis que ceux qu'on accusait de conspirer se laissaient ainsi maltraiter, arrêter, jeter dans les fers, ou déporter, les créoles, ces hommes soumis aux lois, ces amis de l'ordre et de la justice, formaient des assemblées séditieuses sur convocations, dans toutes les paroisses, et usurpant des fonctions qui ne leur appartenaient pas, et qui, dans la mère-patrie, les auraient exposés à toute la sévérité des lois, ils parcouraient les campagnes armés, arrêtaient, de leur autorité privée, quiconque avait eu le tort de leur déplaire, ou de ne pas répondre à leurs provocations; on a vu les commandans des paroisses insulter aux malheureux qu'ils arrêtaient, brutaliser les sœurs, les épouses et les mères de leurs victimes, qui leur portaient des secours et leur donnaient le baiser d'adieu. Un habitant de la paroisse du Lamentin oublia sa qualité de magistrat de la colonie, au point de parcourir lui-même les villages pour y faire des arrestations. Dans les paroisses de la Basse-Pointe et de la Grande-Anse, où les violences furent les plus marquées, on vit un propriétaire, homme de couleur, (Rose-Ambroise) assailli, au milieu de la nuit, par une bande armée, essuyer le feu de la mousqueterie. Il parvint à s'échapper, et se rendit auprès du commandant de la paroisse pour se plaindre; il fut à l'instant arrêté, puis plongé dans les cachots de l'habitation où se tenait l'assemblée illicite de son quartier. Il a été déporté, et il est mort dans la traversée pour France, par suite des mauvais traitemens qu'il a essuyés; son fils aîné l'a remplacé dans les prisons.

M. Jacques Cadet possédait, en la paroisse du Robert, une habitation de la valeur de 130,000 fr.; soupçonné d'avoir lu la malheureuse brochure, il est traîné dans la prison du Fort-Royal. Informé qu'il serait déporté, il fit appeler son jeune fils pour mettre ordre à ses affaires. Tandis que celui-ci remplit ce devoir douloureux auprès de son père, l'assemblée séditieuse de la paroisse se transporte chez lui, enfonce les portes, et livre son atelier aux plus grands désordres. Le fils rend plainte au procureur du Roi: pour toute réponse, il reçoit l'ordre de se rendre en prison où il est encore, s'il n'est pas déporté.

Jacques Cadet est cet homme de couleur dont il est parlé page 20 de la brochure; il était désigné comme la victime de ce blanc qui, sans motif et par une affreuse méprise, assassina publiquement M. Desnodri, ce qui ne l'a pas empêché, après un an d'absence, de rentrer chez lui et d'être, plus tard, revêtu de la charge de commissaire commandant de son quartier.

Pour rassurer les blancs, on désarma tous les hommes de couleur, à l'exception de ceux du 6ᵉ bataillon, parce que M. *Dugué,* leur chef, jura qu'il répondait des siens. Tout le monde obéit à cette mesure sage, ce qui n'empêcha pas les arrestations de continuer avec autant d'acharnement.

On sent combien ces arrestations donnèrent de moyens de satisfaire des vengeances particulières, et combien de débiteurs en crédit s'en servirent pour éloigner des créanciers importuns.

C'est ainsi qu'en moins de trois mois, la population des hommes de couleur fut décimée, dispersée et ruinée par une proscription en masse. Cet événement, dit-on, était prévu et annoncé d'avance; la colonie devait être purgée d'un millier d'hommes de couleur. Le succès dans ce cas a dépassé l'espérance; car les expatriations s'élèvent à plus de quinze cents personnes.

Tel est l'état dans lequel se trouve aujourd'hui cette malheureuse colonie, que les navires du commerce ne s'y rendent plus : elle est comme en état de faillite. La secousse s'en est fait ressentir jusque dans la métropole; et des maisons respectables de la capitale ont cru devoir en exprimer leur douleur dans la lettre suivante, qu'ils ont adressée le 14 mai à S. Exc. le ministre de la marine et des colonies (1).

---

(1) En voici les termes :

Monseigneur, nous n'avons pas appris, sans de vives alarmes, la mesure dont viennent d'être frappés plusieurs des principaux négocians de la Martinique, nos correspondans. Si la déportation contre eux prononcée sans jugement, n'est pas révoquée, et s'il ne leur est pas permis de reprendre la direction de leurs affaires, ils seront inévitablement constitués en état de faillite, et des pertes énormes vont fondre sur nous.

Si la déportation avait été prononcée par l'autorité judi-

CONCLUSION.

Nous ne discuterons pas ici la légalité de l'ordre de déportation ; cette tâche a été confiée à de plus habiles mains ; et c'est dans la consultation délibérée pour les supplians, qu'il faut chercher la preuve de l'illégitimité de la détention qui en est la suite, et qui dure encore. Cette illégalité une fois reconnue, ce serait faire injure au gouvernement de V. M., de mettre en doute que l'injustice doive être réparée.

Sans doute le gouvernement n'a pas l'intention de retenir dans une prison perpétuelle, en vertu d'un acte extrajudiciaire, d'une véritable lettre de cachet, des hommes qui n'ont en rien offensé les lois de leur pays, et qui ne sont convaincus d'aucun crime ou délit. En France, nul ne peut être détenu sous la surveillance de la haute police sans jugement. La déportation aux colonies françaises du Sénégal ou

---

ciaire, nous ne nous permettrions pas d'intercéder autrement que pour la grâce, en attestant que nous connaissons nos correspondans pour des hommes probes et industrieux, amis de l'ordre et de la paix; mais la mesure dont il s'agit n'étant qu'une mesure provisoire, arrachée sans doute par les alarmes de quelques blancs, à S. Exc le gouverneur, et ayant besoin, pour devenir définitive, d'être approuvée par S. M. et d'être légalisée, nous venons supplier V. Exc. de mettre sous les yeux de S. M., et d'agréer elle-même l'expression de nos craintes et la gravité des pertes qu'elle nous fait supporter.

Nous sommes, etc., *signé* Torigny et Purpin, rue des Mauvaises-Paroles ; n. 17. — Primois et Saint-Évron, rue des Deux-Boules, n. 2. — A. Lanavil neveu, et compagnie, rue Notre-Dame des Victoires, n. 24. — Legros, rue des Mauvaises-Paroles, n. 19 ; — Tregent, rue des Déchargeurs, n. 8; — Schlumberger, Grosjean et compagnie, rue des Jeuneurs, n. 8. — Pour M. Clerc-Neven, Duhamel, rue de la Feuillade, n. 2 ; — Terwangue-Paimous et compagnie, rue Neuve des Petits-Champs, n. 35 ; — J. R. Poupart de Ruistein et compagnie ; — Gros, Davillier, Odier et compagnie, boulevard Poissonnière, n. 15;—Hippolyte Gavoty, rue des Bourdonnais, n. 8; — Burtin, par procuration de M. Garellon-Rouly. (Tous correspondans de *Mont-Louis Thébia* et *Ériché*).

ailleurs, serait la continuation d'une mesure illégale. La seule chose qu'il soit convenable de discuter ici, est la forme et la nature de la réparation.

Il est évident, par ce que nous avons dit et prouvé sur l'influence de l'esprit colonial, et sur l'impuissance où on s'est trouvé jusqu'à présent de protéger efficacement les hommes de couleur, que cette réparation doit être publique à l'égard de tous les réclamans, et de plus qu'elle doit avoir un caractère de généralité tel, qu'elle leur soit réellement profitable, et qu'ils puissent rentrer avec sécurité dans leurs foyers.

La réparation doit être *publique*, et constatée par un acte éclatant de la justice de V. M. Si l'on se bornait à révoquer tacitement l'ordre de déportation, en mettant en liberté les proscrits, et leur faisant délivrer des passe-ports, qu'arriverait-il? Ils ne pourraient rentrer dans leur pays que comme des supplians ou des graciés, tandis qu'ils ont droit d'y paraître comme des hommes dont l'innocence a été reconnue et dont les droits ont été violés.

La réparation doit être *générale*. Pourquoi, en effet, seraient-ils plus maltraités que les autres, ceux que le comité colonial a fait déporter aux contrées étrangères? Serait-ce parce qu'ils sont plus malheureux, ou qu'ils ne sont pas suffisamment représentés? Mais ce n'est pas devant le conseil de V. M. qu'on peut avoir à craindre de pareilles exceptions.

Si la justice que les supplians attendent n'avait pas ce caractère de publicité et de généralité, ils ne rentreraient dans la colonie que pour y réaliser leur fortune, et ils s'empresseraient de fuir une terre qui ne leur offre plus aucune protection.

Voilà ce qui nous paraît la justice; et quant à la politique, cette autre justice des gouvernemens, elle veut, ce nous semble, qu'on ne cède rien à une classe qui ose protester contre l'exécution des lois de la métropole (les édits de 1642 et 1685), et qui, malgré sa faiblesse, ose porter, presque jusqu'à la menace et à la rébellion, son opposition aux améliorations que réclame l'état des colonies, et que V. M. a daigné promettre.

La politique ne veut pas que l'on sacrifie la classe la plus nombreuse, la plus soumise et la plus fidèle, à une caste qui ne met pas de bornes à ses prétentions.

La politique commande l'union et la fusion la plus parfaite entre les sujets du même État; mais il ne peut y avoir de fusion et d'union, là où tous les droits sont d'un côté, et où l'oppression la plus complète, sans espoir d'amélioration, se trouve de l'autre.

La politique ne permet pas que l'on réduise au désespoir une population nombreuse, active et industrieuse, qui ne demande qu'à bénir ceux qui la gouvernent, et qui ne réclame que la garantie des droits civils et de cité, qu'elle sait lui appartenir.

La politique ne veut pas qu'en réduisant la classe des hommes de couleur à un état d'ilotisme pire que l'esclavage, on les force à s'exiler volontairement, ou à nourrir au fond de son cœur une haine inextinguible contre ses oppresseurs, à se montrer indifférens ou même secrètement favorables aux mouvemens de la population esclave (1).

La politique doit savoir, selon l'expression d'un grave magistrat, que les États ne peuvent prospérer ni se maintenir sans bon ordre de justice.

En un mot la politique doit apercevoir l'état actuel du nouveau monde, et si c'est le moment de reculer dans la carrière des améliorations sociales.

ISAMBERT,
AVOCAT AUX CONSEILS DU ROI.

Paris, 29 juin 1824.

---

(1) M. *Malouet* a écrit qu'aucune classe d'hommes ne se laisse avilir, et que le comble de l'absurdité est de placer les hommes de couleur à une telle distance des blancs, qu'ils croient avoir à gagner en devenant leurs ennemis.

MÉMOIRE A CONSULTER (1)

SUR

La question de savoir si les Déportations sans jugement sont autorisées par les lois de la Colonie.

L'ORDRE, en vertu duquel les consultans ont été arrachés à leurs propriétés et à leurs familles, paraît être une de ces mesures arbitraires, connues autrefois en France sous le nom de *lettres de cachet*.

Ce mot lui-même se trouve, pour la première fois, dans l'ordonnance d'Orléans,

Art. XI : « Et parce qu'aucuns abusant de la faveur
» de nos prédécesseurs par importunité, ou plutost
» subrepticement, ont obtenu quelquefois des lettres
» de cachet et closes, ou patentes, en vertu des-
» quelles ils ont fait sequestrer des filles, et icelles
» épousé, ou fait épouser, contre le gré et vouloir
» des pères, mères, et parents, tuteurs ou cura-
» teurs, chose digne de punition exemplaire, enjoi-
» gnons à tous juges de procéder extraordinairement
» et comme de crime de raps, contre les impétrans,
» et ceux qui s'aideront de telles lettres sans avoir
» aucun égard à icelles. » (Charles IX, à Orléans,

---

(1) Il avait été rédigé en forme de consultation; mais on a été obligé, vu l'urgence, de le transmettre à son excellence le ministre de la marine avant la délibération des avocats. On sera surpris sans doute qu'une telle question puisse être élevée aujourd'hui. Cependant il faut bien l'examiner pour rassurer les esprits timorés qui croient que l'autorité ne se trompe jamais.

janvier 1560). Cette loi n'a point été publiée à la Martinique (1).

« Les lettres closes ou de cachet, a dit un mem-
» bre de l'ancien barreau (2) (dans un Mémoire sur
» les détentions arbitraires, remarquable par son ex-
» trême modération, et par l'absence de toute décla-
» mation), avaient deux emplois, ou plutôt deux
» abus; tantôt on les adressait aux tribunaux pour
» leur ordonner de juger de telle manière dans telle
» cause, ou pour leur défendre une poursuite crimi-
» nelle, ou pour évoquer une affaire au conseil.
» Tantôt, mais bien rarement, elles portaient des
» ordres d'exil ou d'emprisonnement contre certai-
» nes personnes.

» Quelquefois elles statuaient sur des objets in-
» différens. Ainsi, c'est par des lettres de cachet,
» adressées aux conseils supérieurs des colonies, que
» Louis XV et Louis XVI annoncèrent leur avéne-
» ment au trône (3).

» Chaque fois que des ordres ou rescrits particu-
» liers du prince venaient intervertir le cours de la
» justice, les magistrats réclamaient, les souverains
» reconnaissaient leurs fautes, et il en résultait des
» édits sévères qui ne laissaient plus entre le juge et
» le législateur que cette volonté générale par la-
» quelle il embrasse tous les sujets, sans acception

---

(1) La première loi insérée dans le Code officiel de la colonie, que nous avons soigneusement et plusieurs fois compulsé, est l'Édit de Louis XIII, donné à Narbonne, au mois de mars 1642.

(2) *M. Lacretelle aîné*, de l'Institut, tome III, p. 82 de ses OEuvres judiciaires. — Ce Mémoire a été publié vers 1780, à l'occasion de la cause du comte Ch...., détenu arbitrairement. — Mirabeau a dit de ce Mémoire qu'il avait renouvelé par la modération un sujet épuisé par l'invective.

(3) Voir le Recueil des Constitutions des colonies, par Moreau de St.-Méry.

» particulière, et qui ne peut se manifester que sous
» une forme authentique.

» Il n'en fut pas de même des lettres de cachet
» qui disposaient de la liberté de la personne; celles-
» ci n'étaient pas adressées aux ministres de la jus-
» tice; elles trouvaient des exécuteurs dans ceux
» qui les délivraient, comme dans ceux qui les
» avaient sollicitées. Elles ne pouvaient exciter que
» les plaintes étouffées de leurs victimes; les cours
» de justice n'en avaient connaissance que de loin
» en loin par quelque fait remarquable. Cependant
» jamais elles n'oublièrent leurs devoirs, et la per-
» sévérance de leurs représentations contenait, jus-
» qu'à un certain point, l'abus de ces ordres illé-
» gaux. »

Jusqu'à Louis XIV les emprisonnemens arbitraires n'étaient pas devenus un mal permanent de nos usages et de nos mœurs. Ce monarque lui-même n'en approuvait pas le principe. « Je ne les établirais pas, disait-il, mais je les ai trouvées en usage, et j'en userai. » Il sortait d'un temps de troubles, et dans les commencemens de son règne il voulait user d'une autorité absolue; quand elle fut affermie, il n'aurait pas eu besoin d'y recourir; mais, lorsque ce monarque naturellement ennemi de la violence, mais égaré par un faux zèle de religion, commença à persécuter les protestans, on les accabla par des lettres de cachet; tout ce qui parmi les religionnaires était soupçonné d'avoir du zèle, était ainsi frappé; les autres étaient livrés à des lois plus terribles encore qui les envoyaient aux galères; on séparait les époux; on enlevait les enfans à leurs pères.

« Les lettres de cachet, dit l'auteur déjà cité, sont
» un terrible danger lorsqu'une classe d'hommes est
» tombée sous l'animadversion du gouvernement.
» Dans les victoires d'un parti sur un autre, elles
» ont rendu déserts les tribunaux pour peupler les
» solitudes du royaume. »

On porte à quatre-vingt mille le nombre des prisonniers d'État dans les affaires du jansénisme.

Aujourd'hui, disait en 1770 la Cour des aides, par l'organe de l'illustre *Malesherbes*, dans ses remontrances au roi : « Aujourd'hui on croit les lettres de
» cachet nécessaires toutes les fois qu'un homme du
» peuple a manqué au respect dû à une personne
» considérable, comme si les gens puissans n'avaient
» pas déjà assez d'avantages. C'est aussi la punition
» ordinaire des discours indiscrets; car on n'a jamais
» de preuve que la délation, preuve toujours incer-
» taine, puisqu'un délateur est toujours un témoin
» suspect.

» Il est notoire que l'on fait intervenir des ordres
» supérieurs dans toutes les affaires qui intéressent
» des particuliers un peu connus, sans qu'elles aient
» aucun rapport ni à Votre Majesté personnellement,
» ni à l'ordre public; et cet usage est si généralement
» établi, que tout homme qui jouit de quelque con-
» sidération croirait au-dessous de lui de demander
» la réparation d'une injure à la justice ordinaire......
» Ces ordres sont souvent remplis de noms obscurs
» que Votre Majesté n'a jamais pu connaître........ Il
» en résulte, Sire, qu'aucun citoyen dans votre
» royaume n'est assuré de ne pas voir sa liberté sa-
» crifiée; car personne n'est assez grand pour être à
» l'abri de la haine d'un ministre, ni assez petit pour
» n'être pas digne de celle d'un commis. »

Il faut dire, à l'honneur de l'ancienne magistrature, qu'elle protesta constamment contre l'usage des lettres de cachet; elle fit mieux, elle condamnait ceux qui les sollicitaient et les exécutaient à des dommages et intérêts considérables. Voyez notamment au nouveau Répertoire un arrêt rendu à la grande chambre du Parlement le 9 avril 1770 contre Latour du Roch, qui le condamne à 20,000 francs de dommages et intérêts. M. D'Espréménil s'était signalé par son zèle à cet égard; il ne connaissait pas une lettre de cachet,

qu'il ne la dénonçât aux chambres assemblées. « Les
» ministres de la loi ne peuvent rien, disait à Louis XV
» le parlement de Rouen, s'ils n'ont la loi pour ga-
» rant, et la PLURALITÉ pour témoin…. Celui qui
» exerce le pouvoir (des lettres de cachet) n'a point
» de pluralité pour caution de sa sagesse, puisqu'il
» l'exerce seul ; il n'a point la loi pour garant de sa
» conduite, puisque l'administration s'étend sur des
» choses que la loi n'a point ordonnées…. Le même
» pouvoir qu'il a de faire le mal, lui sert efficacement
» à empêcher qu'on ne vous en instruise. »

C'est au besoin de cette pluralité qu'est due la création de ces tribunaux d'attribution, tels que les cours des Comptes, des Aides, etc., qui, avant la révolution, donnaient une protection si efficace à des intérêts qui sont aujourd'hui abandonnés au pouvoir discrétionnaire des administrateurs.

Les moindres intérêts pécuniaires sont garantis soigneusement par la loi, et par les tribunaux qui en sont les organes ; l'homme n'a-t-il pas aussi la propriété de sa personne, et celle-ci n'est-elle pas mille fois plus précieuse ?

L'abus des lettres de cachet est l'un de ceux que l'on s'empressa de réprimer, aussitôt que l'on s'occupa de la réforme de nos lois criminelles. « Les ordres
» arbitraires portant exil, dit l'article 10 de la loi
» du 16-26 mars 1790, et tous autres de la même
» nature, ainsi que toutes lettres de cachet, sont
» abolis, et il n'en sera plus donné à l'avenir ; ceux
» qui en ont été frappés sont libres de se transporter
» partout où ils jugeront à propos.

» Les ministres seront tenus de donner aux exilés,
» communication des mémoires et instructions sur
» lesquels aura été décerné contre eux l'effet des or-
» dres illégaux qui cessent par l'effet des présentes. »

Depuis cette époque des peines sévères ont été portées contre ceux qui se permettent de tels actes.

« Tout homme, dit l'article 19, section 3, titre 1,

» partie 2, du Code pénal de 1791, quel que soit sa
» place ou son emploi, autres que ceux qui ont reçu
» de la loi le droit d'arrestation, qui donnera, si-
» gnera, exécutera l'ordre d'arrêter une personne,
» vivant sous l'empire et la protection des lois fran-
» çaises, ou l'arrêtera effectivement, si ce n'est pour
» la remettre sur-le-champ à la police, dans les cas
» déterminés par la loi, sera puni de la peine de six
» années de gêne. — Les gardiens et geoliers sont
» déclarés complices. » Cette disposition a été renouvelée par l'article 634 du Code du 3 brumaire an 4, et par les articles 114, 119 et 120 du Code pénal. La sollicitude du législateur a été si loin, qu'il poursuit les fonctionnaires publics qui refusent de constater les détentions illégales et arbitraires.

Les prisons d'Etat ont été rétablies un moment par un acte du despotisme du chef de l'ancien gouvernement, usurpateur en ce point de la puissance législative; mais ce décret du 3 mars 1810 est tombé par l'effet de la promulgation de la Charte.

Si les peines portées contre les détentions arbitraires n'existent pas dans la législation qui régit la colonie, la responsabilité morale de pareils actes n'en est pas moins grande; dans tous les cas, il suffit qu'aucune loi n'autorise les gouverneurs à déporter sans jugement les citoyens domiciliés; si la pratique existe, elle est abusive et rien ne saurait la justifier.

A la vérité, un arrêté consulaire du 6 prairial an X (26 mai 1802), publié à la Martinique (1) à l'époque de la reprise de possession par la France, porte, art. 5 : « Que le gouverneur pourra, en cas d'urgente né-
» cessité et sur sa responsabilité, surseoir en tout ou
» en partie à l'exécution des lois et réglemens, après
» en avoir délibéré avec le préfet colonial et le grand-
» juge. (Art. 15), que le préfet colonial est chargé

---

(1) Voy. Code de la Martinique, tome IV, p. 462.

» de la haute-police; et (art. 31) qu'aucun citoyen
» non attaché au service ne pourra être arrêté *extra-*
» *judiciairement* que sur le visa du grand-juge, et
» qu'il en sera rendu compte au ministre. »

Mais en premier lieu, si cet arrêté reconnaissait au gouverneur le droit de retenir en prison les habitans, sans jugement, il ne lui accordait pas celui de bannir ou de déporter, peine bien plus forte que celle de l'emprisonnement nécessairement temporaire, parce que dans cette position on peut encore communiquer avec sa famille et veiller à la direction de ses affaires.

En second lieu, cet essai d'établissement militaire, suspensif du régime légal et de l'ordre civil, si conforme au caractère particulier du chef du gouvernement d'alors, a disparu devant les lois de la restauration.

S. M. en reprenant possession de la colonie, à la fin de 1814, avait, par un mémoire d'instruction aux nouveaux administrateurs, du 16 août 1814, enregistré au Conseil supérieur le 15 décembre, prescrit de remettre la Martinique sous la protection de ses anciennes lois, et en conséquence, par une ordonnance du 12 décembre 1814 (1), M. le comte de Vaugiraud, et l'intendant Dubuc ont rétabli les tribunaux de la colonie dans leurs dénominations, attributions et prérogatives, dont ils jouissaient avant 1789. (Art. 1er.)

« La colonie, porte l'article 2, sera régie par le
» code civil maintenant en vigueur, et par les *lois* et
» ordonnances enregistrées dans les tribunaux, sauf
» toutes exceptions et modifications qu'il plaira à
» S. M. d'y apporter. »

Il ne s'agit donc plus que d'examiner si les lois de la colonie, antérieures à 1789, autorisaient les déportations ou bannissemens sans jugement. Nous avons parcouru attentivement le code officiel de la Marti-

---

(1) Insérée au Recueil complet des lois et des ordonnances, année 1814, p. 659.

nique, et loin d'y avoir découvert rien qui autorise l'exercice d'une prérogative aussi extraordinaire et aussi dangereuse, nous voyons, au contraire, par l'édit de création du Conseil supérieur, du 11 octobre 1664, que le gouverneur avait entrée en la Cour et présidait avec elle, au jugement en dernier ressort, de tous procès et différends tant *civils* que *criminels*, ce qui exclut tout arbitraire dans la déclaration de la culpabilité et dans l'application des peines.

Un arrêt du Conseil d'Etat du 21 mai 1762, portant réglement entre la justice de la colonie et le gouverneur, ordonne qu'en toute affaire contentieuse civile ou *criminelle*, les parties ne pourront se pourvoir que devant les juges à peine de dix mille francs d'amende. Ordonne aussi que les gouverneurs commandans, et autres officiers d'état-major, prêteront main-forte pour l'exécution des décrets, sentences, jugemens ou arrêts, *sans qu'ils puissent rien* entreprendre sur les fonctions ordinaires desdits juges, ni s'entremettre, sous quelque prétexte que ce puisse être, dans les affaires portées devant les juges, et en général dans toutes les affaires contentieuses.

Cet arrêt du conseil-d'Etat est motivé sur la nécessité de faire cesser les difficultés entre le gouverneur et les officiers de justice sur les limites des pouvoirs qu'ils ont reçus pour le bien de son service, et pour la sûreté et tranquillité de ses sujets.

Un réglement du roi du 24 mars 1763, relatif à l'administration de la colonie, confirme ces dispositions en attribuant le gouvernement militaire au gouverneur-général, le gouvernement civil, (c'est-à-dire l'administration) à un intendant; et la justice au conseil supérieur.

L'article 25 porte que le gouverneur pourra siéger au conseil supérieur; mais il lui défend de se mêler en *rien* de l'administration de la justice.

L'ordre public, dit un mémoire d'instruction du

25 janvier 1765, exige que le gouverneur s'abstienne de tout ce qui appartient aux tribunaux.

Or comme les tribunaux ont le droit de prononcer le bannissement ou la déportation, ainsi que le prouve assez l'arrêt rendu par la Cour royale de la Martinique le 12 janvier 1824, maintenant déféré, par Bissette, Fabien, Volny et autres, à la censure de la Cour suprême, il est évident que le gouverneur ne peut s'arroger un pouvoir confié par la volonté de la loi à la décision des cours.

Ce serait un moyen de se soustraire à l'accomplissement des formalités établies par l'ordonnance criminelle de 1670, qui, à défaut du Code d'instruction criminelle, est restée en pleine vigueur, en vertu de l'enregistrement du 5 novembre 1681.

Ces principes sont confirmés par un décret de l'Assemblée coloniale du 21 juillet 1790 (1), approuvé par le gouverneur, et enregistré au Conseil souverain le 24. Ce décret porte que le gouverneur ne peut exercer le pouvoir judiciaire (2).

En un mot, il n'existe dans les lois enregistrées dans la colonie avant 1789, aucune disposition qui autorise directement ou indirectement les bannissemens ou déportations sans jugement.

Et depuis 1814, S. M. n'a point accordé aux gou-

---

(1) Code de la Martinique, tome IV, p. 214.

(2) Il existe dans le Recueil des constitutions des Colonies, par Moreau de Saint-Méry, une ordonnance du roi du 24 avril 1679, enregistrée dans les tribunaux de Saint-Domingue, qui défend aux gouverneurs de mettre les habitans en prison, et de les condamner à l'amende. Cette ordonnance est ainsi motivée :
« Sa Majesté ayant établi un conseil souverain en chacune des
» isles pour y administrer la justice ; et, ayant été informée que
» quelques-uns des gouverneurs particuliers ont quelquefois pris
» l'autorité d'arrêter, et de constituer prisonnier aucuns desdits
» habitans, ce qui est entièrement contraire au bien et à l'aug-
» mentation de la colonie. »

verneurs un pouvoir aussi exorbitant, et dont il serait si facile d'abuser.

Loin de là, S. M., par une ordonnance du 22 novembre 1819, insérée au Bulletin des lois en 1823, a promis de faire jouir ses sujets des colonies des institutions protectrices de la métropole, de son organisation judiciaire, de ses codes civils et criminels, qui, tous, prohibent les détentions arbitraires; par l'article 4 de cette ordonnance, il est dit, qu'en conformité du droit public des Français, tous arrêts et jugemens seront motivés, et que la peine de la confiscation des biens des condamnés est abolie.

Disposition qui ne peut se concilier avec le droit d'incarcérer et de déporter par des mesures de haute police; car ces mesures seraient des jugemens, et par suite les ordres de bannissemens devraient être motivés.

Le bannissement dont il s'agit est tellement illégal, que l'on n'a pas osé notifier à chacun des déportés l'ordre qui le concernait; et c'est un degré de plus dans l'arbitrairie; car sous le régime des lettres de cachet, l'exhibition en était toujours faite à ceux qu'elles concernaient. (Nouveau Répert., v°. lettres de cachet.)

Il résulte des renseignemens transmis par les consultans, que sur les frégates où ils furent embarqués, un individu s'était présenté à eux comme secrétaire particulier de S. Exc. le gouverneur, et leur avait fait signer sur un livre, des congés en blanc, en guise de passe-ports, qui ne leur furent pas délivrés.

Ce procédé n'est qu'une déception. Il n'est que trop évident que les consultans ne sont pas de simples passagers, puisqu'à leur arrivée à Brest, il n'a été permis qu'à quatre d'entre eux de se rendre à terre; que leurs compagnons d'infortune ont été conduits malgré eux à Rochefort, et qu'enfin des passe-ports pour se rendre où bon leur semblait leur sont refusés par les autorités administratives.

Il résulte de ces circonstances prouvées, que la mesure dirigée contre les consultans n'est pas un simple bannissement, mais une véritable déportation.

Sa Majesté, en réunissant en 1818 les fonctions des intendans à celles des gouverneurs militaires, et en cumulant dans une seule main les pouvoirs militaire et civil, a ordonné que toute mesure fût délibérée en conseil de gouvernement, et ne reçût qu'une exécution provisoire. Tous ces actes contiennent la clause, sauf l'*approbation de Sa Majesté*.

Dans l'espèce si une semblable délibération a été prise, point de doute qu'elle ne soit déjà parvenue à la connaissance du roi et de ses ministres.

Les consultans, en adressant à Sa Majesté leurs justes réclamations, n'ont point accusé les intentions de M. le général Donzelot. Cet exemple de modération n'est-il pas un motif pour qu'ils soient écoutés plus favorablement?

A Paris, ce 26 juin 1824.

Isambert, *avocat*.

PIÈCES JUSTIFICATIVES.

N° I. *Arrêt de la Cour royale de la Martinique qui condamne aux galères perpétuelles, à la déportation et au bannissement plusieurs hommes de couleur libres, pour colportage et lecture de brochures.*

Fort-Royal, 12 janvier 1824.

Louis, par la grâce de Dieu, roi de France et de Navarre, à tous ceux qui ces présentes verront, salut :

Notre cour royale de l'île Martinique a rendu l'arrêt suivant :

Vu par la cour la procédure criminelle extraordinairement instruite, à la requête du substitut du procureur général du Roi, près le tribunal de première instance du Fort-Royal, demandeur et accusateur, agissant de son office, d'une part ;

Contre les nommés Cirille-Charles-Auguste Bissette, Jean-Baptiste Volny, marchand ; Louis-Fabien fils, marchand ; Eugène Delfille, marchand ; Joseph Demil, *dit* Zonzon ; Joseph Frapart, marchand ; Jean-Martial Bellisle-Duranto, entrepreneur de bâtimens ; tous hommes de couleur libres, demeurant en la ville du Fort-Royal, accusés d'être auteurs, fauteurs ou participans d'une conspiration dont le but aurait été de renverser l'ordre civil et politique établi dans les colonies françaises, à l'aide de brochures, d'adresses séditieuses et de manœuvres sourdes, tendantes à enflammer les esprits et à soulever une des classes de la population contre l'autre, et notamment d'avoir introduit et fait circuler clandestinement dans la colonie un pamphlet séditieux, intitulé : *De la Situation des gens de couleur libres aux Antilles françaises*, défendeurs, d'autre part :

Sur laquelle procédure aurait été rendu jugement par le tribunal de Fort-Royal, la chambre assemblée, le 5 de mois ;

Par lequel jugement les premiers juges auraient dit : etc.

Vu l'appel interjeté *à minimâ*, par le substitut du procureur-général du Roi, ledit jour 5 de ce mois ;

Vu aussi l'appel interjeté par les nommés Bissette, Volny, Fabien fils, et Eugène Delfille, lors de la lecture dudit jugement, qui leur a été donnée par le greffier, entre les deux guichets de la geole de Fort-Royal le 6 du même mois ;

Vu toutes les pièces sur lesquelles le jugement a été rendu ;

Vu les conclusions par écrit de M. Lepelletier-Duclary, conseiller titulaire, faisant fonctions de procureur-général du Roi, ouvertes sur le bureau ;

Ouï, les accusés Bissette, Volny, Fabien fils et Eugène Delfille, en leurs interrogatoires subis sur la sellette ;

Ouï, les accusés Zonzon, Frapart et Bellisle-Duranto, en leurs interrogatoires subis à la barre ;

Vu la requête en atténuation présentée à la cour par les nommés Bissette, Fabien, Volny et Eugène;

Ouï M. Bence, conseiller titulaire, en son rapport verbal;

Vu aussi la déclaration du Roi, du 16 avril 1757,

Tout vu et mûrement examiné;

La cour met les appellations, et ce dont est appel au néant.

Emendant, statuant sur les reproches fournis par Bissette contre le cinquième témoin ouï en l'information.

Attendu qu'ils ne reposent que sur des allégations vagues et dénuées de preuves, et que d'ailleurs le caractère respectif du déposant et de l'accusé, repousse toute idée de l'existence d'une inimitié capitale entre eux;

Déclare lesdits reproches non pertinens et inadmissibles, et les rejette du procès.

Statuant sur les conclusions prises dans les requêtes, tendantes à établir par témoins la preuve que le nommé Fabien n'est pas coupable, 1° du bris de scel; 2° de la tentative de subornation des deux témoins ouïs en l'information; et que le nommé Eugène n'aurait pas proféré le propos séditieux à lui imputé;

Vu les articles 1 et 2 du titre 28 de l'ordonnance de 1670;

Attendu qu'aucuns faits justificatifs, susceptibles d'être pris en considération, et de nature à détruire le corps de délit, n'ont été articulés par lesdits accusés,

Les déboute des fins de leurs requêtes.

Statuant au fond:

En ce qui touche le nommé Bissette, le déclare dûment atteint et convaincu:

1°. D'avoir colporté, distribué clandestinement et lu à divers un libelle ayant pour titre: *De la situation des gens de couleur libres aux Antilles françaises*, ledit libelle tendant à provoquer au mépris des lois, à renverser la législation établie par S. M. ou ses représentans dans les colonies, à exciter la haine contre les magistrats, à incriminer la classe entière des blancs, à soulever contre elle la population des gens de couleur, et dont l'apparition, au moment où l'autorité était avertie qu'une conspiration s'ourdissait dans l'ombre, a jeté l'alarme dans la colonie, et nécessité, de la part du gouvernement, des mesures de haute police.

2°. D'avoir formé et composé un dépôt de plusieurs *Mémoires* et *Écrits* contenant des diatribes contre les colons, et des calomnies atroces contre les tribunaux, l'un desquels *Écrits* porte une analogie si frappante avec le libelle, objet de la plainte, que celui-ci en serait la fidèle analyse; circonstance qui ferait véhémentement soupçonner ledit accusé d'avoir eu une part active à la composition du libelle.

En ce qui touche Fabien fils,

Le déclare dûment atteint et convaincu d'avoir, au mois de juin dernier, ouvert une lettre adressée au ministère public, par le commissaire commandant du Vauclin, et d'en avoir tiré une copie qu'il aurait déposée chez Bissette; d'avoir pris communication du libelle chez ledit Bissette; d'avoir remis à celui-ci un manuscrit contenant des expressions outrageantes contre les magistrats de cette colonie, et dont l'écriture est de Samirai et de celle de sa femme, d'où résulterait la preuve d'une participation évidente aux manœuvres criminelles de Bissette; d'avoir, en outre, le 21 du mois de décembre dernier, essayé de suborner deux témoins, qui devaient être entendus au procès.

En ce qui touche le nommé Volny, le déclare dûment atteint et convaincu d'avoir remis à Bissette un écrit de sa main, avec cette épigraphe, *Salus populi suprema lex esto*, composé dans le but d'exciter des levains de haine, rempli de calomnies contre les tribunaux, d'attaques contre la législation établie, et infecté d'ailleurs des mêmes principes subversifs que ceux ci-dessus signalés, d'avoir reçu de Bissette le libelle incriminé en communication, d'avoir enfin participé à ses coupables projets.

En ce qui touche les nommés Eugène Delfille, Bellisle-Duranto, Joseph Frapart, et Joseph Démil, dit *Zonzon*, les déclare dûment atteints et convaincus d'avoir approuvé et signé plusieurs documens et pièces trouvés chez Bissette, dans le but de leur donner de la consistance et de l'autorité parmi les gens de couleur; d'avoir connu et encouragé toutes les manœuvres secrètes de leur classe; et, en outre, déclare ledit Eugène véhémentement soupçonné d'avoir, le 21 décembre dernier, tenu un propos séditieux et du caractère le plus dangereux, dans le moment d'agitation où se trouvait la colonie.

Pour réparation de quoi, ordonne que les accusés Cirille-Charles-Auguste Bissette, Jean-Baptiste Volny, Louis Fabien fils, soient tirés des prisons et conduits par l'exécuteur des hautes œuvres sur la place du marché de cette ville, au pied de la potence, pour y être marqués des trois lettres G. A. L., et être ensuite envoyés dans les bagnes de la métropole pour y servir le Roi à perpétuité;

Condamne l'accusé Eugène Delfille au bannissement à perpétuité du royaume; les nommés Bellisle-Duranto, Joseph Démil, dit *Zonzon*, et Joseph Frapart, au bannissement à perpétuité des colonies françaises, avec injonction de garder leur ban sous de plus graves peines;

Ordonne que le libelle intitulé : *De la Situation des gens de couleur libres aux Antilles françaises*, soit lacéré par les mains du bourreau et brûlé au pied de la potence;

Fait défense à tous et à chacun d'avoir chez soi ledit libelle, de le colporter, distribuer ou d'en donner copie; leur enjoignant de déposer entre les mains du ministère public tous les exemplaires qui pourraient être restés en leur possession; sous peine d'y être contraints par toute voie légale, et d'être poursuivis suivant la rigueur des ordonnances;

Ordonne que le présent arrêt sera imprimé au nombre de deux cents exemplaires et affiché dans toute la colonie;

Donne acte au procureur-général du Roi, de ses réserves contre les auteurs et distributeurs du libelle;

Fait et prononcé au Fort-Royal-Martinique, en l'audience du lundi 12 janvier 1824.

N° II. *A S. G. Monseigneur le Garde-des-Sceaux.*

(Enregistré au secrétariat général, n. 4481.)

Paris, 10 mai 1824.

Monseigneur, j'ai l'honneur d'adresser à V. G., 1° une requête en cassation, présentée par les sieurs Bissette, Fabien fils et Volny (1), contre un arrêt de la Cour royale de la Martinique, du 12 janvier 1824. La dite requête est datée, en rade de Brest du 20 avril 1824, où les exposans sont détenus à bord de la gabarre du Roi, le *Tarn*. Ladite pièce tenant lieu de pourvoi sur le refus fait par le greffier et le procureur général de recevoir ces déclarations dans la forme accoutumée.

2°. Un imprimé dudit arrêt.

Observant que toutes les pièces de la procédure ont été demandées à S. E. le ministre de la marine et des Colonies, pour mettre la Cour de cassation à portée de statuer.

Mais en attendant, vu l'urgence et la crainte d'une exécution de la condamnation, j'ai l'honneur de supplier V. E. de vouloir bien transmettre les deux pièces ci-jointes à la Cour de cassation, dans le délai de vingt-quatre heures, conformément à l'article 424 du Code d'instruction criminelle, et de m'accuser réception de la présente pour ma décharge.

De Votre Grandeur, etc.

ISAMBERT, avocat à la Cour de cassation.

N° III. *Au même.*

(Enregistré sous le n. 4481.)

Paris, 12 mai 1824.

Monseigneur, en transmettant à Votre Grandeur, dans l'intérêt des sieurs Volny, Fabien fils et Bissette, une requête en

---

(1) Elle est signée d'eux.

cassation, et un imprimé de l'arrêt qui les condamne, j'ai omis de répondre à deux objections qui pouvaient être présentées.

La première, est celle de savoir s'il y a eu déclaration de pourvoi, en vertu de laquelle la Cour de cassation puisse être saisie; et la seconde, si ce pourvoi était recevable, dans l'état actuel de la législation coloniale.

Pour répondre à ces deux objections, il suffit d'invoquer un précédent dans une espèce identique.

Le sieur Bascher de Boisgely, ancien procureur du Roi à la Pointe-à-Pitre, Guadeloupe, ayant été condamné par arrêt de la Cour d'appel de cette colonie, le 5 mars 1811, à la peine de la dégradation, comme concussionnaire, et ce dans les formes prescrites par l'ordonnance criminelle de 1670, se présenta devant la Cour de cassation, et sans avoir justifié d'aucun acte de pourvoi, rédigé dans la forme actuelle, il obtint, le 27 octobre 1814, au rapport de M. Audier Massillon, sur les conclusions de M. le procureur-général, un arrêt qui a ordonné l'apport des pièces, notamment de l'arrêt de condamnation.

Un second arrêt d'apport de pièces, a été rendu le 10 décembre 1818.

Il est bien évident, en effet, que le condamné ne peut être privé du bénéfice de son recours, par le refus que ferait le greffier, de dresser acte de son pourvoi, et le procureur-général d'envoyer les pièces.

Le mode actuel de transmission des pièces, par le ministère de la justice, n'est qu'une forme qui ne touche point au fond du droit; elle a été introduite par le désir bien légitime qu'a le ministère, de connaître toutes les condamnations criminelles et les recours y relatifs, d'autant plus, que seul il est chargé de l'instruction des demandes en grâce.

Ce mode a été introduit également pour faciliter aux parties le transport de leurs pièces; la preuve qu'il est tel, c'est qu'en toute affaire, elles sont admises à les remettre directement, et à suppléer ainsi à la négligence ou à l'ignorance des magistrats du ministère public, sur une forme d'instruction qui ne leur est pas habituelle; le ministère a même le soin aujourd'hui d'accuser réception aux parties de ces pièces.

Il ne peut donc s'élever aucun doute sur la transmission des pièces dont il s'agit. Au reste, s'il s'élevait quelque difficulté, elle serait levée par la Cour de cassation elle-même, qui a tout pouvoir sur les recours adressés à sa haute juridiction.

Pourquoi, j'ai l'honneur de supplier Votre Grandeur, d'avoir la bonté de transmettre les pièces déjà déposées, à M. le procureur-général près la Cour de cassation.

De Votre Grandeur, etc. ISAMBERT, avocat aux Conseils.

N° IV. *Lettre à S. Exc. le ministre de la marine et des colonies.*

29 juin 1824 (Courrier français du 2 juillet).

Monseigneur, j'apprends avec une profonde douleur que l'on vient d'embarquer à bord d'une gabare les 37 déportés de la Martinique, qui ont été conduits à Brest pour y attendre la justice à laquelle ils ont droit de prétendre de la part du gouvernement de S. M.; que le bâtiment est en rade, et n'attend pour appareiller vers le Sénégal que des vents favorables. Ceux même auxquels leur état physique et leurs infirmités avaient mérité la faveur d'être descendus à terre, ont été rembarqués, et ce coup inattendu va sans doute causer leur mort. Le désespoir a saisi tous les autres, et ils m'en adressent l'expression dans des termes d'autant plus vifs, qu'après avoir examiné à fond leur affaire, je leur ai fait dire qu'il ne pouvait y avoir qu'une opinion sur l'illégalité de la déportation, et qu'ils pouvaient compter sur une réparation éclatante de la justice de S. M. Ces infortunés supposent (car le malheur est quelquefois injuste) que l'on veut ensevelir leurs plaintes dans les déserts du Sénégal. Je m'empresse de leur écrire pour les rassurer; mais j'ai besoin de l'être moi-même, car si le vaisseau, dont la destination est un mystère, n'a pas encore mis à la voile, c'est parce que les vents du sud-ouest, qui règnent depuis deux mois, en ont empêché le départ.

Je viens donc, en bénissant la Providence de ce bienfait, me jeter aux pieds de V. Exc. pour la supplier d'accorder un sursis; il en est temps encore. Il ne faut que quelques heures pour en faire expédier l'ordre par le télégraphe : si le vaisseau était parti, comme il doit mouiller à Cadix, l'ordre pourrait encore être expédié par la ligne télégraphique d'Espagne. V. Exc. a sous les yeux, et elle peut mettre sous ceux du conseil des ministres le Mémoire ou Consultation qui prouve que la déportation sans jugement n'est pas autorisée par les lois de la Martinique. Je m'empresse d'ajouter ici que s'il y a eu conspiration, elle vient des créoles et non des hommes de couleur; on m'a mis à même d'en fournir la preuve : et, si le Mémoire est publié, la France, l'univers entier en seront convaincus. Ce Mémoire est prêt : demain V. Exc. en recevra la copie manuscrite. (Elle l'a reçue le même jour.) Je n'ai pu le produire plus tôt, ne voulant pas m'exposer, dans une circonstance aussi grave, à surprendre la religion du roi et de ses ministres, en écrivant sans preuve, et avant que tous les documens m'eussent été remis. Jugez, Monseigneur, de mon désespoir, si, dans cette circonstance, la voix de la justice n'était pas écoutée ! Il ne me resterait plus, pour accomplir jusqu'au bout le mandat que j'ai reçu, et dont j'ai l'honneur de vous adresser copie, et pour dégager ma responsabilité vis-à-vis de tant de familles malheureuses, et j'ajoute sans reproches, que de publier la série de mes démarches auprès de V. Exc., et de mes efforts infructueux. Jamais dans ma vie je n'ai défendu de cause plus juste, plus favorable, plus digne de la bienveillance et de l'attention du gouvernement. Je déplorerais éternellement le résultat de l'erreur dans laquelle V. Exc. aurait pu être entraînée. Je la supplie, au nom de la justice, de l'humanité, de la sainte religion qui parle si haut au noble cœur de V. Exc., d'accorder le sursis que je réclame. Je la conjure, dans l'intérêt de sa propre gloire, de ne pas prendre la responsabilité d'une déportation que rien ne saurait justifier, et dont elle aurait tout l'odieux, puisque l'ordre de M. le général Donzelot n'était que provisoire. Il y aurait d'ailleurs, dans la mesure prise à l'égard des 37, cette circonstance qu'ils seraient plus mal traités que MM. Eriché, Millet, Laborde, et Montlouis Thébia, qui attendent paisiblement à Brest qu'il soit statué sur leur sort. Il ne faut pas qu'on croie que c'est parce qu'ils sont riches qu'on leur accorde le privilége de la justice. Eux-mêmes, j'en suis persuadé, ne veulent pas séparer leur cause de celle de leurs compagnons d'infortune, innocens comme eux, et plus malheureux, puisqu'ils sont, par l'effet d'une mesure que je ne saurais qualifier, privés de tous moyens d'existence.

J'ai l'honneur de prier V. Exc. de m'accuser réception de la présente pour ma décharge, et d'agréer l'expression de mon profond respect. *Signé* ISAMBERT.

N° V. *Lettre à S. Exc. le président du conseil des ministres.*

Paris, 30 juin 1824 (Courrier français, Constitutionnel et Journal des Débats du 3 juillet.)

Monseigneur, le 19 mai dernier, j'ai eu l'honneur d'adresser à V. Exc., pour en saisir le conseil des ministres, une requête au nom des déportés de la Martinique, retenus à bord de la corvette le *Tarn*, en rade de Brest, signée de tous ceux d'entre eux qui savaient écrire.

Le même jour, je suppliais V. Exc. de mettre cette supplique sous les yeux du Roi, et de provoquer en conseil des ministres un ordre de sursis, jusqu'à ce que S. M. fût à portée de prononcer définitivement sur le mémoire justificatif dont j'annonçais l'envoi, pour démontrer l'illégalité de la déportation, et sur les pièces que j'attendais, et qui ne me sont parvenues que vers le 15 juin. Le 28 de ce mois, j'ai adressé à S. Exc. le ministre de la marine, qui a l'initiative dans les affaires de son département, le mémoire ou consultation qui prouve que la déportation *sans jugement* n'est pas autorisée par les lois de la Martinique. Le 29, j'ai produit à ce même ministre le mémoire qui prouve non-seulement que les hommes de couleur ne sont pas coupables de conspiration, mais que ce sont les créoles qui ont conspiré contre les personnes et les propriétés des hommes de couleur libres, et qui, par une lettre menaçante au gouverneur, par des assemblées séditieuses et par des arrestations spontanées et illégales, ont forcé M. le général Donzelot à céder, pour un moment, à cette effervescence, et à éloigner les hommes de couleur les plus riches et les plus influens de la colonie. Aucun ordre de déportation n'a été signifié ; on a même déguisé l'embarquement sous la forme d'un départ volontaire, et en leur expédiant des passe-ports ; les déportés seraient censés libres, si nous n'avions la preuve écrite des autorités de Brest qu'ils sont réellement détenus, ou sous la surveillance de la haute police.

J'ignore qui a pu donner de pareils ordres *en France*, où les personnes sont placées sous la protection des tribunaux, où nul ne peut être détenu sans jugement. S'il y avait quelque acte émané d'une autorité étrangère à la France continentale qui autorisât une pareille mesure, ceux qui l'exécutent aujourd'hui ne peuvent en refuser copie sans se rendre coupables de détention arbitraire, et sans encourir les peines prévues par les articles 119 et 120 du Code pénal, qui punissent de la dégradation civique tous fonctionnaires publics chargés de la police administrative ou judiciaire qui auront refusé de déférer aux réclamations tendant à constater les détentions illégales et arbitraires, et tous *gardiens* et concierges qui auront reçu un prisonnier sans mandat ou jugement des autorités compétentes.

Les déportés ont négligé jusqu'à présent de rendre plainte sur l'illégalité de leur détention. Confians en la justice du gouvernement de S. M., ils attendaient patiemment qu'il fût statué sur leur sort, lorsque tout-à-coup, le 24 juin, trente-sept d'entre eux, qui de Brest ont été transportés à Rochefort, ont reçu l'ordre de s'embarquer sur le *Chameau*, en rade de l'île d'Aix, et ont été enlevés, par la force, à la justice de la métropole, pour être dirigés sur le Sénégal, où ils supposent que l'on veut étouffer leurs justes plaintes, au lieu de les faire juger comme ils le demandaient s'ils étaient coupables.

Informé le 29 de cet acte extraordinaire, qui m'a d'autant plus surpris qu'à deux différentes reprises j'ai reçu des bureaux du ministère de la marine l'assurance verbale que le sursis était accordé et qu'il n'y avait rien à craindre, je me suis empressé d'écrire à S. Exc. le ministre de la marine, de qui seul l'ordre peut émaner, d'expédier un ordre télégraphique à Rochefort, pour arrêter le départ du navire, et, dans le cas où il aurait mis à la voile, de faire parvenir le même ordre par la ligne télégraphique d'Espagne à Cadix, où le même vaisseau doit mouiller.

N'étant point informé officiellement que le conseil des ministres ait rien statué sur le sort de ces infortunés, et ne sachant pas même s'il a aucune connaissance des faits graves que je lui dénonce, je réitère en leur nom, et comme fondé de leurs pouvoirs spéciaux (dont copie a été remise à S. Exc. le ministre de la marine), dans les mains de V. Exc., ma protestation contre la séquestration de leurs personnes et l'embarquement dont il s'agit.

Suppliant V. Exc. de vouloir bien mettre sous les yeux du Roi l'expresion de leurs plaintes et de leur douleur, contre un acte inusité qu'aucune loi ne justifie, et que désavoue la justice.

Ceux pour lesquels je parle sont innocens; ils ne sont convaincus d'aucun crime ou délit; ils sont des sujets fidèles, des hommes industrieux; ils méritent, eux et leurs familles, la protection de tous ceux auxquels S. M. a confié le dépôt de sa justice et de son pouvoir. Qui pourrait prendre la responsabilité d'une déportation extra-judiciaire, lorsque les tribunaux existent pour punir les coupables, s'il y en a?

Je remplis en ce moment, Monseigneur, l'accomplissement d'un devoir rigoureux, et du mandat le plus sacré. Je serais coupable si je ne faisais parvenir les réclamations de mes cliens au pied du trône, et si je ne poursuivais, par tous les moyens qui sont en mon pouvoir, la justice qui leur est due.

Je supplie V. Exc. de me faire accuser réception de la présente pour ma décharge, et d'agréer l'expression de mon profond respect.   *Signé* ISAMBERT.

N° VI. *Lettre à S. Exc. le ministre de la marine et des colonies.*

Paris, 1er juillet 1824.

Monseigneur, n'ayant pas reçu de réponse à ma lettre suppliante du 29, je dois penser que Votre Excellence désavoue la conduite des autorités qui déportent les malheureux colons de la Martinique.

Si un ordre *légal* existe, pourquoi ne l'a-t-on pas notifié? Pourquoi ne m'a-t-on pas mis à portée d'en démontrer l'illégalité? On notifiait autrefois les lettres de cachet.

Dans de si cruelles circonstances, je sais ce que mon devoir me commande, et je saurai l'accomplir.

Je suis avec un très-profond respect, etc.   ISAMBERT.

N° VII. *Réponse du Ministre de la Marine à M° Isambert.*

Paris, 3o (1) juin 1824 (journaux du 3 juillet).

J'ai reçu, Monsieur, les réclamations que vous m'avez adressées au sujet de diverses condamnations qui ont été prononcées à la Martinique contre des hommes de couleur de la colonie.

Je vais *sur-le-champ* me faire rendre compte de ces réclamations.

Recevez, Monsieur, l'assurance de ma parfaite considération.

Signé marquis DE CLERMONT-TONNERRE.

N° VIII. *Dénonciation à la Cour royale de Rennes.*

Paris, 3 juillet 1824.

Messieurs, un acte fait au greffe du tribunal de Brest, sous la date du 21 mai 1824, dont je ne puis fournir expédition, attendu que le seul exemplaire que j'en ai reçu a été déposé à l'appui d'une Plainte à la Chambre des Pairs, constate que quatre Français : MM. Millet, Joseph Eriché, Montlouis Thébia et Laborde, sont détenus à Brest, en vertu d'un acte administratif, quoiqu'ils n'aient pas été *jugés*. Cet acte arbitraire ne leur a pas été notifié.

Ces infortunés, menacés d'être enlevés à la protection des lois de la métropole, viennent, par mon organe, se mettre sous la sauvegarde des tribunaux, et vous supplier d'user à leur égard du droit que vous accorde l'article 11 de la loi du 20 avril 1810, le fait de la détention ayant lieu dans votre ressort, et ce crime se trouvant prévu par les articles 114, 117, 119 et 120 du Code pénal.

N'étant pas sur les lieux pour provoquer cet acte de juridiction, je suis obligé de me servir de la voie de la poste, tout moyen de communication étant légal lorsqu'il s'agit d'un attentat à la liberté des personnes, et M. le procureur-général à la Cour de Paris ayant déféré à une semblable invitation dans l'affaire de madame de Cairon.

Par procuration de J. Millet, Joseph Eriché, Montlouis Thébia et Laborde. ISAMBERT.

N° IX. *A M. le procureur du Roi, de Rochefort.*

3 juillet 1824.

En ma qualité de fondé de pouvoirs de trente-sept Français

---

(1) Elle a été reçue le 2 juillet, à six heures du soir, par la poste.

détenus à bord du navire le *Chameau*, en rade de l'île d'Aix, je viens vous requérir, en vertu de l'article 119 du Code pénal, de constater le fait de leur détention arbitraire, et de m'en donner acte.

J'ai l'honneur de vous saluer respectueusement.

Par procuration d'Ed. *Nouillé*, Charlery *Desgrottes*, J.-B. *Florestan*, G. *Saint-Aude*, H. *Zenne*, F. *Monganier*, Tite *Paulmy*, C. *Placide*, J.-M. *Dufond*, J.-J. *Verdet*, J. *Cadet*, E. *Papol*, Armand, *Lanison*, J. *Lesgarre*,

Tant pour eux que pour ceux qui ne savent pas signer.

ISAMBERT.

N° X. *A S. Exc. le Ministre de la marine et des colonies.*

Paris, 3 juillet 1824.

Monseigneur, je m'empresse d'accuser réception à V. E. de la lettre qu'elle m'a fait l'honneur de m'écrire sous la date du 30 juin, et qui m'est parvenue le 2 juillet par la poste à six heures.

Je la prie aussi d'agréer l'hommage de ma profonde gratitude pour cet acte de justice : d'après la date de la lettre, je dois espérer que V. E. aura fait expédier à Rochefort l'ordre télégraphique que j'ai réclamé par ma lettre du 29.

Jamais V. E. n'aura eu occasion de signaler sa justice, et et de faire éclater ses nobles sentimens, dans une occasion plus importante.

La lettre de V. E. parle de *condamnation*. Il n'en a point été prononcé contre les quarante-une personnes de couleur libres de la colonie, sur le sort desquelles j'appelle son attention, *et on n'est coupable que quand on a été jugé*, a dit monseigneur le garde-des-sceaux dans la séance du 29 juin. Cette maxime incontestable est applicable à mes cliens. L'ordre de déportation est illégal; dès leur arrivée en France, son effet a cessé de droit; ils se sont trouvés placés sous la protection des lois de la métropole. Ils n'en peuvent être arrachés sans un jugement.

J'ignore les documens qui sont parvenus au ministère, et les reproches que l'on adresse à mes cliens. Mais V. E. n'oubliera pas cette maxime d'équité, que l'on ne peut être jugé coupable sans avoir été entendu. Si donc on hésitait à les rendre à la liberté, il faudrait mettre leur défenseur à portée de discuter les charges, et pour cela lui donner communication des pièces. Si cette faveur m'était accordée (et je crois que cela est d'une rigoureuse justice, les usages administratifs n'étant point applicables dans un cas où il s'agit de la liberté des personnes), je prends l'engagement de répondre à tout et de dissiper tous les doutes.

Je n'ai eu recours à la publicité, et je n'ai dirigé contre les fonctionnaires inférieurs, par un pourvoi au conseil d'État, et contre M. le général *Donzelot*, par une plainte déposée à la Chambre des pairs, que comme un moyen d'éclairer la religion du Roi et l'opinion publique, et pour suppléer à mon impuissance.

Mais puisque l'espoir d'une justice complète m'est donnée, je vais suspendre toutes ces actions.

Il ne s'agit pas ici, Monseigneur, d'hostilité; depuis six semaines je me suis opposé à toute publicité, et j'aurais continué d'exercer en paix mon ministère, comptant sur les assurances verbales qui m'avaient été données, si le devoir le plus impérieux et la crainte d'un grand malheur ne m'avaient obligé de laisser un libre cours aux démarches que les nombreux amis de mes cliens ont tentées.

Il s'agit de justice; je suis le premier à désirer qu'elle se fasse sans bruit, pourvu qu'elle soit entière.

Je supplie V. E. d'achever son ouvrage, et de me faire connaître les ordres qu'elle a donnés pour suspendre le départ du *Chameau*, et de me faire communiquer toutes les pièces de la procédure

J'ai l'honneur d'être, etc.   ISAMBERT.

N° XI. *Lettre d'un colon blanc de la Guadeloupe au défenseur des déportés* (1).

Paris, 8 juillet 1824.

Monsieur, je viens de lire le Mémoire que vous avez publié pour les malheureux déportés de la Martinique : il me serait difficile de vous exprimer ce qu'il m'a fait éprouver. Je savais que les abus les plus affreux existaient dans ma patrie; mais je ne croyais pas qu'il y eût si peu d'humanité. Quand on est si cruel, on a tout à craindre; et le premier des devoirs pour les opprimés est de songer à la vengeance.... En traçant ces derniers mots, Monsieur, je sens se briser mon cœur : j'ai aux colonies un père sexagénaire, des parens et un grand nombre d'amis ; jugez quelles doivent être mes inquiétudes. Ah ! puisse le sage qui nous gouverne détourner les malheurs qui menacent les colons ! Puisse-t-il abolir cette odieuse distinction qui existe entre les deux premières classes de mes compatriotes,

---

(1) Les sentimens exprimés dans cette lettre sont trop honorables pour que nous ne nous empressions pas de les publier ; c'est un moyen de rectifier ce qu'il pourrait y avoir de trop absolu dans notre Mémoire.

distinction que vous signalez avec raison comme la cause de l'état déplorable dans lequel languissent actuellement les colonies !

Ces vœux que je forme avec vous doivent vous prouver qu'il se trouve parmi les colons blancs des hommes qui veulent être justes. Oui, Monsieur, nous ne sommes pas tous étrangers aux sentimens d'humanité ; il est encore des chrétiens parmi nous. Vous paraissez le reconnaître, quand vous louez la philantropie de MM. Dubuc, Dugué, Defourneaux et autres ; mais vous restreignez tellement le nombre des justes que je ne puis me dispenser de vous en faire un reproche.

Je vous adresserai encore un autre reproche. Vous dites, page 59 de votre Mémoire : La reconnaissance n'est pas la vertu des créoles. Si quelques habitans de la Martinique ont persécuté, Monsieur, les hommes de couleur qui leur avaient rendu de grands services, ils sont coupables sans doute ; mais leur crime, si c'en est un, doit-il être un motif pour déclarer à la France que la masse des créoles est privée de la plus noble des vertus ? Comme habitant de la Guadeloupe, je dois repousser cette assertion qui jette quelque chose d'odieux sur le caractère de mes compatriotes ; je le dois encore, Monsieur, comme ami de la vérité ; et pour le faire avec succès, je n'ai qu'à annoncer un fait notoire, c'est qu'il n'est pas un seul Guadeloupéen qui ne vénère la mémoire de Pélage, homme de couleur, par qui les familles créoles ont été défendues contre les coutelas des Nègres, et dont le courage, plus encore que l'habileté du général Richepanse, a conservé la Guadeloupe à la France.

Si vous reconnaissez, Monsieur, comme j'ai lieu de l'espérer, que la conduite coupable des habitans de la Martinique envers leurs généreux défenseurs ne peut être une preuve de l'ingratitude de tous les créoles, vous reconnaîtrez aussi que c'est à tort que vous les déclarez tous *ingrats*, et vous réparerez ce tort que vous leur faites avec si peu de justice.

L'avocat distingué qui entreprend avec un si grand zèle la tâche périlleuse de défendre les droits de l'humanité indignement foulés, ne voudra certainement pas paraître injuste lui-même.

Agréez, Monsieur, l'assurance de ma parfaite considération.

Un habitant blanc de la Guadeloupe.

XII. *Extrait d'une lettre écrite à M. Isambert par M. Bissette.*

Brest, 9 juillet 1824.

Ce que vous dites de moi, Monsieur, n'est que trop vrai, et me rappelle, hélas, de tristes souvenirs !.... 14 octobre 1822, époque de douloureuse mémoire.... Le 14 octobre 1822, au même moment que parvient au Fort-Royal la nouvelle de l'événement du Carbet, ma pauvre mère expirait dans mes bras ; je recueillais ses derniers soupirs.... Le coup terrible qui venait de me frapper si cruellement était un puissant motif qui dût m'exempter de cette campagne, vu encore que la classe des créoles, qui était la victime de cette révolte, ne marchait pas. Cependant ces considérations ne m'arrêtèrent point. A peine avais-je rempli les derniers devoirs de fils ; à peine, dis-je, avais-je pleuré cette mère qui venait de quitter ce monde, et se séparer pour toujours d'un fils qu'elle affectionnait et qu'elle chérissait tendrement, que je volai aussitôt au Carbet pour partager avec mes amis les dangers et les fatigues de cette cruelle campagne. Je fus placé à l'avant-poste du camp Ganat (M. Ganat fut le premier habitant blanc du Carbet qui fut massacré; ce poste n'était pas le moins exposé), et ce ne fut qu'à mon retour du Carbet que je fis achever les cérémonies et les dernières prières pour cette mère chérie.

Ayant rempli les devoirs que je devais à mon pays, comme citoyen, comme propriétaire et comme sujet fidèle du Roi, je n'ai point cru devoir m'en faire un mérite dans ma défense, ni même rappeler cette circonstance dans les notes et mémoires que j'ai fournis pour ma justification : cette particularité était assez connue à Fort-Royal, lieu de mon domicile. Si je me permets d'en parler aujourd'hui, c'est moins pour en faire parade que pour autre chose ; mon unique but est de certifier la vérité de ce que vous dites de moi à ce sujet dans votre brillant mémoire.

Nº XIII. *Note sur la Législation coloniale extraite des Recueils officiels.*

12 août 1658, arrêt du conseil supérieur de la Martinique, qui condamne le livre de Machiavel à être brûlé par la main du bourreau.

16 juin 1664, arrêt du même conseil, sur une impiété, qui condamne un enfant en bas âge, trouvé avec un livre d'exemple contenant des vers contre la religion, à douze coups de fouet; sa mère, à faire amende honorable, et son précepteur, à être jugé.

5 octobre 1665, arrêt du conseil qui, sur la plainte du gouverneur, chasse Picherman de l'île pour sa désobéissance.

20 octobre 1670, arrêt du même conseil, qui condamne un nègre à avoir la jambe coupée, pour être ensuite attachée à la potence, pour avoir tué un bourriquet.

17 octobre 1671, arrêt du conseil qui établit contre les nègres la peine du jarret coupé.

20 décembre 1674, arrêt du même conseil qui introduit la torture.

23 janvier 1676, arrêt du même conseil, qui interdit les fonctions d'avocat.

4 octobre 1677, arrêt du même conseil, contenant réglement sur les peines à infliger aux esclaves (les mutilations).

15 août 1678, ordonnance du gouverneur qui, vu l'impudence de trois chirurgiens, portée jusqu'à refuser de visiter le lieutenant-général, les taxe pour leurs visites.

24 avril 1679, ordonnance du Roi qui défend aux gouverneurs de mettre les habitans en prison et de les condamner à l'amende.

3 mai 1681, ordre du Roi au conseil supérieur de donner les motifs de ses arrêts.

7 mai 1687, arrêt du conseil du petit Goave (Saint-Domingue) qui déclare *Pellé* atteint et convaincu d'avoir tenu des discours injurieux contre le gouverneur, contre les missionnaires, etc., et pour ce, le condamne au bannissement perpétuel, après amende honorable.

24 juillet 1690, ordonnance du gouverneur portant sursis à l'exécution d'un arrêt injuste et déplorable.

14 août 1690, arrêt du conseil du petit Goave, qui rend plainte contre le gouverneur, et donne acte de la dénonciation portée contre lui par un membre du conseil supérieur, qui impute au gouverneur d'avoir fait casser la tête à coups d'armes au nommé Reverdin, par suite d'un conseil de milice.

4 février 1692, arrêt du même conseil, qui condamne Hans Cessaye au bannissement perpétuel, pour avoir calomnié le feu gouverneur.

12 décembre 1696, ordre du Roi, qui annule une sentence de bannissement prononcé contre un juge par des conseillers, dont plusieurs étaient ses débiteurs.

24 avril 1700, arrêt du conseil d'état, qui ordonne d'informer contre un major, pour un déni de justice.

8 juillet 1700, amnistie aux habitans de Saint-Domingue qui se sont faits forbans.

13 avril 1703, ordonnance du Roi, portant que les accusés doivent être entendus en vertu du droit naturel qu'ils ont de se défendre par leur bouche.

30 avril 1707, défense du gouverneur aux hommes de couleur libres, de quitter le quartier de Léogane, sans permission.

25 août 1707, défense du gouverneur aux habitans de vendre leurs habitations sans permission.

7 septembre 1707, lettre du ministre portant que le pouvoir des gouverneurs ne va pas jusqu'à rendre des or-

donnances qui fassent loi entre les habitans dans leur commerce.

14 avril 1710, lettre du ministre portant que les conseils supérieurs n'ont pas le droit de connaître des ordonnances des gouverneurs.

20 mai 1711, lettre du ministre qui se plaint de ce que les conseils supérieurs ne jugent pas conformément aux ordonnances du Roi.

6 juillet 1711, ordonnance des administrateurs qui qualifie un pourvoi au conseil d'état formé par un magistrat, de chicane détestable.

7 septembre 1711, arrêt du conseil supérieur qui interdit ce magistrat.

14 novembre 1712, arrêt du même conseil, qui interdit plusieurs médecins comme incapables, et leur permet seulement de traiter les nègres pianistes.

30 décembre 1712, ordonnance du Roi qui défend aux blancs de mettre leurs nègres à la question, à peine de 500 livres d'amende seulement.

13 mars 1713, ordonnance qui défend de plaider, ni d'écrire pour les parties.

22 mars, ordonnance qui établit un avocat unique, faiseur de requêtes.

15 novembre 1713, ordonnance des administrateurs, qui évoque à eux un procès en diffamation. (Cassé par arrêt du conseil d'état du 17 janvier 1715.)

20 mars 1714, lettre du ministre, qui se plaint qu'on ait traduit devant un conseil de guerre un non militaire.

5 octobre 1716, arrêt du conseil supérieur, portant que quand une partie ne saura pas parler dans sa cause, le procureur général parlera pour elle.

8 juin 1717, arrêt du conseil qui donne pour femme au bourreau une négresse condamnée à mort.

25 août 1717, ordonnance du gouverneur qui met à prix la tête d'un bourreau évadé.

8 mars 1718, arrêt du conseil supérieur qui bannit de son district un individu pour avoir prêté sa plume dans un procès où le gouverneur et autres étaient injuriés.

3 juillet 1719, arrêt du conseil supérieur qui destitue un tuteur pour avoir voulu marier sa pupille d'une manière non sortable, et donne cette tutelle au procureur général, selon ses offres.

4 mars 1722, lettre du conseil de marine, portant qu'il n'appartient pas au gouverneur de se mêler d'aucun procès, et que personne n'est en droit d'arrêter le cours de la justice.

1er mars 1723, arrêté de l'assemblée de la colonie qui porte peine de mort contre les colporteurs de mauvaises nouvelles, et les distributeurs de lettres ou billets anonymes. (Cassé le 7 décembre 1723.)

25 septembre 1723, ordonnance locale qui renvoie un libraire après visite de ses livres.

17 avril 1725, lettre du ministre portant que l'exécution des ordonnances du Roi ne doit pas être modifiée par les gouverneurs et intendans.

14 octobre 1726, arrêt du conseil supérieur qui ôte à un mulâtre la tutelle d'une blanche, attendu sa condition.

30 septembre 1727, lettre du ministre qui défend de faire mourir d'autorité privée des nègres, sous prétexte de sorcellerie.

7 décembre 1727, lettre du gouverneur portant que les hommes de sang mêlé sont incapables des charges de magistrature et de milices, et qui défend les mariages avec les négresses ou mulâtresses.

2 juin 1735, ordonnance de l'intendant qui assujettit au cautionnement ceux qui partent pour France.

7 juillet 1735, arrêt du conseil du Cap qui porte que les créanciers de la colonie doivent être préférés à ceux de France.

9 janvier 1737, arrêt du même conseil qui condamne à une amende un serrurier fabricant de ceintures de chasteté.

22 avril 1754, arrêt du conseil d'État qui casse un arrêt du conseil supérieur, pour application de peines arbitraires autres que celles prévues par les ordonnances.

26 avril 1755, lettre du ministre qui défend de donner copie aux condamnés des procédures criminelles; mais enjoint aux gouverneurs de les transmettre au gouvernement avec leurs observations.

24 juin 1756, lettre du ministre portant que sa majesté n'a pu approuver le renvoi qui a été fait d'un procureur du roi, observant que le bannissement d'un fonctionnaire blesse les principes de la justice et les maximes d'un gouvernement réglé, et qu'il ne serait pas tolérable contre un habitant sans caractère.

9 septembre 1757, arrêt du conseil supérieur qui interdit un huissier pour avoir signifié un appel au conseil d'État contre l'un de ses arrêts.

20 janvier 1758, arrêt du conseil supérieur qui fait application à Macondal d'un édit de juillet 1682 contre les devins et magiciens, et le condamne à être brûlé vif et mis à la question.

7 avril 1758, réglement du conseil supérieur sur la police des esclaves; défense aux habitans de souffrir leurs assemblées et cérémonies superstitieuses, à peine de 300 francs d'amende; défense aux affranchis et esclaves de vendre et composer des garde-corps, dits macondals.

14 avril 1760, lettre du ministre qui approuve cinq déportations sans jugement à Saint-Domingue.

18 février 1761, arrêt du conseil supérieur qui défend aux gens de couleur libres de s'assembler dans les églises, et de catéchiser dans les maisons et habitations, à peine du fouet.

3 février 1762, instructions données par le duc de Choiseul pour amélioration de la législation des colonies, et formation d'une commission spéciale.

17 avril 1762, ordonnance du juge de police du Cap qui défend aux boulangers de vendre du pain aux gens de couleur, à peine de 100 francs d'amende, avant que les blancs soient approvisionnés.

21 mai 1762, arrêt du conseil d'Etat, portant réglement entre les officiers de justice et le gouverneur sur les limites des pouvoirs qu'ils ont reçus pour le bien de son service et la tranquillité de ses sujets. Cet arrêt ordonne qu'en toutes affaires *contentieuses*, civiles ou criminelles, les parties ne pourront se pourvoir que devant les juges, à peine de 10,000 francs d'amende; ordonne que les gouverneurs, commandans et autres officiers d'état-major, prêtent main-forte pour l'exécution des décrets, sentences, jugemens ou arrêts, sans qu'ils puissent rien entreprendre sur les fonctions des juges ordinaires, ni s'entremettre, sous quelque prétexte que ce puisse être, dans les affaires portées devant les juges, ni en général dans toutes affaires *contentieuses*.

24 mars 1763, réglement sur l'administration de la colonie de la Martinique, composée du gouvernement militaire et civil confié à un gouverneur et à un intendant, la justice confiée au conseil supérieur. Suppression de la chambre d'agriculture.

Art. 24. Les gouverneurs pourront arrêter les malfaiteurs, habitans ou autres qui troubleront l'ordre public, et les faire punir, sauf, si le cas requiert que procès leur soit fait, à les remettre ès mains de la justice ordinaire. (Il n'est pas question du droit de déportation.)

Art. 25. Le gouverneur pourra siéger au conseil supérieur; il ne pourra se mêler *en rien* de l'administration de la justice.

6 juin 1763, arrêt du conseil supérieur qui défend d'exécuter les ordonnances avant qu'il les ait enregistrées.

30 juin 1763, lettre du ministre qui défend de laisser embarquer les gens de couleur libres pour France.

30 avril 1764, ordonnance du roi qui défend aux nègres et gens de couleur libres ou esclaves d'exercer la médecine ou la chirurgie.

3 juin 1764, ordonnance du gouverneur de la Martinique, où il est dit que la condamnation aux galères à terme ou à perpétuité n'est pas une peine pour les esclaves.

25 janvier 1765, mémoire d'instruction au gouverneur, où il est dit que les colonies sont établies pour l'utilité des métropoles; qu'elles ne sont pas provinces de France; que le colon est un planteur libre sur un sol esclave.

Cependant ce mémoire se plaint des prétentions excessives des blancs, de leur insubordination peu corrigée, et souvent même soutenue par les gouverneurs.

9 février 1765, ordonnance locale de la Martinique qui défend aux hommes de couleur libres de s'assembler sous prétexte de noces, festins ou danses, à peine de 300 liv. d'amende et perte de la liberté, même de plus grande peine, s'il y échet.

9 mai 1765, arrêt du conseil supérieur qui défend aux notaires et avoués d'employer des gens de couleur comme clercs, parce que des fonctions de cette espèce ne doivent être confiées qu'à des personnes dont la probité soit reconnue; ce qui ne peut pas se rencontrer dans une naissance aussi vile que celle d'un mulâtre.

7 janvier 1767, lettre du ministre portant que les hommes de race nègre sont incapables de fonctions publiques et de noblesse, mais que les Indiens le sont.

22 janvier 1767, arrêt du conseil du Port-au-Prince qui condamne un mulâtre libre à être fouetté, marqué, et privé de sa liberté pour avoir battu un blanc.

21 mars 1768, arrêt du conseil du Cap, qui déclare que les habitans ne peuvent présenter de pétitions *collectives*.

24 novembre 1768, arrêt du conseil du Port-au-Prince, qui donne acte au gouverneur prince de *Rohan*, de ce qu'il a dit que les affranchis sont toujours sous la protection des lois, et que les gens de couleur seront traités comme tous les autres sujets de Sa Majesté dans cette colonie.

Mars 1769, édit qui casse le conseil supérieur du Port-au-Prince, pour désobéissance aux ordres du roi.

3 octobre 1769, lettre du ministre portant que ses lettres ne doivent pas être enregistrées, parce qu'elles ne *sont pas des lois*.

7 février 1770, arrêt du conseil du Cap, qui condamne un mulâtre, malgré quarante ans de possession de liberté, à rester dans la servitude, faute de justification de son titre d'affranchissement, et par suite casse le mariage par lui contracté, et déclare ses six enfans bâtards.

26 février 1770, ordonnance des administrateurs qui suspend l'exécution de cet arrêt.

23 février 1771, arrêt du conseil du Cap, qui défend aux juges de motiver leurs jugemens sur des lois non enregistrées en la cour.

23 mai 1771, lettre du ministre portant que les gens de cou-

leur ne doivent pas être assimilés aux Indiens, et qu'une pareille grâce tendrait à détruire la différence que la *nature* a mise entre les blancs et les noirs : et que le préjugé public a eu soin d'entretenir comme une distance à laquelle les gens de couleur, et leurs descendans, ne devaient jamais atteindre, parce qu'il importe au bon ordre de ne pas affaiblir l'état d'humiliation attaché à l'espèce, dans quelque degré que ce soit, préjugé d'autant plus utile, qu'il est dans le cœur même des esclaves, et qu'il contribue au repos de la colonie.

Sa Majesté a révoqué le marquis de.... capitaine de dragons, pour avoir épousé en France une fille de sang mêlé ; Sa Majesté est déterminée à maintenir *à jamais* le principe qui doit écarter les gens de couleur, et leur postérité, de tous les avantages des blancs.

21 et 22 janvier 1773, arrêt du conseil du Cap, qui constate que le conseil supérieur tient des registres secrets, dont le dépôt n'est pas au greffe. (Cassé par arrêts du conseil d'État des 13 et 18 avril 1776.)

24 juin 1773, ordonnance des administrateurs qui défend aux gens de couleur de faire baptiser leurs enfans sous un autre nom que ceux tirés de l'idiôme africain, ou de leur métier et couleur, et qui ne pourra jamais être celui d'une famille blanche.

Cette ordonnance confirme les réglemens des 12 juillet 1727, 15 juin 1736 et 14 novembre 1755, sur les gens de couleur.

25 septembre 1774, lettre du ministre portant qu'il est instruit que des habitans des colonies ont contracté des mariages avec des filles de sang mêlé, ce qui les rend inhabiles à jouir d'aucuns priviléges, et qui défend d'enregistrer leurs titres de noblesse.

22 mai 1775, ordonnance de Louis XVI sur le gouvernement civil, qui défend aux gouverneurs d'entreprendre sur les fonctions des officiers de justice, et leur donne seulement le droit de mander les habitans, sans pouvoir les obliger à monter la garde chez lui ou chez le commandant ; d'après l'article 4 nul ne peut quitter la colonie sans permission du gouverneur ; les gouverneur et intendant ne peuvent faire aucun réglement contraire aux dispositions des édits, déclarations et réglemens de Sa Majesté, enregistrés aux conseils supérieurs.

26 juin 1775, arrêt du conseil d'Etat qui casse un arrêt du conseil supérieur du Cap, rendu sur un procès de libelle, et réintègre le principal accusé dans son état.

18 août 1775, arrêt du conseil d'Etat qui casse, pour excès de pouvoir, et violation du principe de l'inamovibilité des offices, l'arrêté d'un intendant qui avait interdit un procureur.

12 juin 1776, arrêt du conseil du Cap qui défend, sous peine

d'interdiction, aux huissiers de signifier des appels au conseil du roi, contre des arrêts du conseil supérieur.

8 juillet 1776, ordonnance des administrateurs qui accorde au sieur Olivier, capitaine de nègres libres, une pension de 600 livres sur la caisse des libertés, pour d'importans services rendus à la colonie.

9 août 1777, ordonnance du roi qui défend à tous noirs, mulâtres ou gens de couleur, l'entrée de la France; on ne permettra l'embarquement que d'un au plus, avec caution pour le retour.

17 décembre 1777, arrêt du conseil d'état qui supprime un ouvrage sur l'état de Saint-Domingue, comme attaquant l'administration du pays.

13 mars 1778, lettre du ministre qui ordonne la publication à Saint-Domingue d'un arrêt du conseil supérieur de l'Ile-de-France, qui condamne un nègre libre à être pendu pour injures et attentat prémédité contre un blanc, afin de maintenir la subordination.

5 avril 1778, arrêt du conseil qui défend le mariage entre les mulâtres et les blancs, même en France, à peine d'être renvoyé de la colonie.

7 mai 1778, lettre du ministre qui approuve l'ordonnance des administrateurs de la Martinique, au sujet des lois somptuaires contre les mulâtres.

9 février 1779, réglement des administrateurs sur le luxe des gens de couleur. (*V.* en le texte, p. 20 de ce mémoire.)

10 février 1780, arrêt du conseil du Cap sur la chasse aux nègres.

29 avril 1780, arrêt du conseil d'état qui casse un arrêt du conseil supérieur, pour avoir interdit un avoué.

9 juin 1780, arrêt du conseil supérieur, qui condamne deux mulâtresses à être exposées au carcan, avec cet écriteau: *Mulâtresse insolente envers les femmes blanches*, et les bannit pour dix ans du ressort de la cour.

9 juin 1780, arrêt du conseil d'Etat, qui casse un arrêt du conseil supérieur, par le motif que l'avocat décrété par lui pour avoir signé une requête au roi, à la sollicitation des habitans, n'ayant fait que des observations relatives au bien général de la colonie, et à l'intérêt particulier de ses cliens, n'était pas sorti des bornes du respect.

8 juin 1782, arrêt du conseil supérieur, qui fait grâce à un condamné, sous la condition qu'il sera bourreau. (On jette à terre sa commission, 23 octobre 1784.)

17 juillet 1783, arrêt du même conseil, qui condamne des mulâtres libres au carcan et au bannissement pour trois ans, parce qu'ils avaient donné à jouer à des gens de couleur libres.

21 octobre 1783, arrêt du même conseil, qui condamne les

sieur et dame R... à payer trois cents livres d'amende seulement, de réparation, à une mulâtresse libre, qu'ils avaient excédée de coups.

22 octobre, arrêt du même conseil, qui condamne un mulâtre à l'exposition et aux galères pour trois ans, pour avoir levé la main sur un blanc.

23 octobre, arrêt du même conseil, qui maintient le sieur Reculé dans l'état et possession de blanc non mésallié, et ordonne une réparation à celui qui l'avait appelé quarteron libre.

19 janvier 1785, arrêt du même conseil, qui défend au greffier de lire aux condamnés les sentences portant peine afflictive et infamante.

11 mars 1785, ordonnance du roi, qui défend aux gens de couleur de s'assembler pour danser la nuit, et leur permet seulement de le faire jusqu'à neuf heures, avec l'agrément des officiers de l'administration.

(*Ici finit la collection de Moreau de Saint-Méry; depuis, on n'a plus, sur la législation coloniale en général, que des notions incomplètes.*)

24 septembre 1787, ordre de brûler les procédures criminelles contre les esclaves.

22 octobre 1789, ordonnance portant convocation d'une assemblée générale coloniale.

19 décembre, ordonnance enregistrée au conseil souverain, sur l'établissement des municipalités. Les gens de couleur libres, âgés de vingt-cinq ans au moins, possesseurs de biens fonds, avaient droit de voter.

Tout citoyen qui croira avoir droit de se plaindre, pourra se pourvoir par prise à partie devant le conseil souverain.

19 décembre 1789, ordonnance pour la formation d'une assemblée coloniale de quatre-vingt-un membres.

26 décembre 1789, arrêt du conseil souverain, qui manifeste son vœu pour le maintien de l'ancien régime.

10 mars 1790, proclamation du roi, portant que les colonies sont partie intégrante de l'empire français; mais qu'on n'a point entendu les comprendre dans la constitution, et les assujettir à des lois qui pourraient être incompatibles avec leurs convenances locales et particulières.

28 mars, instruction de l'assemblée, sanctionnée le 9 avril, pour la formation d'assemblées coloniales. — On doit considérer comme citoyens les hommes majeurs, propriétaires d'immeubles. — Les assemblées feront des lois provisoires, pourvu qu'elles ne soient pas contraires à la métropole; ce qui sera vérifié par la législature et par le roi. Les fonctions attribuées au roi seront provisoirement exercées par les gouverneurs.

8 juillet, décret de l'assemblée coloniale, approuvé par le gouverneur, qui abolit la confiscation.

21 juillet, décret de l'assemblée coloniale, approuvé par le gouverneur, portant qu'il ne peut exercer le pouvoir judiciaire; enregistré au conseil souverain le 24.

14 août 1790, décret de l'assemblée de la Guadeloupe, pour la mise à exécution du décret du 9 octobre 1789, sur la réforme des abus de la justice criminelle.

28 septembre 1791, loi relative aux colonies.

Les lois concernant l'état des personnes non libres, et l'état politique des hommes de couleur et nègres libres, ainsi que les réglemens y relatifs, seront faits par les assemblées coloniales, et s'exécuteront provisoirement avec la sanction du gouverneur. Elles seront portées directement à la sanction absolue du roi.

L'organisation législative des colonies sera faite par une loi.

22 mars 1794, la colonie est livrée aux Anglais, qui y rétablissent l'ancien régime.

La Guadeloupe a été agitée par des troubles, jusqu'à la paix d'Amiens.

8 floréal an X, reprise de possession de la Martinique.

6 prairial an X (26 mai 1802), arrêté consulaire sur l'administration des colonies. (*Voyez* le mémoire à consulter.)

10 prairial, loi qui rétablit la traite des nègres, et qui soumet, pendant dix ans, les colonies aux réglemens qui seront faits par les gouverneurs.

29 prairial, arrêté qui rétablit les tribunaux sur le même pied qu'avant 1789.

13 messidor an X, arrêté des consuls, qui défend aux noirs, mulâtres et gens de couleur, d'entrer dans le territoire de l'empire.

28 messidor, arrêté du gouvernement de la Guadeloupe, portant que le titre de citoyen ne sera porté que par les blancs; que les autres ne pourront exercer aucun emploi. Rétablissement de l'esclavage.

5 vendémiaire an XI, arrêté des administrateurs de la Martinique, sur la police générale des gens de couleur, qui rétablit l'exécution de l'ordonnance coloniale du 25 décembre 1783.

25 frimaire an XI, arrêté portant sursis au paiement des dettes à la Guadeloupe, (il a été successivement renouvelé jusqu'à ce jour).

18 nivose an XI, circulaire du grand-juge, qui interdit le mariage en France entre les blancs et les gens de couleur.

23 ventose an XI, arrêté consulaire sur la formation de chambres d'agriculture dans les colonies.

19 messidor, arrêté qui met la colonie en état de siège.

24 vendémiaire an XII, création d'un tribunal spécial, pen-

dant la guerre pour les esclaves et les hommes de couleur libres.

8 messidor an XIII, arrêté sur la compétence de ce tribunal.

1er vendémiaire an XIV, publication à Cayenne du Code civil. Le mariage est interdit entre les blancs et gens de couleur, ainsi que l'adoption, les dons et legs, etc.

7 brumaire an XIV, publication du Code civil à la Guadeloupe.

16 brumaire, publication du même code civil à la Martinique, avec des modifications, notamment sur l'état des hommes de couleur.

21 frimaire an XIV (12 décembre 1805), décret impérial sur les lettres de grâce des colonies.

12 mars 1806, arrêté colonial, qui permet les donations en faveur des blancs, par les gens de couleur. (*Voyez* le Mémoire).

10 avril 1806, décret qui défend aux chefs civils et militaires de la colonie, de suspendre l'exécution des lois et des jugemens.

16 mars 1807, décision ministérielle portant que nul ne sera admis à siéger dans les tribunaux de la colonie, s'il n'est gradué (elle n'a pas reçu son exécution).

20 juillet, décision ministérielle qui défend d'amener en France les noirs et gens de couleur, pour ne pas mêler le sang, et qui défend les mariages.

14 septembre, arrêté qui attribue 24,000 francs de traitement au député de la Martinique.

20 avril 1808, promulgation à la Guadeloupe des Codes de procédure et de commerce.

La Martinique ne jouit pas encore du bienfait de ces Codes. (C'est la plus arriérée, parce que depuis trente ans elle a été souvent sous la domination anglaise.)

24 février 1809, la colonie est livrée aux Anglais.

1er novembre 1809, réglement du gouverneur anglais sur l'état des esclaves et des hommes de couleur. Il est en vigueur. (*Voyez* le Mémoire.)

(*Le Code de la Martinique finit en* 1812; *depuis, on n'a plus rien publié officiellement.* — *A la fin de* 1814, *la France a repris possession de la Martinique.*)

12 décembre 1814, rétablissement de l'ancien régime à la Martinique.

On y perçoit un droit de domaine d'Occident : les étrangers sont exclus du commerce.

20 mai 1815, elle est de nouveau livrée aux Anglais.

1er juin 1815, le conseil supérieur de la Guadeloupe délibère des remontrances au Roi.

12 juin 1815, ordonnance des administrateurs de l'île Bourbon, qui rétablit la traite des noirs.

31 juillet 1816, arrêté du gouverneur de la Guadeloupe, qui

maintient les déportations, et porte des peines contre ceux qui rentreraient sans permission.

13 novembre 1816, ordonnance sur l'organisation judiciaire de l'île Bourbon. On établit un tribunal spécial pour le commerce ; on interdit le pourvoi en cassation en matière correctionnelle, et même au grand criminel, sans permission du gouverneur.

(Cette prohibition n'existe point à la Guadeloupe et à la Martinique.)

Il est défendu aux administrateurs de prendre séance dans les tribunaux.

13 novembre, établissement d'un comité d'agriculture et de commerce.

1er juillet 1817, publication d'un bulletin officiel à Bourbon.

13 août, décision royale sur les comptes à rendre par les gouverneurs des colonies.

25 janvier 1818, promulgation à Cayenne du Code de procédure avec modifications.

11 mars 1818, ordonnance qui réunit à Bourbon le gouvernement militaire et le gouvernement civil.

15 avril 1818, loi abolitive de la traite, publiée dans toutes les colonies.

16 avril 1818, ordonnance du gouverneur de la Guadeloupe, qui établit des peines, même celle du carcan, contre les gens de couleur ; tandis que pour le même fait, les blancs ne sont condamnés qu'à un mois de prison.

27 avril, réglement ministériel sur l'administration de Bourbon, annonçant une décision royale sur les bannissemens sans jugement.

(Elle est conçue dans les mêmes termes, ou à peu près que celle du 10 septembre 1817. — Pièces justificatives, n° 15.)

18 novembre, ordonnance qui établit un tribunal spécial pour le jugement des affaires de traite.

28 décembre 1818, arrêté du gouverneur portugais de la Guiane, qui suspend la cour d'appel pour six mois. Reprise de possession par la France en 1819.

6 janvier 1819, ordonnance sur la promulgation dans l'Inde des Codes français.

Les Indiens, soit chrétiens ou maures, ou gentils, seront jugés selon les lois et coutumes de leur caste.

16 août 1819, ordonnance du gouverneur de la Guyane, qui interdit la confiscation, et veut que les accusés soient défendus en matière criminelle.

22 août, établissement d'une cour prévôtale pour les esclaves.

27 août, ordonnance du même, pour l'établissement de la publicité des débats.

9 septembre 1819, ordonnance du même, qui destitue le procureur du Roi, pour son incapacité et sa mauvaise foi dans un procès criminel.

5 octobre 1819, ordonnance du même, qui nomme un avocat d'office et privilégié pour toutes les causes.

19 octobre, création d'une commission militaire d'embauchage, pour juger le procureur du Roi destitué et autres.

27 octobre, ordonnance qui établit des prisons d'État, et défend aux tribunaux d'en connaître.

8 novembre 1819, ordonnance qui commande aux affranchis de justifier de leurs droits à la liberté.

22 novembre 1819, ordonnance royale sur l'administration de la justice dans les colonies. (Elle n'a été publiée au bulletin des lois de France qu'en 1823.)

Les cours royales remplacent les conseils supérieurs. Tous les jugemens doivent être motivés à l'avenir, à peine de nullité. — La confiscation des biens est abolie.

Promesse de continuer les travaux pour la mise en vigueur de tous les Codes, et pour leur donner de nouvelles institutions.

Idem, établissement de comités d'agriculture et de commerce dans toutes les colonies, excepté dans l'Inde.

(Leur organisation est semblable à celle des conseils généraux des départemens.)

14 décembre 1819, établissement à Bourbon de jugemens par commission en matière criminelle.

26 janvier 1820, ordonnance du gouverneur de la Guyane, qui règle les frais dus à un avoué, et défend aux tribunaux d'en connaître.

13 février, ordonnance du même, qui suspend la prescription.

2 mars, ordonnance du même, qui, sur la plainte d'une partie, déclare un acte notarié argué de faux, annule cet acte, et suspend le notaire pour huit jours seulement.

3 avril 1820, ordonnance du gouverneur de la Guyane sur la promulgation des lois et réglemens coloniaux par la voie d'un bulletin officiel.

1ᵉʳ août 1820, ordonnance du gouverneur de la Guyane, qui casse un arrêt de la cour royale.

7 janvier 1822, ordonnance pour l'organisation judiciaire du Sénégal. (C'est le premier acte de ce genre inséré au bulletin des lois.)

Le gouverneur y nomme les juges pour deux ans. — Il préside les tribunaux d'appel. Le débat est oral et public. — L'accusé aura un défenseur. — Le recours en cassation est ouvert sous le bon plaisir du gouverneur, en matière correctionnelle et criminelle.

Établissement, à la Martinique, d'un tribunal spécial pour le jugement des empoisonneurs.

On a caché cet établissement, puisqu'il ne figure pas dans l'almanach de la colonie, quoiqu'il existe depuis deux ans.

N° XIV. *Déclaration du Roi, portant défenses sous peine de mort de composer, et sous peine de galères de distribuer aucuns écrits contre la règle des ordonnances* (1).

Versailles, 16 avril 1757, registrée au Parlement de Paris le 21.

Louis, etc. L'attention continuelle que nous devons apporter à maintenir l'ordre et la tranquillité publique, et à réprimer tout ce qui peut la troubler, ne nous permet pas de souffrir la licence effrénée des écrits qui se répandent dans notre royaume, et qui tendent à attaquer la religion, à émouvoir les esprits et à donner atteinte à notre autorité. Les rois, nos prédécesseurs, ont opposé en différens temps la sévérité des lois à un pareil mal. Ils ont même été jusqu'à la peine de mort, pour contenir par la crainte la plus propre à en imposer, ceux qui seraient capables de se porter à des excès si dangereux.

Animés du même esprit, nous croyons devoir renouveler cette même peine, contre tous ceux qui auraient eu part à la composition, impression et distribution de ces écrits : celle des galères, contre tous ceux qui auraient eu part à la composition, impression et distribution de tous autres écrits, de quelque nature qu'ils soient, sans avoir observé les formalités prescrites par nos ordonnances, et des amendes considérables; contre les propriétaires ou principaux locataires des maisons où on trouverait des imprimeries privées et clandestines, qu'ils n'auraient pas dénoncées à la justice. A ces causes, de l'avis de notre conseil et de notre certaine science, pleine puissance et autorité royale, nous avons, par ces présentes, signées de notre main, dit, déclaré et ordonné, disons, déclarons et ordonnons, voulons et nous plaît ce qui suit :

ART. 1ᵉʳ. Tous ceux qui seront convaincus d'avoir composé, fait composer et imprimer, des écrits tendans à attaquer la religion, à émouvoir les esprits, à donner atteinte à notre autorité, et à troubler l'ordre et la tranquillité de nos États, seront punis de mort.

2. Tous ceux qui auraient imprimé lesdits ouvrages, les li-

---

(1) Elle a été appliquée à Bissette, Fabien et Volny, malgré qu'elle n'ait pas été légalement publiée à la Martinique, ainsi que le prouve le Code officiel de cette colonie, et qu'en France elle n'ait jamais été exécutée.

braires, colporteurs et autres personnes, qui les auraient répandus dans le public, seront pareillement punis de mort.

3. A l'égard de tous les autres écrits, de quelque nature qu'ils soient, qui ne sont pas de la qualité portée en l'art. 1er; déclarons que, faute d'avoir observé les formalités prescrites par nos ordonnances, les auteurs, imprimeurs, libraires, colporteurs et autres personnes qui les auraient répandus dans le public, soient condamnés aux galères à perpétuité ou à temps, suivant l'exigence des cas (1).

4. Les ordonnances, édits et déclarations, faits, tant par nous que par les rois nos prédécesseurs, sur le fait de l'imprimerie et de la librairie, seront exécutés. En conséquence défendons à toutes personnes, de quelque état, qualité et condition qu'elles soient; à toutes communautés, maisons ecclésiastiques ou laïques, séculières et régulières, même aux personnes demeurant dans les lieux privilégiés, de souffrir en leur maison, dans les villes et dans les campagnes, des imprimeries privées et clandestines, soit avec presses, rouleaux ou autrement, sous quelque dénomination que ce soit.

5. Les propriétaires et principaux locataires des maisons mentionnées en l'art. précédent, dans lesquelles lesdites imprimeries, privées et clandestines, auront été trouvées, et qui ne les auront pas dénoncées à la justice, seront condamnés en six mille livres d'amende; en cas de récidive, au double, sans que lesdites amendes puissent être modérées sous quelque prétexte que ce soit, à peine de nullité des jugemens.

6. Les mêmes condamnations d'amende auront lieu contre les communautés, maisons ecclésiastiques ou laïques, séculières ou régulières, chez lesquelles seront trouvés des imprimeries privées et clandestines; et en outre, elles seront déclarées déchues des droits et priviléges à elles accordées par nous et les rois nos prédécesseurs.

Si donnons et mandons à nos amés et féaux conseillers, les gens tenant notre cour de parlement à Paris, que ces présentes, etc.

N° XV. *Réglement ministériel sur l'administration de la colonie de la Martinique* (2).

Paris, 10 septembre 1817. (Statist. de la Martinique (3), t. Ier, p. 220.)

Au nom du Roi, le maréchal de France, ministre secrétaire

---

(1) La brochure saisie chez Bissette avait été publiée avec toutes les formalités; l'article 3 était donc inapplicable.
(2) C'est de ce réglement que l'on prétend faire découler le droit de déporter sans jugement.
(3) Rien ne prouve qu'il ait été promulgué dans une forme officielle à la Martinique, et rien ne constate son authenticité.

d'État au département de la marine et des colonies, a *arrêté* et arrête ce qui suit :

Art. 1er. Sa Majesté, par trois ordonnances des 13 et 30 août dernier, ayant réuni les pouvoirs du gouverneur-général des îles du Vent et de l'intendant de la Martinique, entre les mains d'un gouverneur et administrateur pour le Roi; nommé un commandant militaire pour ladite île, et un commissaire inspecteur extraordinaire, à la même destination ; ces trois ordonnances seront enregistrées au conseil supérieur et aux tribunaux, publiées et exécutées dans la colonie, selon leur forme et teneur.

2. Seront également enregistrées, publiées et exécutées dans la colonie, ainsi qu'il vient d'être dit, les dispositions suivantes que S. M. a jugé convenable d'ordonner sous forme de DÉCISION (1).

Art. 1er. L'emploi actuellement vacant, de commandant en second de la Martinique, est supprimé.

Le commandant militaire nommé pour cette colonie, y servira immédiatement sous les ordres du gouverneur administrateur pour le Roi, comme y servait sous le gouverneur général des îles du Vent, le commandant en second, sauf le droit de séance au conseil supérieur.

2. Jusqu'à ce qu'il plaise à S. M. d'en ordonner autrement, le commandant militaire de la Martinique remplira, au défaut du gouverneur et administrateur pour le Roi, toutes les fonctions dudit gouverneur et administrateur ; ainsi que le commandant en second devait remplir, en pareil cas, les fonctions du gouverneur général des îles du Vent.

3. La partie administrative de la marine, de la guerre, des finances et de l'intérieur, sera confiée à un commissaire ordonnateur, sous les ordres immédiats du gouverneur et administrateur pour le Roi.

4. Sera l'officier d'administration, faisant office de contrôleur colonial, soigneusement maintenu dans la plus entière indépendance, quant à l'exercice de ses fonctions.

5. Le droit d'émettre, en cas de besoin, des ordonnances et des réglemens provisoires, celui d'arrêter le projet du budget de chaque année, l'état des travaux militaires ou civils à exécuter, et en général, de décider dans la colonie, toutes les fois qu'il s'agira d'une mesure ou d'une matière de quelque importance, seront exercés par le gouverneur et administrateur

---

(1) Où est la signature du roi ? Rien ne le prouve. Ce n'est pas d'ailleurs par des réglemens secrets que l'on peut disposer, dans les colonies, de la liberté des personnes, mais par une loi. *Voyez* la lettre du ministre du 3 octobre 1769, et l'article 73 de la Charte.

pour le Roi, à charge de délibération préalable en conseil de gouvernement et d'administration, formé ainsi qu'il sera dit ci-après.

6. Dans les cas prévus au paragraphe précédent, le conseil du gouvernement et d'administration sera composé du gouverneur et administrateur pour le roi qui le présidera, du commandant militaire, du procureur-général, de l'ordonnateur, du contrôleur.

Il sera complété jusqu'à la concurrence du nombre de *sept* au moins, et *neuf* au plus, selon qu'il y aura lieu, par le commandant de l'artillerie, le commandant du génie, les capitaines du port, le directeur de l'intérieur, le directeur des douanes, le trésorier et autres comptables, les officiers de santé en chef, le préfet apostolique et autres ecclésiastiques, les membres du tribunal supérieur de la colonie, et enfin, par des négocians, des jurisconsultes, ainsi qu'il appartiendra, suivant la nature des matières.

En tous conseils de gouvernement et d'administration, le gouverneur et administrateur pour le roi pourra toujours, s'il le juge nécessaire, procéder à l'exécution, quel que soit le nombre des avis contraires au sien.

La plume y sera tenue par un secrétaire archiviste du gouvernement, à la nomination du ministre secrétaire d'État de la marine et des colonies, et, en attendant ladite nomination, par un officier ou employé d'administration, que désignera le gouverneur et administrateur pour le roi.

Il y aura un registre des délibérations, où les avis motivés de tous ceux qui auront assisté à la délibération, seront transcrits et signés.

Tous les mois, et plus souvent si le cas le requiert, il sera, par le secrétaire-archiviste du gouvernement, ou par celui qui en fera les fonctions, délivré au contrôleur, pour être, à sa diligence, adressé au ministre de la marine, un double en forme de toutes les délibérations du conseil de gouvernement et d'administration.

Le même envoi sera fait au ministre par le gouverneur et administrateur pour le roi.

Toutes les fois que le gouverneur et administrateur pour le roi jugera nécessaire de soumettre un projet quelconque à la discussion d'un conseil de gouvernement et d'administration, il exposera ou fera exposer audit conseil, avec précision et clarté, les motifs de l'acte projeté. Il rappellera ou fera rappeler tout ce qui aurait été précédemment statué sur le même sujet, en démontrant, soit par le silence ou l'insuffisance des anciennes dispositions, soit par la spécialité des circonstances nouvelles, la nécessité de prendre les mesures proposées.

Cet exposé justificatif devra toujours être proposé dans le procès-verbal de la délibération.

7. Toute ordonnance, tout réglement provisoirement exécutoire, émané de l'autorité du gouverneur et administrateur pour le roi, portera la formule :

Au nom du roi, et après avoir délibéré en conseil de gouvernement et administration, le gouverneur et administrateur pour le roi, de la colonie de la Martinique, a ordonné et ordonne, pour être exécuté provisoirement, sauf l'approbation de S. M., ce qui suit, etc.

8. Aucun individu ne pourra être extrajudiciairement banni ou déporté de la colonie, aucun agent du gouvernement poursuivi pour délit commis dans l'exercice de ses fonctions, sans qu'il en ait été délibéré, et en conseil spécial, où siégeront, avec le gouverneur et administrateur pour le roi, qui le présidera, le commandant militaire, le procureur-général et l'ordonnateur; ce dernier tenant la plume.

En cas de partage, ou même d'opposition d'avis, celui du gouverneur et administrateur pour le roi prévaudra toujours. Dans tous les cas, des doubles du procès-verbal de la délibération, signés de tous les membres du conseil spécial, seront, à la diligence du gouverneur et administrateur pour le roi, et à celle du procureur-général, adressées, par les deux plus prochaines occasions, au ministre secrétaire d'Etat de la marine et des colonies.

9. A l'avenir, les actes d'administration de tout gouverneur, commandant ou administrateur en chef, dont les fonctions dans les colonies auront cessé, seront, à son retour en France, soumis à l'examen d'une commission spéciale qui sera nommée par S. M. sur la proposition de son ministre secrétaire d'Etat de la marine.

Aucun des gouverneurs, commandans ou administrateurs en chef ne pourra être présenté à Sa Majesté qu'après ledit examen.

10. Toutes les dispositions non révoquées ou modifiées, soit par les ordonnances royales des 13 et 20 août, qui ont été relatées ci-dessus, soit sous les nombres 1, 2, 3, 4, 5, 6, 7, 8, 9, qui précèdent, continueront à être en vigueur à la Martinique.

3. Le gouverneur et administrateur pour le roi, de la colonie de la Martinique, est chargé de pourvoir à l'exécution du présent arrêté.

Signé le maréchal GOUVION-SAINT-CYR.

N° XVI. *Arrêt de la Cour de cassation qui décide que les pourvois contre les jugemens des tribunaux des colonies qui prononcent des peines afflictives et infamantes, sont recevables à la Cour de cassation.*

Paris, 15 juillet 1824.

Ouï M. Chantereyne, conseiller, en son rapport, et M. Freteau, avocat-général, en ses conclusions;

Attendu qu'il est constant que le Code d'instruction criminelle n'a pas été promulgué dans les établissemens français de l'Inde, et qu'ainsi, dans toutes les matières criminelles, ces colonies sont jusqu'à présent restées sous l'empire de l'ordonnance de 1670, du réglement de 1738 (1), et des réglemens qui leur sont particuliers;

Attendu que les réglemens établis pour nos colonies de l'Inde n'ont point de dispositions particulières sur le pourvoi en matière criminelle;

Qu'il faut donc recourir au réglement de 1738, et que, d'après l'article 6 du titre 4 de ce réglement, le recours en cassation contre les arrêts et jugemens en dernier ressort, définitivement rendus, n'étant qu'en faveur des individus condamnés à des peines afflictives et infamantes, ne peut conséquemment appartenir à celui qui n'a été, pour un simple délit, condamné qu'à une peine correctionnelle;

Et attendu, en fait, que, par l'arrêt rendu le 7 février 1821 par la cour royale de Pondichéry, et dont le deuxième arrêt a ordonné l'exécution, le sieur Darrac n'a été condamné qu'à un mois d'emprisonnement;

Déclare le demandeur non-recevable; et, vu l'article 25 du réglement de 1738, titre 4, le condamne à l'amende de 150 fr.

N° XVII. *Note approximative des personnes exilées de la Martinique, à l'époque du 15 mars 1824, de celles détenues dans les prisons de la colonie, ainsi que de celles qui reçurent l'ordre de se retirer à l'étranger, sans avoir été arrêtées.*

FORT-ROYAL.

1. Bellisle Duranto, entrepreneur de bâtimens, propriétaire de maisons et esclaves, déporté extra-judiciairement pour les colonies étrangères.
2. Joseph Dumil, idem.
3. Joseph Frapart, négociant, id.
4. Joseph Topage, id.

---

(1) En vigueur à la Martinique.

5. Eugène Delphile, négociant commissionnaire, condamné par arrêt du 12 janvier 1824, au bannissement.

6. Pierre Clavier, id., déporté extrajudiciairement pour les colonies étrangères.

7. Saint-Jacques, marchand, id.

8. Sancé, marchand tailleur, propriétaire d'une caféyère, maisons et esclaves, id.

9. Auguste-Hyacinthe Théagène, charpentier, propriétaire de maisons et esclaves, id.

10. Sainte-Catherine Sommercourt, marchand, id.

11. Pierre-Michel Rusty, id.

12. Louis Déproge, commis, propriétaire d'esclaves, id.

13. Louis Guérin, charpentier, propriétaire de maisons et esclaves, id.

14. Louis-Edme Eucharis, charpentier, id.

15. Lot Charles, commis, id.

16. Louis-Alexis Eucharis, charpentier, id.

17. Severin Amédée, id.

18. Fabien fils, négociant, propriétaire de sucrerie, maison, bateau et esclaves, condamné aux galères perpétuelles, et flétri malgré son pourvoi.

19. Bissette, idem, propriétaire de maisons et esclaves, id.

20. Volny, marchand, non propriétaire, id.

21. Duparquet, charpentier, propriétaire de maisons et esclaves, invité à sortir de la colonie.

22. Bellastre, marchand, id.

23. Alphonse Boisson, charpentier, en prison.

24. Louis Clairsans, commis, id., déporté pour les colonies étrangères.

25. Dominique Laroche, marchand, id., invité de sortir de la colonie.

26. Pierre Desrochers, cordonnier, id.

27. Jean-Baptiste Fabien, marchand, esclaves, id.

28. Maurice Destreux, maison et esclaves, id.

29. Joseph Dumil fils, id., déporté pour les colonies étrangères.

30. Auguste Frappart, fils cadet, id.

SAINT-PIERRE.

31. Joseph Ériché, négociant, propriétaire de maisons et esclaves, pour 250,000 fr., déporté pour France.

32. Joseph Millet, id., 300,000 fr., id.

33. Mont-Louis Thébia, id., 300,000 fr., id.

34. Armand Zacharie, marchand, propriétaire d'esclaves, 40,000 fr., id.

35. Hilaire Laborde, dentiste, propriétaire de maisons et esclaves, 36,000 fr., id.

36. Dufond, id., 30,000 fr., id.

37. Labbé, précepteur, id., déporté pour les colonies étrangères.

38. Augustin Laisné, saineur, sucrerie, maisons et esclaves, id.

39. Émile Hyppolite, commis, esclaves, id.

40. François Montganier, charpentier, propriétaire de maisons, pour 17,000 fr., déporté pour France.

41. Édmond Nouillé, marchand tailleur, maisons et esclaves, 66,000 fr., id.

42. Germain Saint-Aude, fils, commis, caféyère, maisons et esclaves, 50,000 fr., id.

43. Charlery Desgrottes, id., maisons et esclaves, 40,000 fr., id.

44. Edme Pascal, marchand, esclaves, 25,000 fr., id.

45. Angel, tailleur, maison, 20,000 fr., id.

46. Berne Verdet, charpentier, esclaves, 10,000 fr., id

47. Ballon, cordonnier, id.

48. De'an, négociant, propriétaire de maisons et esclaves, déporté pour les colonies étrangères.

49. Oculi, fils, id.

50. Papi, fils, id.

51. Prudent Damiant, id., caféyère, maisons et eslaves, id.

52. Charles Télèphe, id., maisons et esclaves, id.

53. Louis Léonce, id., esclaves, id.

54. Monrose Décasse, id.

55 Sydney Décasse, id., navire et esclaves, id.

56. Procope, jeune, précepteur, maison et esclaves, id.

57. Chéri Roset, charpentier, id.

58. Jean Miral, menuisier, id.

59. Félicien Allier, maison et esclaves, id.

60. Procope Descrissionnaire, commis, id.

61. Michel Finistère, id.

62. Semey Lavallé, id.

63. Corosmin Lavallé, id.

64. Joseph, menuisier, id.

65. Coriet, marchand, id.

66. Saint-Aimé Badury, id., caféyère, maison et esclaves, idem.

67. Apolinaire, habitant, habitation, vivrier, maison et esclaves, id.

68. Jean-Louis Baron, tailleur, id.

69. Pierre Florens, marchand, maison et esclaves, id.

70. G. Saint-Aude père, caféyère, maison et esclaves, s'est suicidé.

(110)

71. Augustin fils, maison, bateau et esclaves, déporté pour les colonies étrangères.
72. Germain Cadoré, maçon, maison et esclaves, id.
73. Frédéric Tipac, menuisier, id.
74. Célestine Rousseau, marchande, id.
75. Rosette Volutrie, id.
76. Clotilde Gros, id.
77. Louisanne, marchande, esclaves, id.

PAROISSE DU FRANÇOIS.

78. Hippolyte Zenne, marchand, propriétaire de maisons et esclaves, pour 150,000 fr., déporté pour France.
79. Hippolyte Rénet, habitant, habitation et esclaves, 25,00 fr., idem.
80. Borry, cordonnier, maison, 10,000 fr., id.
81. François Lacour, habitant, caféyère et esclaves, 50,000 fr., idem.
82. Joseph Abraham, id.
83. Nonone Constantin, chaufournerie, maison et esclaves, déporté pour la Guiane.
84. Coutinal, habitant, habitation, caféyère, vivrier et esclaves, id.
85. Elicio, charpentier, id.
86. Bally, mort en prison.
87. Damoiseau, habitant, sucrerie, caféyère et esclaves, en prison.
88. Lolo de Racine, id., caféyère et esclaves, id.
89. Numa Mirza, maison et esclaves, id.
90. René Sainte-Marie Boisnoir, habitant, habitation, vivrier et esclaves, id.

PAROISSE DU GROS MORNE.

91. Louison Gastor, habitant, propriétaire d'une caféyère et esclaves, 40,000 fr., déporté pour France.
92. Tite Paulmy, cordonnier, habitation, 30,000 fr., id.
93. Pierre Mantieux, en prison.
94. Titus Marc, habitant, caféyère et esclaves, id.
95. Etienne Desnots, id.
96. Théodore, id., habitation, vivrier, id.
97. Germain Numa, id., caféyère et esclaves, id.

PAROISSE DE LA TRINITÉ.

98. Élie Wellemont, cordonnier, déporté pour France.
99. Joseph Château, id.
100. Michel Guérin, id., propriétaire d'esclaves, id.
101. Florestan, tailleur, id., pour 8,000 fr., id.

102. Voltaire, id.
103. Eudoxis Huguenin, caféyère, maison et esclaves, déporté pour la Guiane.
104. Jacob Lebrun, négociant, navire, maisons et esclaves, déporté pour les colonies étrangères.
105. Edmond Damiant, charpentier de marine, caféyère, maison et esclaves, en prison.
106. Luther Damiant, négociant, id., invité de sortir de la colonie.
107. Louis Marie, id., maison et esclaves, id.
108. Daccis Floux, cordonnier, id., en prison.
109. François Evariste, charpentier, habitation, vivrier, idem.
110. Paul Dubois, maçon, habitation, vivrier et maison, idem.

PAROISSE SAINTE-MARIE.

111. Valère Damiant, habitant, caféyère et esclaves, déporté pour les colonies étrangères.
112. Sainte-Rose Moyse, cordonnier, maison, en prison.
113. Saint-Denis, tailleur, propriétaire d'esclaves pour 10,000 fr., déporté pour France.
114. Joseph Dattier, habitant, caféyère et esclaves, en prison.
115. Charles Raymond, menuisier, id.
116. Régis Etienne, caféyère, navire et esclaves, 30,000 fr., déporté pour France.

PAROISSE DU ROBERT.

117. Ajax Jacques Cadet, habitant, caféyère et esclaves, en prison.
118. Lesgraces, cordonnier, esclaves pour 12,000 fr., déporté pour France.
119. Jacques Cadet, habitant, caféyère et esclaves, 120,000 fr., idem.
120. Placide, idem, 40,000 fr., id.

PAROISSE DE LA BASSE-POINTE.

121. Dominique Lafontaine, tailleur, maison pour 4,000 fr., déporté pour France.
122. Saint-Cyr Latour, habitant, caféyère, maison et esclaves, 30,000 fr., id.
123. Louis Anaclet, id., habitation, vivrier et esclaves, 36,000 fr., id.
124. Jacques Chateras, maçon, maison pour 13,000 fr., id.
125. Saint-Cyr Latour fils aîné, maçon, caféyère, maison et esclaves, en prison.

126. Saint-Cyr Latour fils cadet, id.
127. Philippe fils, charpentier, id.
128. Jean Zénon, menuisier, id.
129. Cadet Pumaugard, cordonnier, maison et esclaves, id.
130. Victor, mâçon, caféyère et esclaves, déporté pour la Guiane.
131. Francisque, entrepreneur de bâtimens et mécanicien, maison et esclaves, déporté pour les colonies étrangères.
132. Joseph Albert, id.

PAROISSE DU DIAMANT.

133. Pierre Féréol, habitant, habitation, vivrier et esclaves, pour 20,000 fr., déporté pour France.

PAROISSE DU TROU-AU-CHAT.

134. Pierre Bois, habitant, idem, pour 50,000 fr., id.
135. Charles Mouderic, charpentier, en prison.

GRANDE ANSE.

136. Remy Bussicher, habitant, habitation, vivrier pour 3,000 fr., déporté pour France.
137. Julien Sainte-Marthe, id., caféyère et esclaves pour 36,000 fr., id.
138. Jean Charles, id., habitation, vivrier pour 12,000 fr., idem.
139. Jean-Pierre Amédée, charpentier, id.
140. Vincent Lubin, habitant, caféyère et esclaves pour 25,000 fr., id.
141. Sainte-Rose Amboise, id., habitation, vivrier, mort dans la traversée pour France.
142. Dupros, habitant, caféyère et esclaves, déporté pour la Guiane.
143. Dupros Margency, id.
144. Daniel Criston, id.
145. Etienne Joachim, charpentier, habitation, vivrier et esclaves, id.
146. Calau Caliste, maçon, habitation, vivrier, caféyère et esclaves, en prison.
147. Saint-Ange Dehamelin, charpentier, habitation, vivrier, id.
148. Charles Dubeaufond, habitant, caféyère et esclaves, déporté pour les colonies étrangères.

MACOUBA.

149. Jean Dumas, maçon, caféyère et esclaves, en prison.
150. Anicet, charpentier, maison, id.

151. Elizé Marian, pêcheur, id.
152. Victor Marian, id.
153. Titir, id.
154. Martin, id.
155. Léandre Préville, marin, id.
156. Thimothée Rafin, maçon, habitation, vivrier et esclaves, id.
157. Joseph Desroses, charpentier et mécanicien, caféyère et esclaves, invité de sortir de la colonie.

MARIGO.

158. Mathieu Denis, charpentier de marine, caféyère et esclaves, en prison.

LAMENTIN.

159. Prudent, habitant, caféyère et esclaves, déporté pour la Guiane.
160. Frédéric, menuisier, maison et esclaves, id.
161. Damas, charpentier, id.
162. Elord Saint-Jean, marchand, maison et esclaves, déporté pour les colonies étrangères.
163. Branchet, id.
164. Jean-Baptiste Dufresne, habitant, caféyère et esclaves, en prison.
165. Julien Edmond, id.
166. Louis Rivecourt, charpentier mécanicien, caféyère et esclaves, déporté pour les colonies étrangères.
167. Jean-Baptiste, maison et esclaves, mort en prison.

CARBET.

168. Procope père, maison, pêcherie et esclaves, déporté pour les colonies étrangères.
169. Procope Zénon, id.
170. Procope Pierre, id.
171. Louis-Charles Édouard, sucrerie, maison et esclaves, id.
172. Rosemond, maison et esclaves, id.
173. Marc fils, habitant, caféyère, maison et esclaves, id.
174. Rose Lallemand, marchand, déporté pour les colonies étrangères.
175. Louis Edouard, maison et esclaves, id.
176. Nelson, commis, id.
177. Titain, pêcheur, id.

PRÊCHEUR.

178. François Roch, id.
179. C. Bernard, tailleur, id.

180. Saint-Roch, habitant, caféyère et esclaves.

MARIN.

181. Suffrein, habitant, caféyère, maison et esclaves, en prison.
182. Surein, maison et esclaves, id.
183. Surein Remy, id.
184 Sainte-Croix, marin, id.

VAUCLAIN.

185. Eloi Hilaire, habitant, sucrerie et esclaves, id.
186. Baillard, id. caféyère et esclaves, déporté pour les colonies étrangères.
187. Jean-Louis Bainquat, id., en prison.
188. Henri Thar, marchand, maison et esclaves, id.
189. Mont-Louis Baguian, habitant, caféyère et esclaves, id.
190. Charlery Baguian, marchand, caféyère et esclaves, id.
191. Victor Rochepointe, maison et esclaves, id.
192. Constantin, tailleur, id.

RIVIÈRE SALÉE.

193. Sully, charpentier, maison et esclaves, id.
194. Anatole, maison, habitation, vivrier et esclaves, id.
195. Elisée Dupuis, habitant, habitation, caféyère et esclaves, id.
196. Edouard Bouteiller, charpentier, maison, id.
197. Louis Chout, marchand, id.
198. Landry, orfèvre, maison et esclaves, id.
199. Chout, habitant, habitation, vivrier et esclaves, id.
200. Pierre Bélisaire, menuisier, id.
201. Cheney, maison et esclaves, id.

SAINT-ESPRIT.

202. Saint-Hylaire, cordonnier, en prison.
202 bis. Edouard Jerstine, habitant, habitation, vivrier, id.
203. C. Pinau, id., caféyère et esclaves, id.
204. Eustache Lamotte, tailleur, habitation, vivrier, id.
205. Félix Théodore, habitant, caféyère et esclaves, id.
206. Justine - Marthe Rose, marchande, habitation, vivrier, id.
207. Marthe Justine, id.

TROIS ISLETS.

208. L. Toussaint, habitant, caféyère et esclaves, id.
209. Pans, id.

210. Toussaint père, habitant, caféyère et esclaves, id.
211. Maudésir, cordonnier, maison, id.
212. Mantout, charpentier, maison, id.

ANSES D'ARLET.

213. Caliste Percin, habitant, caféyère et esclaves, id.
214. Coco, marchand, id.

RIVIERE PILOTE.

215. Cheramy, habitant, caféyère et esclaves, id.
216. Capitaine, id.
217. Jean Caraylec, id., habitation, vivrier, id.

CASE PILOTE.

218. François, charpentier, esclaves, id.
219. Joseph, pêcherie et esclaves, id.

Nota. Il nous a été impossible de nous procurer les noms de toutes les personnes frappées de cette proscription. On ignore combien d'autres ont été arrêtées depuis le 15 mars.

Les quarante-un déportés pour France ont cinquante-sept enfans.

N° XVIII. *Lettre du procureur du roi de Rochefort, en réponse à la plainte de MM. Régis et Saint-Cyr Latour, détenus malades à l'hôpital de la marine à Rochefort.*

Rochefort, 12 juillet 1824.

Messieurs, j'ai reçu votre lettre du 7 de ce mois, par laquelle vous vous plaignez de ce que, sans jugement et sans procédure préalable, vous avez été enlevés par force de votre domicile, à la Martinique, mis à bord d'un bâtiment et conduits à Rochefort, où vous êtes détenus à l'hôpital de la marine. J'ai pris des informations sur les faits allégués dans votre plainte, et je vous en ferai connaître plus tard le résultat.

Je suis, Messieurs, votre très-humble serviteur,

Le procureur du roi, *signé* RABOTEAU.

N° XIX. *Lettre du même à M. Isambert, en réponse à la réquisition du 3 juillet, pour constater la détention illégale.*

Rochefort, 12 juillet 1824.

Monsieur, j'ai reçu votre lettre du 3 de ce mois, par laquelle, en votre qualité de fondé de pouvoirs de trente-sept détenus à bord du navire *le Chameau*, en rade de l'île d'Aix, vous me requérez, en vertu de l'article 119 du Code pénal, de constater le fait de leur détention arbitraire, et de vous en donner acte.

J'ai l'honneur de vous faire observer, d'abord, que les individus détenus à bord du *Chameau*, étant partis pour le Sénégal, je n'ai plus à m'occuper de l'objet de votre lettre; en second lieu, que quand bien même ces détenus seraient encore dans mon arrondissement, il ne m'appartiendrait pas de m'immiscer dans des mesures de haute police et d'administration prises contre eux, en conformité de lois et ordonnances sur le régime des colonies par les autorités auxquelles le roi a confié le gouvernement de la Martinique, et encore bien moins de connaître de l'exécution des décisions qui ont été prononcées par ces autorités. Je ne puis donc que vous renvoyer à qui de droit pour vous pourvoir contre ces décisions, si elles vous paraissent illégales et arbitraires.

Recevez, Monsieur, les assurances de ma considération la plus distinguée.

Le procureur du roi, *signé* RABOTEAU.

N° XX. *Lettre de M. Isambert à M. le procureur du Roi de Rochefort.*

Paris, 17 juillet 1824.

Monsieur le procureur du Roi, je vous remercie de la réponse que vous avez bien voulu faire le 12 de ce mois, à ma réquisition du 3 juillet; bien qu'elle ne soit pas aussi satisfaisante que je l'espérais, et qu'elle me paraisse en quelque sorte en contradiction avec celle que vous avez faite le même jour à MM. Regis et Saint-Cyr-Latour, *détenus*, ainsi que vous le reconnaissez vous-même, à l'hôpital de la marine de Rochefort; car vous leur dites que vous prenez des informations sur les faits allégués dans la plainte, et que vous leur en ferez connaître plus tard le résultat; et dans la lettre que vous me faites l'honneur de m'écrire, vous tranchez la question, et vous dites qu'il ne vous appartiendrait pas de vous immiscer dans des mesures de haute police, prises contre eux, en conformité des lois et réglemens des colonies; et qu'au surplus, les individus dont il s'agit étant partis, vous n'avez plus à vous en occuper.

Permettez-moi une supposition. — Si dans votre ressort, un particulier avait retenu prisonniers sans ordre légitime, trente-sept personnes, vous croiriez-vous dispensé d'informer parce que ce particulier les aurait soustraits à vos recherches, et serait lui-même sorti de votre arrondissement, pour prendre la mer, et peut-être faire périr des Français? Non sans doute, votre compétence est établie par la loi, et vous connaissez trop bien vos devoirs, pour ne pas instruire sur des faits aussi graves, sauf à saisir plus tard le coupable.

La question change-t-elle de nature, parce que ce sont des fonctionnaires administratifs qui ont agi? Non certainement; l'art. 119 du Code pénal est fait pour tous les cas de *détention arbitraire*, et il est applicable surtout à ceux qui abusent de la puissance publique, à eux donnée pour protéger les citoyens.

Vous parlez de mesures de haute police; M. le procureur du Roi, vous savez aussi bien que moi, qu'aucune loi en France, n'autorise, sous de pareils prétextes, des attentats à la liberté individuelle.

Au surplus, on ne retient pas des hommes en prison sans ordre écrit; vous avez le droit, et c'est votre devoir d'en exiger la représentation et la copie, et de m'en faire connaître la teneur; car comment voulez-vous que je me pourvoie ainsi que vous me le dites devant qui de droit, quand malgré mes recherches, je ne sais pas encore d'une manière certaine, qui a délivré l'ordre de séquestration, et contre qui j'en dois poursuivre la réparation. J'affirme dès à-présent que par suite des ordres donnés par les autorités de la métropole, communiqués aux administrateurs de Rochefort, et sans doute aussi aux autorités judiciaires, qui seules, ont le droit de délivrer des mandats, que les trente-sept ont été amenés dans votre port, et que deux sont encore détenus.

Je crois donc, M. le procureur du Roi, que vous devez continuer vos informations, jusqu'à ce que l'ordre de détention ou de séquestration soit connu de nous, et que nous puissions en poursuivre les auteurs; car, tel est l'objet de l'art. 119 du Code pénal.

Daignez, M. le procureur du Roi, remarquer toute la gravité de la question; mes cliens n'ont pas d'autre moyen d'échapper à l'arbitraire qui les poursuit, que d'arriver à la connaissance des actes, en vertu desquels on les soustrait à leurs juges naturels.

La première démarche qui leur est commandée, est de faire constater le fait de la détention; la seconde, l'illégalité; la troisième, d'en poursuivre les auteurs, afin d'obtenir les réparations que la loi, notre règle à tous, leur accorde.

Le législateur a porté si loin la sollicitude à cet égard, qu'il a imposé l'obligation aux fonctionnaires et officiers publics, de tous les degrés, d'agir *d'office* en pareille occasion : vous-même, M. le procureur du Roi, avez dû aussitôt que vous fûtes averti par la rumeur publique, de l'arrivée en votre rade, de trente-sept Français détenus sans *jugement*, prendre des informations, et vous mettre en mesure d'agir.

Une réclamation même *verbale* des détenus était suffisante, quand même elle serait émanée d'un citoyen sans mandat, parce qu'il s'agit de l'ordre public, et du plus précieux droit des citoyens. C'est l'opinion du récent et savant commentateur du Code pénal, M. le conseiller Carnot; — l'art. 119, n'exigeant l'emploi d'aucune formalité particulière, de procéder en pareil cas.

Vous avez reçu ma réquisition *par écrit* du 3. Dès ce moment, vous n'avez pu vous dispenser de faire dresser procès-verbal de la détention. Il ne vous suffirait pas de l'avoir dénoncée à l'*autorité supérieure* et d'en *justifier*, si préalablement le fait de la détention, et le nom des auteurs n'était constaté; car par votre silence, ou par l'omission de cette formalité, vous laisseriez échapper le coupable; la vindicte des lois serait arrêtée; et la réparation à laquelle nous avons droit, retomberait sur vous.

C'est encore l'opinion de M. *Carnot*, sur cet art. 119. — S'il vous fallait des exemples de diligences faites par le ministère public, je vous citerais celui de M. Bellart, procureur-général à la Cour de Paris, qui, ayant connaissance qu'une dame de Cairon était retenue contre sa volonté, sur des apparences légales, dans une maison de femmes repenties, par autorisation du *préfet de police*, a fait constater l'état de détention, et elle a recouvré de suite sa liberté.

On doit agir de même dans les cas analogues, quelle que soit la qualité de ceux qui ordonnent la détention; ce sera ensuite au Roi, éclairé dans sa justice, à voir si des poursuites judiciaires peuvent être refusées, à l'égard des fonctionnaires prévaricateurs.

Quant à vous, Monsieur le procureur du Roi, il ne vous appartient pas, à cet égard, de pressentir l'opinion du Monarque et de son Conseil; et comme aux termes du décret du 9 août 1806, je suis obligé de justifier devant le Conseil-d'État saisi de la demande de mise en jugement, d'une information régulière, je vous prie de me mettre à même de justifier de l'accomplissement de cette formalité. La délivrance du mandat est seule interdite aux tribunaux.

Veuillez bien réfléchir que la publicité est le droit de mes cliens, et que c'est en ce moment leur unique moyen de défense contre une séquestration que je soutiens illégale, et qui doit paraître telle à vos yeux et à ceux de tous les magistrats qui rendent la justice au nom du Roi; si vous ne vous croyez pas assez fort pour agir, écrivez-en à M. le procureur-général du ressort; je vais, moi-même, m'adresser à la Cour royale de Poitiers.

Les individus des colonies sont des Français; ils ont touché la terre de France; toute mesure extrajudiciaire a cessé de droit ; c'est aux autorités établies par la loi à faire leur devoir.

Le mien est de poursuivre la réparation du mal par tous les moyens qui sont en mon pouvoir.

Je vous prie de me faire connaître, le plus promptement possible, le résultat de vos informations ; et, dans tous les cas, d'avoir la bonté de m'accuser réception de la présente qui vous sera remise par M. Mesnard.

Dans le cas où, contre mon attente, je n'obtiendrais pas une prompte réponse, je serais obligé, à mon très-grand regret, d'agir directement contre les fonctionnaires désignés en l'article 119 du Code pénal, pour avoir négligé ou refusé de me prêter leur assistance, et de leur demander les dommages-intérêts prévus par l'art. 117.

Vous devez sentir que dans l'état où en sont les choses, j'obéis au devoir le plus impérieux et le plus sacré, et que ce serait un moyen de sortir de l'état d'anxiété où nous sommes ; j'ai donc le droit d'espérer que l'on me répondra toute affaire cessante, ainsi que vous avez eu déjà la bonté de le faire.

Veuillez agréer l'expression de mon respect.

N° XXI. *Réponse du procureur du Roi de Rochefort à la lettre précédente.*

Rochefort, 23 juillet 1824.

Monsieur, je vous remercie des observations que vous vous êtes donné la peine de me faire, par votre lettre du 17 de ce mois. Je n'en persiste pas moins à vous répondre, comme je l'ai déjà fait, qu'il ne m'appartient pas de m'immiscer dans des mesures de haute police et d'administration, prises conformément aux lois et ordonnances qui régissent les colonies, contre les individus déportés au Sénégal, par les autorités qui gouvernent la Martinique au nom du Roi, et encore bien moins dans l'exécution des *jugemens prononcés* par ces autorités. Quant à la contradiction que vous trouvez, entre l'accusé de réception que j'ai adressé aux sieurs Regis et Saint-Cyr-Latour, de la dénonciation qu'ils m'ont faite, et la lettre que je vous ai écrite le même jour, elle n'existe pas, parce que celle-ci, quoique de même date, est postérieure à l'autre ; et que c'est précisément d'après les informations que j'ai prises, que je vous ai répondu, que je ne pouvais ni ne devais déférer réquisition.

J'ai l'honneur d'être, Monsieur, avec les sentimens et la considération la plus distinguée, etc.

N° XXII. *Lettre de M. Isambert, au même.*

Paris, 28 juillet 1824.

Comme je ne mets ni passion ni malveillance envers les fonctionnaires, dans la défense qui m'est confiée, je me contenterais de la réponse contenue dans votre lettre du vingt-trois juillet, qui vient de me parvenir, et dont j'ai l'honneur de vous accuser réception; mais vous n'avez pas encore rempli toutes les formalités prescrites par le Code pénal, ou du moins, car je suppose que vous l'avez fait, vous n'en avez pas justifié aux parties intéressées.

Je demande donc que vous ayez la bonté de nous faire passer copie, 1° des actes que vous avez faits, pour constater la détention des trente-sept, et celle de MM. Regis et Saint-Cyr-Latour. — 2° Des dénonciations que vous en avez faites au procureur général à Poitiers. Dans ce cas, je m'adresserai aux magistrats supérieurs; et je me plairai à rendre hommage à votre zèle pour la justice.

Si vous pensez que les mesures prises à l'égard de mes cliens sont légales, c'est qu'apparemment vous connaissez les décisions prises et les jugemens prononcés à leur égard. Dans ce cas, je vous prie de m'en adresser copie certifiée de vous; jusque-là je serai fondé à dire qu'il y a détention arbitraire et illégale; probablement je suis aussi bien informé que vous, sur la nature de ces mesures; je puis vous assurer, non d'après ma seule opinion, mais d'après celle des barreaux de Paris, de Bourges, d'Amiens, etc., sans compter ceux dont j'attends l'opinion, que les décisions dont il s'agit, ne sont rien moins que des jugemens. Si ce sont des mesures de haute police et de haute administration, elles doivent cesser leur effet en France, et aucune autorité française n'a le droit de les tenir en charte privée; les autorités de Brest l'ont senti, elles ont écrit à S. E. le ministre de l'Intérieur, pour que leur responsabilité soit mise à couvert, et elles ont eu raison; car l'art. 119 a été fait contre les administrateurs.

Pour être certain que ces mesures sont suffisantes et légales, vous avez dû en garder copie; si vous ne l'avez pas fait, vous pouvez la réclamer des administrateurs de la marine, à Rochefort, et m'en adresser copie.

Par-là, monsieur le procureur du Roi, mais par-là seulement, vous aurez rempli, autant qu'il était en vous, le vœu de l'art. 119 du Code pénal, et vous m'aurez mis à portée de démontrer la nullité de décisions que je ne connais pas; c'est le but auquel je dois tendre de toutes mes forces. Le devoir qui m'est imposé, est trop sacré, pour que vous vous offensiez de mon insistance, surtout lorsque je vous donne les moyens de dégager votre responsabilité relativement à des événemens que nous déplorons tous.

N° XXIII. *Lettre de M. le commandant de la marine, à Rochefort, à M. Mesnard, avocat, constatant la détention* (1).

Rochefort, 23 juillet 1824.

Monsieur, les sieurs Regis et Saint-Cyr-Latour, hommes de couleur, condamnés à la déportation, n'ayant pu suivre leur destination sur la gabare *le Chameau*, et étant restés à l'hôpital de la marine de ce port, où ils sont à la salle des détenus, c'est à M. l'intendant de la marine, spécialement chargé de la police de cet établissement, que vous devez adresser la demande qui fait l'objet de la lettre que vous m'avez écrite hier, concernant ces déportés.

Agréez, Monsieur, l'assurance de ma considération distinguée.

Le commandant de la marine, comte de MAURVILLE.

N° XXIV. *A M. Bourdeau, procureur-général à la Cour royale de Rennes, membre de la Chambre des Députés, de présent à Paris.*

Paris, 14 juillet 1824.

Monsieur le Procureur-général, par requête du 3 de ce mois, j'ai adressé à la Cour royale de Rennes, en la personne de M. le premier président, une dénonciation sur la détention illégale, à Brest, par mesure administrative, de quatre Français, déportés sans jugement de l'île Martinique.

Ces infortunés sont des négocians riches de la colonie, MM. Joseph Ériché, Mont-Louis Thébia, Hilaire Laborde et Joseph Millet. Cette détention est constatée par une déclaration faite au greffe du tribunal de Brest, le 21 mai 1824, produite en expédition au secrétariat du Conseil-d'État, à l'appui d'une demande en jugement dirigée contre M. le sous-préfet de Brest, et par une déclaration du même sous-préfet, du 3 juin 1824, dont l'original est demeuré joint à une pétition adressée à la chambre des pairs le 2 de ce mois.

Par cette requête du 3 juillet, je plaçais ces quatre Français sous la protection de la magistrature, gardienne de la liberté des personnes, et je la suppliais d'user à leur égard du droit attribué aux Cours royales par l'article 11 de la loi du 20

(1) Voyez ci-après, n° XXXIII.

avril 1810, et d'en faire informer sur le fait d'une détention prévu par les articles 114, 117, 119 et 120 du Code pénal, et pour lequel cependant il paraît que M. le procureur du Roi de Brest s'est refusé à diriger une instruction, bien que son caractère administratif ne fût pas un obstacle.

Je n'ai point reçu d'accusé de réception de ma dénonciation, et n'ai aucun moyen régulier de communication avec la Cour.

Apprenant que son procureur-général est ici à Paris, je prends la liberté de m'adresser à lui-même, et de lui transmettre, 1° expédition légalisée des pouvoirs qui m'ont été conférés ; 2° des imprimés qui vous donneront de plus amples renseignemens sur l'irrégularité de la détention. En fait de détention arbitraire, tout moyen de dénonciation est légitime et efficace aux termes de la loi ; les malheureux qui en sont victimes n'ayant pas le choix.

J'espère donc, Monsieur le Procureur-général, que vous ne trouverez rien d'irrégulier dans ma démarche auprès de vous, et je vous prie de m'accuser réception de la présente et de la procuration.

Veuillez agréer l'expression de mon respect.

N° XXV. *Lettre à M. Bourdeau, Procureur-général à Paris.*

16 juillet 1824.

Monsieur le Procureur-général, je viens vous prier de m'accuser réception de ma lettre du 14. Ne vous arrêtez pas à cette circonstance que ma démarche est insolite. Tout est insolite dans cette affaire, et je n'ai pas le choix des moyens. M. Carnot, sur l'article 119, pense que toute réclamation, dans quelque forme qu'elle soit faite, même par un tiers, ou verbale, est efficace, et que le fonctionnaire est suffisamment averti d'agir.

Je sais, Monsieur le Procureur-général, que vous avez le sentiment de vos devoirs, et vous avez récemment donné trop de preuves de votre zèle pour la justice, pour que je doute que votre sollicitude n'ait été éveillée par la communication que j'ai eu l'honneur de vous faire.

Mais en ce moment vous pouvez être arrêté par une difficulté de forme, sur laquelle je pense que vous devez passer. Si vous m'accordiez l'honneur d'un entretien avec vous, je vous peindrais toute la difficulté de notre position. Tout notre espoir est aujourd'hui placé dans l'honneur et l'indépendance de la magistrature.

Veuillez m'honorer d'un mot de réponse, et agréer l'expression de mon respect. ISAMBERT.

N° XXVI. *Réponse aux deux lettres précédentes.*

Paris, 16 juillet 1824.

Monsieur, j'ai reçu votre lettre du 14 de ce mois, à laquelle était jointe une procuration à vous donnée par divers individus propriétaires à la Martinique. Je vous fais repasser cette procuration.

Retenu à Paris comme député, il ne m'est pas possible, et quand je le voudrais, je n'aurais aucun moyen d'examiner et vérifier ici les faits sur lesquels votre dénonciation repose.

Mais parmi les pièces non authentiques ni officielles qui accompagnent la dénonciation, j'en remarque une qui a pour objet d'obtenir du Conseil-d'État l'autorisation de poursuivre les mêmes fonctionnaires que vous me dénoncez. Cette marche, la seule régulière et légale, et dont en l'adoptant vous avez reconnu l'indispensable nécessité, m'imposerait, dans tous les cas, l'obligation d'attendre la décision du Conseil-d'État.

Je n'en transmettrai pas moins à mon parquet, à Rennes, les pièces non authentiques que vous m'avez adressées pour y servir de renseignement au besoin et selon les circonstances.

Recevez, Monsieur, l'assurance de ma considération distinguée.

BOURDEAU.

N° XXVII. *Extrait du journal des Débats.*

Paris, 21 juillet 1824. *(Journal du 22.)*

Une nouvelle plaie de la France vient de se découvrir aux regards du public : l'affaire des hommes de couleur déportés nous révèle l'état précaire et dangereux où sont laissées nos colonies par l'absence d'une constitution fixe, claire et complète, qui détermine la *position civile* de chacune des classes d'individus dont la population coloniale se compose.

La véritable difficulté n'est pas dans les dispositions des nègres, classe facile à contenter toutes les fois qu'une administration ferme et paternelle veillera sur les abus d'autorité et les procédés inhumains auxquels d'ailleurs les nègres sont moins exposés dans nos colonies, que dans celles de la plupart des autres nations.

Le danger réel résulte de la position équivoque de la classe nombreuse, intelligente, courageuse et robuste des hommes de couleur. Produit pour ainsi dire naturel du climat, le mulâtre unit la force physique de l'Africain à l'énergie mentale de l'Européen; il a été élevé au rang de citoyen par la législation révolutionnaire; il est repoussé dans l'ignominie et presque dans l'esclavage par la remise en vigueur des anciens réglemens coloniaux, réglemens incohérens, contradictoires entre eux et avec les ordonnances. Les gens de couleur espèrent en la bonté du Roi : ils vivent en sujets soumis et fidèles, en attendant le jour de la justice royale. Puissent-ils persévérer dans cette conduite!

Mais vous, ministres du Roi, devez-vous laisser subsister des incertitudes aussi dangereuses? Croyez-vous que des adoucissemens arbitraires, apportés au sort de cette classe, suffisent pour assurer à jamais son attachement à la métropole? La grande île de Haïti est gouvernée par les gens de couleur qui y forment une aristocratie puissante. Cette même caste exerce dans la république de Colombie, si voisine de nos îles, toutes les fonctions civiles et militaires, concurremment avec les blancs; pouvez-vous nier que cet ensemble de circonstances présente un de ces cas graves où il n'est pas permis à un ministère de rester inactif, et d'attendre les bras croisés, comme vous l'avez fait jusqu'à ce jour, que les chances incertaines de l'avenir amènent une crise salutaire ou funeste?

Le bon sens indique les deux mesures urgentes : La première, une ordonnance royale qui, parmi le chaos des réglemens coloniaux, abroge formellement tous ceux qui, dictés par l'esprit des anciennes assemblées coloniales, ne sont plus en harmonie avec l'état moral et social auquel les hommes de couleur se sont élevés; la seconde, une législation nouvelle et complète qui détermine les droits et les priviléges de chaque subdivision d'hommes libres dans les colonies.

Les expressions soigneusement pesées que nous employons, montrent assez que nous ne partageons pas l'idée chimérique d'introduire dans les colonies l'égalité civile qui règne légalement dans la métropole. Toute société fondée sur l'esclavage (et malheureusement tel sera long-temps encore l'état de nos colonies) admet et exige même une hiérarchie de classes inégales en droits, semblable à celles qui existaient dans beaucoup de petites républiques.

Mais, si on veut conserver nos colonies, qu'on se hâte de leur donner cet exemple de lois fondamentales qui leur manque. On s'est indigné avec raison de l'atroce folie qui voulait immoler les colonies à un principe; mais n'est-ce pas une autre folie de les immoler à l'absence des principes?

N.º XXVIII. *Requête* (1) *à la Cour de cassation, section criminelle.*

29 juillet 1824.

Attendu qu'il a été remis au soussigné six déclarations de pourvoi, pour être adressées à la cour, et qu'il n'est pas juge de leur régularité.

Plaise à la Cour permettre au soussigné de déposer dans son sein les expéditions ci-jointes desdites deux déclarations, faites un même jour 23 juillet 1824, l'une au greffe du tribunal de Rochefort, l'autre à celui de Brest.

Signé Isambert, avocat à la Cour.

N.º XXIX. *Dénonciation à la Cour royale de Poitiers, remise au premier président, le* 21 *juillet* 1824 (2).

Messieurs, l'article 11 de la loi du 20 avril 1810 vous confère l'importante prérogative de mander le procureur-général, pour lui enjoindre de poursuivre, à raison des crimes et délits commis dans votre ressort, et pour entendre le compte que le procureur-général doit vous rendre des poursuites commencées.

Dans le courant de mai dernier, trente-sept Français, hommes de couleur libres, ont été conduits, du port de Brest, en rade de l'île d'Aix, à Rochefort. Là ils ont réclamé par le ministère de M. Mesnard avocat, leur mise en liberté, ou communication des ordres en vertu desquels on les retenait prisonniers. Il a été répondu que c'était par un ordre purement administratif.

Cet ordre n'ayant pas été notifié, on peut en nier l'existence; mais dans le cas où il existerait, la détention n'en serait pas moins illégale; car il n'existe pas de jugement contre ceux au nom desquels je réclame votre justice.

La notoriété seule de cette détention aurait dû stimuler le zèle de M. le procureur du roi de Rochefort: l'article 119 du Code pénal punit de la dégradation civique ceux des fonctionnaires administratifs ou judiciaires qui refusent ou négligent de constater les détentions illégales et arbitraires. M. le procureur-général à la Cour royale de Paris a donné un bel exemple à cet égard dans l'affaire de madame de Cairon, où il fut in-

---

(1) Remise à M. le président Olivier, à l'audience du 29 juillet 1824, par l'huissier de service.
(2) Ce magistrat n'a pas même accusé réception, et n'a pas consulté la cour sur cette pièce.

vité simplement par lettre à prendre connaissance d'une détention autorisée par M. le préfet de police.

L'une des plus belles prérogatives de la magistrature étant la protection des personnes et de la liberté individuelle, je viens réclamer sa sollicitude en faveur de mes infortunés cliens qui, le 24 juin dernier, viennent d'être embarqués de force sur le *Chameau*, pour être transportés, en état de déportation, au Sénégal, mesure qu'aucune loi même coloniale n'autorise envers ceux qui ne sont pas jugés.

Mes cliens ayant touché la terre de France, ont droit de réclamer la protection de ses lois, et ils l'invoquent de vous.

M. le procureur du Roi de Rochefort, au lieu d'agir d'office, ou sur les réclamations *verbales* qui lui ont été adressées, a déjà à s'imputer d'avoir laissé partir le navire sans avoir constaté le fait de la détention, conformément à l'art. 119 du Code pénal.

Une réquisition écrite lui a été adressée le 3 de ce mois, quoiqu'elle ne fût pas absolument nécessaire, d'après l'opinion de M. le conseiller Carnot, sur l'art. 119 du Code pénal.

Aujourd'hui il répond par une lettre du 12, qu'il n'a plus à s'en occuper, parce que le navire est parti, et parce que d'ailleurs il s'agit d'une mesure de haute police prise administrativement, et par le gouvernement d'une colonie.

Le départ du navire ne peut pas être un obstacle aux poursuites, car le crime n'en est pas moins commis; et pour qu'il ne soit pas consommé, c'est une raison de plus d'user de diligence. Il suffit que sa compétence soit établie et reconnue par lui-même.

D'un autre côté, si les trente-sept déportés ont été amenés en France par l'effet d'un ordre d'un gouverneur colonial, il est hors de doute que son effet a cessé du moment que ces déportés ont touché le sol français; car l'ordre n'était que provisoire; c'était un renvoi à la mère-patrie; ils devaient donc être mis en liberté. Comment leur détention s'est-elle prolongée? Par suite d'une erreur grave, et en vertu d'ordres d'autorités françaises de la métropole; nous en avons la certitude.

Maintenant une cour de justice tolèrera-t-elle que des Français soient retenus prisonniers, et il y en a encore deux à Rochefort (les sieurs Regis et Cyr Latour), en vertu d'actes administratifs, et qu'on refuse de les renvoyer à leurs juges naturels? je ne puis le croire. La magistrature a toujours été gardienne de la liberté des personnes; et si quelques fonctionnaires inférieurs n'osent pas prendre sur eux de faire cesser cette illégalité, la cour de Poitiers aura le courage de l'accomplir; elle rend la justice au nom du Roi; et les administrateurs qui usurpent des fonctions qui ne leur appartiennent pas, sont soumis, par les articles 114, 117, 119 et 120 du Code pénal, à la juridiction des tribunaux.

A ces causes, le soussigné supplie la Cour de vouloir bien prendre, dans sa haute sagesse, les mesures les plus promptes et les plus efficaces pour assurer à des Français, sujets fidèles du Roi, et non coupables, puisqu'ils n'ont pas été jugés, la liberté qu'on ne peut leur ravir, et les réparations pécuniaires auxquelles ils ont droit de prétendre.

Par procuration de Germain Saint-Aude, Édouard Nouillé, etc.

N° XXX. *Lettre du Substitut du Procureur du Roi de Brest, à Me Testard, avoué.*

Brest, avril 1824.

Monsieur, j'ai reçu la requête que vous m'avez transmise relativement à des individus détenus à bord du *Tarn*; je vous adresserai, plus tard, une réponse à cette requête.

Recevez, Monsieur, l'assurance de ma parfaite considération.

Pour le procureur du Roi, le substitut, *signé* FRAIN.

N° XXXI. *Lettre du même au même*

Brest, 19 mai 1824.

Monsieur, j'ai pris des informations relativement aux individus pour lesquels vous m'avez parlé ce matin. Ces informations ne m'ont rien appris jusqu'à ce moment-ci, et ils n'ont point été mis à ma disposition, ni même à celle des autorités civiles. Vous sentez vous-même que je ne puis donner ordre au commandant du *Tarn*, de mettre en liberté des individus qu'il ne peut avoir embarqués que par ordre supérieur, et à l'égard desquels il se conformera sans doute aux instructions qu'il a reçues. Quant à la cause de leur détention, personne ne doit mieux la connaître que ce commandant. Vos cliens peuvent donc s'adresser à lui ou aux autorités supérieures de la marine à Brest.

Je vous prie, Monsieur, de transmettre cette réponse aux intéressés, et de recevoir vous-même l'assurance de ma parfaite considération.

FRAIN, substitut.

N° XXXII. *Certificat du sous-préfect de Brest.*

Brest, 3 juin 1824.

Le sous-préfet de l'arrondissement de Brest, chevalier de l'ordre royal et militaire de Saint-Louis et de l'ordre royal de la Légion-d'honneur, déclare qu'en vertu de la dépêche de S. Exc. le ministre de la marine, en date du 29 avril dernier, il n'est point autorisé à faire délivrer des passe-ports pour sortir de Brest, à MM. Millet, Joseph, Montlouis Thébia, Joseph dit Jos-Eriché, et Hilaire Laborde, tous quatre passagers sur la corvette du roi *Le Tarn*, venant de la Martinique, et débarqués à Brest le 19 mai dernier.

Signé LUNNEZ.

N° XXXIII. *Lettre du commandant de la marine à M. Mesnard, avocat.*

Rochefort, 15 juin 1824.

Monsieur, répondant à la lettre que vous m'avez adressée le 14 de ce mois, en faveur de trente-sept colons de la Martinique, détenus à bord du Stationnaire, je vous prierai d'observer que le ministre de la marine, en envoyant ces détenus à l'Ile-d'Aix, m'a tracé ce que je devais faire relativement à leur séjour à bord de ce bâtiment et à leur destination ultérieure, et qu'il ne m'appartient pas de changer ces dispositions. Toutefois j'ai prescrit au capitaine du Stationnaire d'envoyer à l'hôpital, où ils seraient mis à la salle des consignés, ceux de ces malheureux qui seraient reconnus par le chirurgien du bâtiment avoir besoin d'y entrer. C'est, Monsieur, à mon grand regret, tout ce qu'il m'est possible de faire pour Hippolyte Zenne, ainsi que cela a déjà eu lieu pour le nommé Nouillé qui est malade.

Je suis fâché, Monsieur, d'après l'intérêt que vous prenez à ces hommes et dans celui de l'humanité, de ne pouvoir mieux faire pour ces prisonniers; mais par ce qui précède, vous jugerez facilement que cela m'est impossible.

Agréez, Monsieur, l'assurance de ma considération distinguée,

Le commandant de la marine, Comte DE MAURVILLE.

N° XXXIV. *A M. Gillart de Kauflech, Procureur du roi*, etc.

Brest, 30 juillet 1824.

Ont l'honneur d'exposer, les sieurs Joseph Eriché, etc., tous négocians et propriétaires de la Martinique, actuellement à Brest, rue du Château, n° 42, où ils déclarent faire élection de domicile, aux fins des présentes, que par requête du 17 mai 1824, ils vous ont fait connaître la mesure arbitraire dont ils étaient les victimes, vous suppliant, au nom des lois et de l'humanité, de faire cesser la violence exercée contre eux. Déjà, hélas! l'injustice est presque consommée envers leurs malheureux compatriotes, destinés peut-être à expier dans les sables brûlans du Sénégal, le tort irréparable d'être nés dans la classe des hommes de couleur. Mais tout espoir n'est pas perdu pour les exposans; ils habitent encore le sol français; ils peuvent en invoquer les lois comme sujets de S. M. Les autorités chargées d'en surveiller l'exécution ne sauraient être sourdes à la voix de tant de Français réclamant contre l'oppression la plus monstrueuse. Ce ne sera pas en vain que l'auguste auteur de la Charte aura proclamé que la liberté individuelle est garantie, et que personne ne pourrait être arrêté ou détenu que dans les cas prévus par les lois et dans la forme qu'elles prescrivent. Vous croirez à peine, M. le procureur du roi, que des sujets français, au sein même de la métropole, demeurent dans un état de détention sans qu'on leur exhibe ni jugement rendu contre eux, ni même aucun acte de prévention. Telle est pourtant la triste position des exposans, depuis plus de deux mois qu'ils habitent cette ville; c'est en vain qu'ils ont sollicité à plusieurs reprises, et aujourd'hui même encore pour qu'il leur fût délivré des passe-ports, afin de se rendre à Paris où les appellent leurs affaires commerciales. M. le sous-préfet les retient à Brest, et ne produit aucun acte légal qui autorise une telle entrave à la liberté individuelle. Cette atteinte à nos droits les plus chers ne pouvait échapper à la sagesse du législateur. Des peines sévères sont prononcées contre tout auteur d'une détention arbitraire; et, dans cette circonstance, les exposans s'estiment heureux, M. le procureur du roi, que les lois dirigent leurs réclamations vers un magistrat aussi éclairé qu'ami des lois et de la justice, vers vous enfin. — En conséquence, M. le procureur du roi, les exposans portent plainte pour cause de détention arbitraire, contre M. le sous-préfet de Brest, ainsi que contre tous autres auteurs ou fauteurs de cette mesure illégale, et déclarent formellement se constituer parties civiles pour obtenir conformément aux lois toutes réparations et tous dommages-intérêts, à raison des faits ci-dessus mentionnés ; requérant qu'il soit du tout informé suivant la loi, et procédé sans délai à tous actes d'instruction nécessaire ; c'est justice.

Les exposans produisent comme témoins des faits mentionnés en la présente plainte, les sieurs Fleury, pharmacien, et Dubois fils, négociant, tous deux demeurans à Brest, place de Médisance, et vous supplient, M. le Procureur du roi, de leur décerner acte de la présente, et de les honorer d'un accusé de réception.

N° XXXV. *Lettre du Procureur du Roi de Brest à MM. Millet, Eriché, Laborde, Mont-Louis Thebia.*

Brest, 30 juillet 1824.

Messieurs, je m'empresse de vous prévenir que j'ai reçu une plainte en date de ce jour, que vous formez en détention arbitraire contre M. le sous-préfet de Brest.

J'ai l'honneur de vous saluer.

Le Procureur du Roi, S. S. DE KAUFLECK.

N° XXXVI. *Décision de la Chambre des pairs sur la pétition des déportés de la Martinique.*

Séance du 30 juillet 1824 (Moniteur du 3 août).

Au nom du comité des pétitions, M. le duc de *Brissac* rend compte des pétitions suivantes.

Les quarante-un déportés de la Martinique, représentés par le sieur *Isambert*, avocat au Conseil, leur fondé de pouvoir, dénoncent à la chambre l'acte d'autorité, en vertu duquel ils ont été expulsés de cette colonie.

Au nombre des pièces imprimées qui accompagnent la pétition, se trouve un mémoire adressé au Roi en son Conseil par les pétitionnaires. On conçoit difficilement qu'après une telle démarche, et sans en attendre le résultat, ils se soient pourvus devant la chambre. Elle ne pensera pas, sans doute, qu'il lui convienne d'intervenir dans une affaire dont est saisie la justice du Roi. Le comité croit devoir en conséquence s'abstenir de tout rapport sur la pétition dont il s'agit.

N° XXXVII. *Certificat constatant la mort de M. Germain-Saint-Aude, père* (1).

Brest, 2 août 1824.

Les soussignés attestent et certifient que le sieur Germain-Saint-Aude, père, propriétaire à la Martinique, presque septuagénaire, arrêté dans la journée du 23 décembre 1823, et conduit à bord de la goëlette du roi *la Béarnaise*, en rade de Saint-Pierre-Martinique, a été transféré le même jour sur la frégate du roi *la Constance*, et s'est précipité dans les flots, dans la nuit du 23 au 24 dudit, poussé par le désespoir. On ne peut douter de la fin malheureuse de cet infortuné vieillard, car il ne savait pas nager. En effet, lorsque le feu prit à bord de *la Béarnaise*, dans la matinée du 23, se croyant perdu, il s'écria qu'il était entre le feu et l'eau sans espoir de salut, ne sachant pas nager. Depuis encore, le fils Saint-Aude, arrêté pour remplacer le père, a répété plusieurs fois la même chose en présence de tous les déportés. C'est aussi ce qu'il a affirmé avoir répondu à M. le procureur du roi de Saint-Pierre, lorsqu'il fut questionné par ce magistrat, qui, malgré tout, lui déclara qu'il serait détenu jusqu'à ce que son père se représente.

D'après ces détails, il devient presque inutile d'observer que la frégate *la Constance*, d'où il s'est précipité, était mouillée à une demi-lieue en mer, et que malgré tous les efforts pour sauver le sieur Germain-Saint-Aude, les embarcations mises aussitôt à la mer, les fanaux allumés sur les cris de l'un des déportés (le sieur Zacharie Armand) n'ont pu retrouver que son chapeau qui flottait sur les eaux. Il eût été en effet impossible de le sauver, attendu que les vents venaient de terre, que les courans portaient au large, que la mer était très-agitée et la nuit fort obscure.

J.-H. Millet, J. Ériché, Thébia, H. Laborde.

---

(1) Nous sommes informés que, dans la décision secrète du 27 décembre 1823, on suppose faussement que M. Germain Saint-Aude père s'est évadé, et que l'on craint qu'il n'incendie la colonie.

N° XXXVIII. *De la situation des gens de couleur libres, aux Antilles françaises*, avec cette épigraphe : Domine, deus meus in te speravi : salvum me fac ex omnibus persequentibus me, et libera me. *Seigneur, je mets en toi ma confiance; sauve-moi de mes persécuteurs, et délivre-moi de leurs mains.* DAVID, *psaume VII, vers.* 2.

Brochure qui a donné lieu au procès (1).

La France possède depuis quelque temps une législation basée sur la justice et l'équité. La *Guadeloupe* et la *Martinique* lui appartiennent; et cependant les *gens de couleur libres* de ces deux colonies ne jouissent pas encore des droits que la Charte semble garantir à tous les sujets de Sa Majesté. Quelle peut en être la cause? Est-ce qu'on nous donnerait pour raison que ce sont les lois mêmes du pays qui les privent des droits qu'ils réclament? Mais n'avons-nous pas vu, en France, à une époque peu reculée de nos jours, la sagesse de nos rois faire disparaître, avec les abus de la féodalité, toutes les lois iniques (2) qui opprimaient une partie de la nation? Pourquoi ne ferait-on pas dans nos colonies ce qui a été fait en France? Est-ce que les préjugés, dont la législation portait jadis l'empreinte, auraient en Amérique une source plus sacrée qu'en Europe?

Depuis l'heureux avénement de Sa Majesté au trône de ses ancêtres, des commissaires ont été envoyés dans nos colonies d'Amérique à diverses époques; mais quel a été le résultat de leurs missions? Malheureusement elles n'en ont eu aucun jusqu'à ce jour : car la position des *gens de couleur libres* n'a point été améliorée; et l'avenir, qu'ils n'envisagent qu'avec effroi, ne leur promet encore que des jours pleins d'amertume et d'humiliation.

La caste privilégiée persisterait-elle à conserver ses révoltantes prérogatives? On ne devrait cependant pas oublier quelles ont été les funestes causes qui nous ont ravi la plus belle de nos colonies.

Il est donc essentiel de s'occuper du sort d'une classe aussi utile que laborieuse, et qui s'accroît de jour en jour. Les *gens de couleur libres* demandent donc, au nom de la justice et de l'humanité, la destruction des lois exceptionnelles qui

---

(1) Elle est imprimée à Paris, chez J. Mac Carty, quai des Augustins, n° 17, sous la date de 1823; le dépôt en a été fait à la direction de la librairie. L'auteur est un propriétaire blanc de la colonie qui a vu les choses par ses yeux.

(2) Telles que la corvée, la main morte, etc.

les régissent, et qu'on leur donne une législation en harmonie avec l'état actuel de la civilisation.

On ne motivera pas, sans doute, sur leur origine, un déni de justice. Au reste, elle n'a rien qui puisse la rabaisser au-dessous de celle des flibustiers, des boucaniers, des engagés ou des hommes flétris par l'opinion (1), qui ont composé la primitive population blanche des colonies, et dont les orgueilleux descendans forment aujourd'hui la *caste privilégiée*. Afin de nous en convaincre, remontons à la source, et nous verrons si elle est aussi impure qu'on affecte de le croire. Les Européens, ne pouvant se multiplier dans le climat insalubre des Antilles, se virent forcés de remplacer, par des esclaves exportés d'Afrique, les indigènes qu'ils avaient massacrés. Plusieurs de ces esclaves obtinrent, par la suite, la liberté : les uns, comme une récompense due à une conduite honorable, et les autres en se rachetant eux-mêmes du produit de leurs épargnes. Confondus avec les enfans issus de races européenne et africaine, ils formèrent la classe de *gens de couleur libres*, dénomination qui comprend toutes les nuances, depuis le Blanc jusqu'à l'Africain.

Cette classe, d'abord insignifiante, ayant progressivement acquis de l'importance, devint l'objet d'injustes préventions ; et les Blancs, à qui elle devait en partie son origine, ainsi qu'on vient de le démontrer, la flétrirent par des lois aussi haineuses qu'impolitiques, lois sous le poids desquelles elle gémit encore.

L'exposé de l'origine des *gens de couleur libres* nous mène naturellement à faire connaître le système d'injustices et d'oppression dont ils se plaignent, persuadés que le gouvernement, dont ils réclament la justice, n'a besoin que d'être éclairé pour leur faire droit. En effet, comment supposer qu'il tolérerait que ces mêmes *gens de couleur libres*, qui jouissent en France des droits civils et politiques, soient condamnés à des distinctions iniques, dans le lieu même de leur naissance, dans le lieu où l'Européen flétri va souvent trouver l'impunité, et augmenter le nombre des privilégiés.

Au reste, qu'a-t-on à leur reprocher dans les colonies ? Leur conduite y défie la censure ; ils puisent dans la religion le mobile de leurs actions ; ils sont soumis aux lois, et connaissent les règles immuables de l'honneur, dont ils ne s'écarteront jamais ; voilà leur profession de foi ! Que l'on nous dise

---

(1) Il est dit dans les Annales du conseil souverain de la Martinique, que la plupart des Européens qui composaient la première colonie de cette île étaient des va-nu-pieds, et les autres des échappés des prisons ; qu'ils se livraient à l'ivrognerie, etc.

maintenant pourquoi on les prive des droits que l'on accorde aux Indiens dans nos colonies d'Asie (1). On ne poussera pas sans doute l'absurdité jusqu'à donner pour motif les nuances du teint ou la forme des traits africains.

Ainsi, ce n'est donc plus qu'à la Martinique et à la Guadeloupe que se fait sentir l'influence du préjugé de la naissance ou de la couleur : influence qui a été reconnue si injuste et si pernicieuse dans différentes contrées, et surtout en France, où le roi, dans le calme d'une profonde sagesse, l'a anéantie en nous donnant le Code immortel de nos lois. Aujourd'hui, tout Français, quel qu'il soit, trouve dans la Charte un asile inviolable contre les vexations de l'homme puissant, et peut, avec des vertus ou des talens, arriver aux premières charges de l'Etat. Mais il n'en est pas de même d'une partie des sujets de Sa Majesté en Amérique : ils y sont tout à la fois exclus des emplois honorables, et exposés à tous les caprices et à toutes les avanies de la *caste privilégiée*, qui redoute leur industrie et leur intelligence.

Si nous entrions dans les détails sur les distinctions ignominieuses auxquelles ils sont condamnés, nous verrions les *hommes de couleur libres* qui, marchant à la tête de nos bataillons, ont vaincu à Lodi, Marengo, Austerlitz, Jéna, etc.; nous les verrions, ces guerriers dont le bras a sauvé la patrie, impunément abreuvés d'humiliations s'ils osaient aller saluer leur toit paternel?

On a sans doute de la peine à concevoir comment cette caste, dont l'origine et les prérogatives n'ont pas une source fort glorieuse ni fort respectable, ose afficher dans nos colonies de si hautes, de si ridicules, et souvent de si iniques prétentions. Cependant, rien de si ordinaire que de voir ceux qui la composent exercer les plus basses vengeances, persécuter, par les plus dégoûtantes vexations, les *gens de couleur libres*, et s'enorgueillir de l'impunité que leur assurent leurs priviléges, et que leur accordent les tribunaux, qui ne savent guère qu'absoudre ou excuser.

On pourrait supposer, d'après ce que nous venons de dire, qu'il n'y a jamais eu de lois protectrices dans nos colonies; il n'en est cependant pas ainsi, et les premières ordonnances (2),

---

(1) L'Américain indigène possède tous les droits civils et politiques, et obtient même des titres de noblesse. A Saint-Domingue, les *hommes de couleur* sont les premiers magistrats de l'Etat. Ils jouissent de tous les droits civils et politiques dans les colonies espagnoles régénérées; de tous les droits civils et d'une partie des droits politiques dans les Antilles anglaises.

(2) Édit du roi de 1642, article XIII : « ... Voulons et ordonnons que les descendans des Français habitués esdites iles, et même les sauvages convertis à la foi chrétienne et en feront profession, soient censés et réputés na-

nous nous plaisons à l'avouer, que fit pour les colonies l'autorité suprême, qui n'avait pas encore été influencée par le féodalisme des colons, portaient en elles-mêmes l'empreinte d'une prévoyante sollicitude ; et, malgré qu'elles eussent à statuer sur des objets étrangers aux coutumes de l'Europe, il y régnait un fond d'équité inséparable des lois qui émanent directement du trône.

Si l'esprit de ces sages institutions eût été respecté, et qu'on eût édifié sur leur base les accessoires administratifs, en se conformant toutefois aux besoins du siècle, on aurait évité les fausses interprétations, qui, en rendant louches et ambiguës les lois dont le sens était le plus clair, n'ont fait que favoriser les empiétemens astucieux de l'iniquité. Mais au lieu d'élaguer de ces ordonnances ce qui avait pu devenir défectueux par la succession des temps, on les a rendues méconnaissables par des additions pernicieuses et souvent contradictoires ; de sorte que l'on n'a aujourd'hui qu'un amalgame incohérent de jurisprudence, qui semble fait pour prêter un nouvel appui à la chicane, et ouvrir la voie à toutes sortes d'exactions.

D'après ces premières ordonnances (1), les colons et les hommes de couleur libres affranchissaient de droit une esclave en l'épousant, et lui transmettaient, ainsi qu'aux enfans, leurs droits et leur fortune (2). Ils avaient en outre, les uns et les autres, la faculté de tester en faveur des enfans qu'ils avaient eus hors de mariage, et même en faveur de la mère, fût-elle esclave. Rien de tout cela n'existe de nos jours. Par les mêmes ordonnances, les colons et les hommes libres pouvaient réciproquement hériter les uns des autres ; mais, par un arrêté de 1726, arrêté qui a été sanctionné de nouveau par le conseil souverain, lorsque le Code fut proclamé dans nos colonies, les *gens de couleur libres* furent privés du droit d'hériter des *blancs*, tout en conservant celui de tester en leur faveur (3).

Mais comme les lois, ainsi que le démontre l'expérience, n'obligent les hommes qu'autant qu'elles sont basées sur la justice, et conformes aux vœux de la nature, l'*homme blanc*, qui n'a pas

---

turels Français, capables de toutes charges, honneurs, successions et donations, ainsi que les originaires et régnicoles, sans être tenus de prendre lettres de déclaration ou naturalisés.

(1) Voir l'ordonnance de 1685, art. IV, IX, LVI, LVII, LIX, etc.
(2) Par une ordonnance de 1777, les nobles qui avaient épousé des femmes de couleur continuaient de transmettre à leurs enfans le titre de *blancs*, il est vrai ; mais ils furent privés de la faculté de leur transmettre leurs titres de noblesse ; ce qui avait eu lieu auparavant sans difficulté, surtout jusqu'en 1704.
(3) Voir une délibération du conseil du 7 novembre 1805, art. III, ainsi que la déclaration du roi de 1726.

été endurci ou dégradé par le préjugé, fait tous ses efforts pour soustraire ses *enfans de couleur* aux rigueurs de l'arrêté cité plus haut. Il emploie donc le seul moyen qui lui reste, et qui consiste à déposer entre les mains de l'*homme de sa classe*, dont la probité lui inspire le plus de confiance, les bienfaits qu'après sa mort il destine à une famille infortunée que les lois lui ordonnaient de méconnaître. Mais ce n'est qu'en tremblant qu'un père abandonne à autrui le sort de ses enfans. Les nombreuses infidélités dont il a été témoin, les victimes qu'il a vu dépouiller impunément par d'iniques mandataires, viennent l'effrayer sur l'avenir des siens. Tout redouble ses alarmes à l'instant même d'aller paraître devant l'Éternel, où il rendra compte de ce qu'il a fait pour ceux qui lui doivent l'existence. En effet, que de blancs n'a-t-on pas vus, aux colonies, non-seulement détourner à leur profit le dépôt sacré que leur avait confié un père mourant, mais ravir encore la liberté des victimes dont ils s'étaient approprié la fortune !

Parmi les nombreuses infidélités dont se sont rendus coupables les mandataires des *fidéi-commis*, nous n'en citerons qu'une seule ; elle est devenue publique par un arrêt, ainsi nous ne craignons pas de la rapporter.

Un riche célibataire avait deux filles naturelles. Cédant à l'impulsion de son cœur, il voulut leur faire du bien, ainsi qu'à une négresse, mère de l'une d'elles.

Mais il ne put, d'après l'édit que nous avons cité, leur léguer directement ses bienfaits. Il choisit donc celui de ses amis dont l'intégrité paraissait le mieux reconnue. Il l'institua son légataire universel, sous la condition expresse qu'il donnerait la liberté aux trois personnes dont il vient d'être question, et qu'il leur remettrait fidèlement les bienfaits que leur destinait un père mourant. Le légataire universel jure d'accomplir toutes les obligations qu'on lui impose, et recueille la succession du défunt, même au préjudice d'un cousin. Il n'exécute aucune des conditions qui lui avaient été dictées à l'égard de ces trois femmes, meurt et transmet à son frère sa fortune, celle de son ami, et les trois malheureuses qui étaient encore dans la plus cruelle incertitude. L'avidité de ce dernier ne les y laissa pas long-temps. A peine entré en jouissance, il s'adresse à l'autorité, et sollicite l'autorisation de les vendre à son bénéfice aux enchères publiques. Il l'obtient, et à l'heure qu'il est, ces trois victimes gémissent dans la servitude et l'opprobre, et courbent un front humilié devant leur orgueilleux spoliateur (1).

A quelle législation peut-on comparer cette barbare dispension des droits ? A quelle époque faut-il remonter pour en trou-

---

(1) Voir une décision coloniale du 28 juin 1808.

ver des exemples semblables, si ce n'est dans ces temps horribles où la féodalité se faisait gloire de ses violences, et se parait impudemment des dépouilles du faible? Ah! qu'il nous soit permis d'espérer des jours plus heureux, d'espérer que l'on arrêtera enfin le cours de ces iniques spoliations, et que, tout en s'occupant du bien-être des colons *blancs*, on ne méprisera pas les justes plaintes *des gens de couleur libres*. Nous en conjurons *l'auguste dispensateur* de l'autorité suprême, en qui notre confiance est aussi grande que notre amour pour sa personne sacrée. Nous en conjurons celui qui fait bénir son nom à trente millions de Français, et admirer sa sagesse au reste de l'univers.

Le lecteur ne pourra sans doute s'empêcher de demander quelles sont les fortes raisons qui nécessitent le maintien d'ordonnances aussi rigoureuses et aussi contraires à la justice et à l'humanité. On redoute que les *gens de couleur libres* deviennent puissans et heureux; voilà la seule qu'on ait à donner. Pour les tenir plus sûrement dans la misère et l'opprobre, on a fait des lois qui les excluent de toutes les professions honorables ou lucratives. Ainsi, un homme de couleur ne peut être avocat, notaire, médecin, chirurgien, pharmacien, orfèvre, horloger, charpentier, menuisier, serrurier, maçon, etc., etc., etc.

Les injustices et les vexations, dont on les accable, ne se bornent pas à cela : il ne leur est permis que de vendre en détail ce qu'ils achètent en gros : mesure pleine de prévoyance, qui les empêche de faire d'heureuses spéculations. On a encore porté plus loin le désir de les humilier : on a été jusqu'à faire des lois somptuaires par lesquelles un genre particulier d'habillement leur est prescrit, et des amendes leur sont infligées lorsqu'ils ne s'y conforment pas exactement (1).

La plupart de ces ordonnances sont tombées en désuétude, il est vrai; voici comment : Les Anglais s'étant emparés de la Guadeloupe et de la Martinique, soit par politique, soit par humanité, jugèrent à propos de contribuer au bien-être des *gens de couleur libres*, qui, pleins d'activité et d'intelligence, profitèrent rapidement de l'occasion. Les uns embrassèrent donc une partie des professions qu'il leur avait été jusqu'alors défendu d'exercer, et les autres firent des entreprises commerciales qui leur réussirent; enfin l'aisance naquit tout-à-coup parmi eux. Quant aux lois somptuaires, elles cessèrent d'être exécutées, du moins en grande partie, ainsi qu'on doit le supposer.

Lorsque ces colonies furent rendues à la France, les *privilégiés* auraient voulu, nous n'en doutons pas, faire revivre

---

(1) Voyez les ordonnances du 3 janvier 1720, du 7 septembre 1754, du 31 juillet 1765, et du 1er novembre 1809.

toutes les ordonnances dont les *gens de couleur libres* avaient secoué le joug. Mais l'habitude exerçait déjà un si grand ascendant, qu'ils furent probablement effrayés des funestes conséquences qu'entraînerait toute mesure violente.

Ainsi, nous l'avouons, la plupart des ordonnances dont se plaignent les *gens de couleur libres* ne sont pas toujours exécutées, quoiqu'elles existent de droit. Mais pourquoi ne pas les anéantir, puisqu'on peut les violer impunément? Pourquoi laisser subsister un épouvantail de lois dont on redoute à chaque instant l'arbitraire exécution?

Si, quittant les villes, nous nous transportons dans les campagnes, nous n'y trouverons pas moins d'abus. Rien n'y protège l'homme de couleur libre. Sa propriété convient-elle à un *colon blanc*, il doit la lui céder ou s'attendre à voir ses champs impunément ravagés. C'est alors qu'abandonné des tribunaux, et semblable au frêle roseau, il est obligé de plier à tous les vents des ambitions locales.

Enfin les annales de nos colonies ne sont remplies que d'actes arbitraires, de vexations et de crimes impunis des *privilégiés*. Parmi cette foule de faits, qui déshonorent l'humanité, nous en citerons deux ou trois pris au hasard.

On n'a pas encore oublié ce *colon* brutal et avide qui, convoitant la propriété d'un *homme de couleur libre*, la fit ravager impunément par ses troupeaux, sous prétexte que ses offres d'achat avaient été refusées, et le réduisit pour ainsi dire à la mendicité.

Tout le monde sait qu'un *commandant* de quartier a fait rayer un jeune homme de la compagnie dans laquelle il servait depuis sept ans, pour obtenir la liberté ; que le même jeune homme, s'il veut devenir libre, doit se soumettre à huit autres années de corvées et d'épreuves. Quel crime avait-il donc commis, pour être ainsi privé du fruit de sept ans de travail? Sa mère infortunée avait une génisse pour toute fortune, et avait refusé de la vendre à une *privilégiée*, parente du susdit *commandant*.

Parlerons-nous de cet *homme de couleur libre* assassiné dans une assemblée nombreuse par un *blanc*, sans motif, ou du moins sans provocation, et qui, du fond de son tombeau, nous apparaît comme un nouvel *Uri?* Comment l'assassin a-t-il été puni? Après une année d'absence, il est rentré chez lui en triomphateur, et a été revêtu plus tard de la charge de commissaire-commandant de son quartier.

A quelle cause attribuer toutes ces atrocités? Aux lois d'exception, nous le répétons, par lesquelles on opprime les *gens de couleur libres*. Mais, nous dira-t-on, en 1805 le Code français a été introduit à la Guadeloupe et à la Martinique. Pour la caste privilégiée, oui sans doute ; mais les *gens de couleur libres* n'y participent presque à aucun de ses bienfaits. Au reste, veut-on savoir comment la justice est administrée à leur égard? nous allons citer des exemples.

Une femme de couleur, nommée Sophie, ayant obtenu sa liberté, ainsi que celle de ses enfans, usa des droits que son nouvel état lui donnait. A force de travail, d'intelligence et d'économie, elle put acheter une propriété que des contrats de vente bien stipulés, bien cimentés, devaient lui assurer irrévocablement. Mais on va voir comment les choses se passèrent. Le colon qui avait accordé la liberté à Sophie, en se conformant à toutes les formalités voulues, étant mort, un cousin vint pour en recueillir la succession. Sa sordide avidité l'engagea à réclamer la propriété que cette femme avait achetée depuis qu'elle était libre, et même du vivant de son ancien maître. On s'imagine que la cour de justice rejeta une demande aussi inique que révoltante; pas du tout : elle conclut que Sophie, n'ayant pu, depuis qu'elle était libre, gagner assez pour acheter ce qu'elle possédait, elle avait dû nécessairement voler son ancien maître pour faire cette acquisition. Ainsi la cour de justice, par un arrêt aussi inattendu qu'inexplicable, dépouilla cette malheureuse de sa propriété, et la donna à celui qui ne put la recevoir qu'en violant toutes les lois divines et humaines. L'infortunée mourut quelque temps après de chagrin et de misère, et ses enfans sont réduits à la mendicité. Nous le demandons, où est l'article du Code qui prescrit à un tribunal de rechercher par quels moyens un individu quelconque a pu faire des achats?

Mais si le lecteur allait supposer que le tribunal, ayant consulté la voix publique, ne dépouilla Sophie de sa propriété qu'après s'être convaincu, par la déposition de témoins oculaires, qu'elle l'avait acquise par des voies injustes, le fait suivant le tirera de son erreur.

Une *femme libre de couleur* acheta, il y a trente ans, une propriété foncière, qu'elle paya exactement, et de laquelle des contrats stipulés en bonne et due forme lui assuraient la tranquille possession. Elle en jouit en effet sans contestation, et la laissa en mourant à sa fille qui ne fut également inquiétée en aucune manière, et qui, à son tour, la transmit à ses enfans. Mais les choses changèrent alors de face. Un *blanc*, chargé d'une tutelle par un motif que nous ne voulons pas approfondir, eut l'ingénieuse idée de les attaquer en déguerpissement. Il donna donc pour prétexte que leur aïeule n'avait pu acheter une propriété qu'avec l'argent qu'elle avait sans doute soustrait au grand-père de ses pupilles, avant que celui-ci l'eût affranchie. Ainsi il demanda que cette propriété fût adjugée *aux enfans blancs mineurs* qu'il représentait. On suppose qu'une assertion aussi gratuite, assertion qu'il était impossible d'étayer de la moindre preuve, et qui flétrissait la mémoire d'une femme descendue dans la tombe depuis vingt-cinq ans, dut attirer au moins des réprimandes à celui qui en était l'auteur, d'autant plus qu'il existait des titres authentiques par lesquels rien ne pouvait priver ces *enfans de couleur libres* d'une propriété dont leurs ancêtres avaient joui pendant trente ans sans contestation quelconque. Qu'arriva-t-il? l'homme à *priviléges* fit annuler ces titres, s'empara de la propriété au nom de ses pupilles; et les *héritiers légitimes*, qui ont été dépossédés, finiront indubitablement leur existence dans la misère et les larmes.

Mais les abus révoltans sur lesquels nous avons à gémir ne se bornent pas à ceux que nous venons de retracer. Il existe dans nos colonies des milliers d'individus de *couleur*, placés dans une catégorie d'esclavage et de liberté vraiment effrayante (1). Combien n'a-t-on pas vu de ces *demi-libres* qui, pour n'être pas vendus par le gouvernement en qualité d'*épave* (2), sont forcés de se faire inscrire parmi les esclaves d'un homme libre, dont la mauvaise foi lui ravit souvent les moyens d'obtenir la liberté, ou la mort le livre à un héritier qui, foulant aux pieds les lois de la justice et de l'humanité, s'arroge le droit de les vendre comme esclaves, lui et ses enfans.

Les *semi-libres* ont deux voies, il est vrai, pour obtenir du gouvernement la ratification de leur liberté; l'une consiste à l'acheter, et l'autre à servir pendant huit ans parmi les pionniers, d'où sont nécessairement exclus les enfans, les vieillards et ceux qui manquent de protecteurs. Mais comment l'acheter cette ratification? Elle coûtait six cents livres coloniales sous M. Béhague; et si le général Rochambaud réduisit cette somme, elle fut, par une ordonnance ministérielle de 1805, non-seulement fixée de 1,500 à 4,000 livres; mais, qui plus est, d'après cette même ordonnance, le capitaine-général Vilaret-Joyeuse, au mépris des choses faites et exécutées, annula toutes les libertés obtenues sous le général Rochambaud; libertés qu'avait respectées le gouvernement anglais, et qu'avait sanctionnées un laps de treize années; et tous ceux à qui il fut impossible de donner les 1,500 ou 4,000 livres, furent vendus comme *épaves* aux enchères publiques.

---

(1) Les enfans issus d'un homme libre et d'une femme esclave sont libres par cela même qu'ils n'ont point de maître. Cependant ils sont censés être esclaves tant que le gouvernement n'a pas ratifié leur liberté, et peuvent par conséquent être vendus comme *épaves*.

(2) On appelle *épave* celui qui n'a point de maître, et dont la liberté n'a pas été ratifiée. Le gouvernement fait vendre à son bénéfice les personnes qui sont dans cette catégorie.

On suppose sans doute que cette rétribution exorbitante n'a été créée que par des vues politiques. Mais était-il bien éclairé ce gouvernement qui, en s'opposant à l'émancipation des *gens de couleur*, se privait des ressources industrielles et financières qu'il aurait infailliblement trouvées chez une classe laborieuse, qui, liée par la reconnaissance, se serait entièrement dévouée à sa cause, et aurait puissamment contribué à sa prospérité ?

Si de ces graves considérations nous descendons aux réglemens de la police subalterne, nous y verrons dominer le même esprit de haine et d'injustice, et beaucoup plus de petitesse et de ridicule. Une police malveillante et souvent perfide y épie jusqu'aux démarches les plus insignifiantes des *gens de couleur libres*. Si nous disions qu'il est défendu de les qualifier de *sieur* et *dame* (1), et qu'il ne leur est pas permis de se réunir en famille, de rire, chanter, danser, célébrer un mariage ou une naissance (2), sans la permission du procureur du roi, on ne verrait que du ridicule dans une mesure aussi étrange. Mais on sera forcé d'y voir autre chose, lorsqu'on saura qu'il y a une amende de 300 liv., et contre celui qui aura proposé la réunion, et contre le maître de la maison où elle aura eu lieu, et une de 100 livres contre chacun des assistans. Comme il est des personnes qui pourraient s'imaginer que les *gens de couleur libres* sont traités avec indulgence dans ces circonstances, ainsi que dans d'autres, nous leur dirons qu'il existe une dépêche ministérielle de M. le comte de la Luzerne, du 3 juillet 1788, qui ordonne aux administrateurs de la Guadeloupe de mettre fin à l'avidité des *juges*, qui imposent des taxes exorbitantes, et s'attribuent la plus grande partie du produit des confiscations.

Si nous continuons à nous occuper des odieuses distinctions auxquelles les *gens de couleur libres* sont condamnés, nous les verrons exclus de certaines places, de certaines promenades publiques; nous les verrons relégués dans les salles de spectacles parmi leurs domestiques, avec qui il leur est cependant défendu de se trouver en public, sous peine de fortes amendes; de boire ou manger, s'ils sont esclaves, sous peine d'être chassés de la colonie. Si du spectacle nous entrons à l'église, nous y verrons nos *humbles* et *pieux privilégiés* étaler leur morgue jusqu'aux pieds des autels, et n'en permettre l'approche aux *gens de couleur libres* qu'après s'être retirés eux-mêmes. Mais sortons du lieu saint, et transportons-nous

---

(1) Voyez l'arrêt du conseil souverain du 6 novembre 1781.
(2) Voyez l'ordonnance de 1783, et celle du capitaine-général Vilaret-Joyeuse, sur la police.

sur le champ de bataille colonial ; nous y verrons *les gens libres*, qui forment la majeure partie de la milice, voler où le danger les appelle, combattre vaillamment, recevoir de graves blessures, se traîner jusqu'à la porte des hôpitaux, et en être impitoyablement chassés par les *privilégiés*, qui seuls y sont admis, et dont ils viennent de défendre les propriétés.

On serait presque tenté de s'imaginer qu'une classe qui est traitée avec tant d'injustice et de mépris, qu'une classe qui est exclue des lieux d'agrément et des établissemens utiles ou bienfaisans, ne paie aucune contribution. On ne sera donc pas peu surpris d'apprendre que les *gens de couleur libres* possèdent de vastes propriétés, font de grandes opérations commerciales, et ne sont pas les moins fortement imposés.

Nous venons de révéler des faits d'une injustice révoltante; nous aurions désiré n'avoir eu aucune plainte à faire contre les *privilégiés*, d'autant plus qu'il est parmi eux plus d'un homme de bien qui gémit sur le sort des *gens de couleur libres* (1). Mais nous avons dû déchirer le voile qui cachait

---

(1) M. DUBUC-DUFFERRET (André), *capitaine de frégate en retraite, chevalier de Saint-Louis, propriétaire à la Martinique*, vient de publier un projet d'amélioration coloniale, remarquable par la justesse des vues et la lucidité des idées. Dans cet opuscule, il s'élève contre cet ordre de choses qui met les intérêts privés en opposition avec les sentimens de l'humanité.

Il propose une caisse d'amortissement destinée à racheter des esclaves qui seraient, immédiatement après, déclarés libres par le gouvernement. Il cite l'article 59 de l'ordonnance de 1685, qui accorde aux *affranchis* les droits et prérogatives dont jouissent les *colons blancs*. « Pourquoi, dit-il, refuserait-on, sous le prince le plus éclairé de l'Europe, ce que Louis XIV jugea à propos d'accorder ? »

M. Dubuc-Dufferret a géré, pendant seize ans consécutifs, sa propriété à la Martinique. Il a eu à son service des charpentiers européens, des ouvriers créoles de toutes espèces, et n'a eu aucun sujet de mécontentement ni des uns ni des autres. (La raison en est fort simple, c'est que M. Dubuc-Dufferret est plein de droiture et d'humanité.)

Il propose, en outre, que le gouvernement ratifie sans frais les émancipations faites par les colons ; qu'on établisse des écoles gratuites pour former les jeunes affranchis ; que toute punition corporelle soit absolument défendue à l'égard des esclaves. Enfin, après avoir présenté quelques autres vues administratives, et fait sentir que les intérêts des colons ne sauraient être compromis « si nos colonies étaient cultivées par des mains affranchies et in-
» téressées, non-seulement à en maintenir, mais à en accroître la prospérité, »
M. Dubuc termine ainsi :

« Comme je suis particulièrement intéressé à la conservation des colonies
» françaises, les catastrophes dont la Martinique est depuis quelque temps le
» théâtre, me font *une loi* d'avertir publiquement, d'après mon expérience
» du caractère de l'Africain, que ce ne sera jamais par la *sévérité* du régime
» et par des *supplices* que l'on parviendra à lui faire vouloir la *prospérité*
» de son *maître* ; l'on y réussira bien plus efficacement en le faisant partici-
» per, par les moyens que j'indique, ou par d'autres analogues, aux profits
» d'une administration *juste* et *paternelle*. Le succès serait bien plus assuré
» si le gouvernement français, *s'éclairant sur ses véritables intérêts*, rela-

tant d'iniquités, afin que le gouvernement, sentant la nécessité d'en arrêter le cours, anéantît cette monstrueuse nomenclature d'ordonnances tout à la fois contraires au bien général et outrageantes envers les particuliers, ordonnances qui ne sauraient continuer d'être applicables aux *gens de couleur libres*, sans qu'on violât à leur égard tous les droits de la nature.

Ainsi, il résulte de tout ce qui précède que le gouvernement doit, dans sa justice et sa sagesse, leur donner une législation conforme à leurs mœurs, appropriée à leurs besoins, et digne du siècle qui a vu proclamer la *Charte*. Les *gens de couleur libres* s'adressent donc avec confiance au gouvernement de *Sa Majesté*, parce que leur conduite a toujours été irréprochable, quoiqu'on ait tout fait pour les pousser au désespoir. Ils osent lui représenter, comme un point essentiel et indispensable à leur bonheur, que l'exécution des nouvelles lois ne soit confiée qu'à des hommes probes, honnêtes et désintéressés, amis de l'ordre et ennemis des vexations ; et que les délégués de l'autorité n'aient à regarder les *gens de couleur libres* que comme de fidèles et loyaux sujets, qui, supportant les mêmes charges, et concourant de toutes leurs facultés à la prospérité de la mère-patrie, doivent jouir sans restrictions de tous les droits civils et politiques que la Charte accorde à tous les Français.

Au reste, sur quoi s'appuierait-on pour leur refuser la justice qui leur est due ? Viendrait-on nous répéter encore que la puissance des rois s'accroît de l'oppression des peuples ? Et c'est en France que l'on oserait tenir un pareil langage ! en France, où un roi ne se dit heureux que du bonheur de ses sujets ! On cherche, nous le savons, à effrayer le pouvoir ; on cherche à lui persuader que nous perdrons nos colonies à l'instant où les *gens de couleur libres*, possédant les droits qu'ils réclament, se glorifieront du titre de *Français*, et pourront, d'un hémisphère à l'autre, bénir le nom du monarque qui les aura affranchis des distinctions avilissantes auxquelles ils sont condamnés ! Nous ne répondrons pas à ces *prévoyans conseillers ;* l'absurde se réfute de soi-même.

Les *gens de couleur libres* de la Martinique et de la Guadeloupe, unis d'opinion, courbés sous le même joug, en butte aux mêmes outrages, et soupirant également après un meilleur avenir, ont enfin rompu un trop long silence. Ils pensent que les divers représentans nommés par les comités colo-

---

» tivement au commerce et aux colonies, sentait enfin qu'il lui est bien plus
» *avantageux* de les *enrichir* que de les faire servir de *proie* à une avide
» et aveugle *fiscalité ;* car ce ne sera jamais avec des colonies pauvres que le
» commerce national fera de *bonnes affaires.* »

niaux, ont dérobé au gouvernement la connaissance de leur véritable situation, et ne se sont occupés en tout que des intérêts des *colons blancs*, par qui ils étaient choisis. Ils auraient désiré faire présenter au roi une supplique signée d'eux tous; mais, craignant que les réunions qu'aurait nécessitées une semblable démarche ne fussent mal interprétées, et ne fournissent de nouvelles armes à la malveillance ou à la calomnie, ils se sont contentés de publier cet exposé, persuadés que, de quelque manière que les plaintes arrivent aux pieds du trône, elles fixeront les regards d'un prince éclairé, juste et magnanime.

N° XXXIX. *Lettre du Procureur du roi de Rochefort à M. Isambert, à Paris.*

Rochefort, 6 août 1824.

Monsieur, pour répondre, autant qu'il dépend de moi, aux nouvelles demandes que vous m'avez faites par votre lettre du 28 juillet dernier, j'ai l'honneur de vous informer que j'ai rendu compte de l'affaire des trente-neuf habitans de la Martinique, condamnés à la déportation au Sénégal, à M. le procureur-général près la Cour royale de Poitiers. C'est à ce magistrat que vous devez adresser désormais les réclamations que vous croirez nécessaires de faire dans l'intérêt de vos cliens.

Recevez, Monsieur, l'assurance de ma considération la plus distinguée,

Le procureur du roi,

RABOTEAU.

N° XL. *Lettre du secrétaire du conseil de l'ordre des Avocats aux conseils du Roi et à la Cour de cassation, à M. Isambert, avocat à la Cour de cassation.*

Paris, 3 juillet 1824.

Monsieur et très-honoré confrère,

Je suis chargé, par le conseil, de vous inviter à vous présenter à sa séance extraordinaire de lundi prochain, trois heures de relevée, pour vous expliquer sur l'insertion dans les journaux de votre lettre au président du conseil des ministres.

Je suis, monsieur et très-honoré confrère, votre très-humble serviteur,

Signé BUCHOT.

N° XLI. *A M. le Président par intérim de la section criminelle* (M. Ollivier.)

Paris, 5 août 1824.

Monsieur le président, puisque vous croyez devoir consulter la Cour sur la nomination d'un rapporteur, relativement aux déclarations de pourvoi, faites par six déportés de la Martinique, que vous avez eu la bonté de recevoir à l'audience du 29 juillet, permettez-moi de vous rappeler quelques précédens, et ce qui avait été réglé par M. le président *Barris*, dans des circonstances semblables ou analogues.

Ce grand magistrat avait reconnu que les formes prescrites par le Code d'instruction criminelle, pour la transmission des pièces, n'étaient pas applicables aux jugemens des colonies, où ce Code n'a pas été promulgué, ou aux juridictions exceptionnelles qui ne ressortent pas directement à la Cour.

Ainsi, relativement aux jugemens des conseils de guerre, il fut établi par lui, tout en maintenant la règle, que les pièces ne seraient reçues par le greffier que du parquet, par le moyen de la correspondance officielle du ministère, que les déclarations de pourvoi lui seraient présentées directement, et reçues au greffe après qu'il aurait mis le *committitur*. C'est ce qu'il a fait à plusieurs reprises, de sa main déjà défaillante, à l'égard des pourvois des 106 transfuges de la Catalogne, que j'eus l'honneur de lui porter moi-même.

Ici le cas est le même. Les six déportés attaquent, non pas un jugement ordinaire rendu dans les formes prescrites par le Code d'instruction criminelle, mais des arrêts émanés d'une juridiction extraordinaire, d'une véritable commission permanente établie à la Martinique. Ils l'attaquent pour incompétence, excès de pouvoir, et violation de toutes les formes de la justice.

Ils n'ont pu, dans leur déclaration, indiquer la date exacte des décisions qui les frappent, parce qu'elles ne leur ont pas été lues ni signifiées. Je viens de découvrir qu'elles sont du 27 décembre 1823 et jours suivans; mais je ne le sais pas officiellement, et c'est ce qui nécessite un arrêt d'apport de pièces. Leur pourvoi n'a pu être fait qu'en France, parce qu'ils ont été enlevés par la force, et qu'ils n'ont communiqué avec la terre, que depuis leur arrivée. Le 21 mai 1824, ils ont fait, au greffe du tribunal de Brest, une déclaration de pourvoi; mais cette pièce est en ce moment retenue au ministère de la justice. Voilà pourquoi leur déclaration du 23 juillet est qualifiée *itérative*, et pourquoi ils m'ont chargé de la présenter directement à la Cour ; cette Cour étant seule juge du mérite de cette déclaration.

J'avais cru d'abord que les décisions qui les frappent étaient des actes purement administratifs; mais Son Exc. le ministre de la marine a cru qu'elle ne pouvait se permettre de les réformer, parce qu'ils étaient des jugemens ; elle a donné à mes cliens la qualification de *condamnés*. Cette condamnation serait afflictive et infamante ; car il s'agit d'une *déportation* véritable, et non pas d'une simple mesure de police, ainsi que la Cour s'en convaincra, lorsqu'elle aura les décisions sous les yeux.

Si la Cour voyait quelque difficulté dans l'admission de ces pourvois, elle ne saurait les rejeter que par un arrêt rendu en audience publique et sur rapport.

Dans ce cas, je vous supplierai, M. le président, de vouloir bien m'accorder la parole, pour les défendre selon mon devoir; et, comme la question n'est pas sans difficulté, de m'accorder un seul jour pour me préparer. J'invoquerai encore, sur ce point, un précédent de M. le président Barris, dans l'affaire du lieutenant-colonel Caron, dont la requête ne fut rejetée que parce qu'elle n'avait pas été faite par le condamné en personne.

Daignez agréer l'hommage de mon profond respect.

N° XLII. *Lettre à M. le chevalier de Brevannes, conseiller d'État, rapporteur de l'affaire des déportés de la Martinique, au Comité de l'intérieur* (1).

Paris, 30 juillet 1824.

Monsieur le conseiller d'État, ne pouvant, dans une affaire non contentieuse, ou supposée telle, produire officiellement de mémoire, au comité de l'intérieur, dans l'affaire des déportés dont vous êtes rapporteur, permettez-moi de vous soumettre des réflexions importantes, et de vous prier de les faire valoir devant le conseil, pour éclairer sa religion.

Le conseil ne se croira peut-être pas en droit d'examiner si la décision du conseil spécial du gouvernement de la Martinique, est légitime au fond, et s'il y a eu conspiration véritable de la part des hommes de couleur ; ce que je nie de toutes les forces de mon ame, ce que M. Billecocq, dans sa consultation,

---

(1) On ignore quelle décision a été prise.

et ce que M. Chauveau-Lagarde, dans un mémoire qui a paru hier, nient également, d'après une intime conviction.

Le conseil partira de ce point qu'il existe une décision émanée d'une autorité compétente. Il se demandera quels peuvent en être les effets en France.

Supposé qu'il s'agit d'un jugement étranger (et les colonies sont un peu dans ce cas, car elles ont une autre constitution); le gouvernement français se croirait-il en droit de donner exécution à la déportation, en retenant ces individus sous l'autorité de sa police, ou dans ses prisons? Evidemment non; tous les auteurs du droit des gens vous disent que le pouvoir criminel d'un Etat ne s'étend pas au-delà de son territoire; celui que l'on voudrait frapper ainsi d'une mesure répressive, n'ayant pas offensé les lois du pays, ne peut être passible d'aucune pénalité; quel État voudrait se constituer le geôlier d'un autre État?

La question est modifiée, sans doute, parce qu'il s'agit de l'acte d'un gouvernement colonial placé sous la souveraineté du roi de France. S. M. doit protection aux actes de ce gouvernement, lorsqu'ils sont légitimés par les lois. Cela est vrai; mais alors il faut examiner avec soin la légalité de la décision qu'il s'agit d'attaquer, et ses effets légaux.

Or, en premier lieu, je soutiens que la colonie de la Martinique ayant été, par l'ordonnance du 12 décembre 1814, remise sous la protection de ses anciennes lois, il n'en existe aucune qui autorise les déportations sans jugement. Cela était pratiqué comme avant la révolution à l'égard des lettres de cachet; mais cela n'a jamais été légal.

Je soutiens, en deuxième lieu, que l'arrêté ministériel du 10 septembre 1817, n'a pu recevoir d'exécution que dans les colonies où, par une *loi* antérieure, la liberté individuelle était suspendue. En effet, cette décision particulière n'est point une loi, ce n'est qu'une instruction pour l'exécution d'une loi préexistante. Je crois qu'elle n'est pas revêtue de la signature du roi; quand même elle aurait cette signature, elle n'aurait pas la force et l'autorité d'une disposition législative; car, remarquez-le bien, l'article 73 de la Charte porte que les colonies seront régies par des LOIS, et non pas seulement par des réglemens. Or, la liberté est certainement matière législative.

En troisième lieu, et supposé que la liberté individuelle dans la colonie de la Martinique soit soumise au pouvoir discrétionnaire du gouvernement de l'île, il est évident que ce droit extraordinaire d'exception ne peut pas dépasser la nécessité, ni les bornes assignées à sa juridiction.

Du moment donc que les quatre négocians détenus à Brest, ont été éloignés de la colonie, avec défense d'y rentrer, le droit de l'autorité administrative a été épuisé.

A leur arrivée en France, ils étaient soumis à un autre ordre de législation, qui n'autorise point les mesures arbitraires.

Mais, dira-t-on, à la Martinique, on n'a pas prononcé un simple bannissement, mais une véritable déportation. Si on l'a fait, on a eu tort; la législation coloniale ne peut pas étendre sa juridiction jusqu'à la métropole; si l'arrêté du 10 septembre 1817 semble l'autoriser, c'est une erreur évidente. Le système qui régit les colonies, ne peut pas rétroagir sur le territoire national, où règne la liberté individuelle. Autrement et par un ordre publié dans les colonies, on pourrait flétrir les citoyens de la métropole et de la colonie, confisquer leurs propriétés, etc.

En quatrième lieu, je soutiens qu'aucun fonctionnaire français ne peut, sans compromettre sa responsabilité, et sans s'exposer aux poursuites autorisées par le Code pénal, art. 119, retenir en prison des individus qui ne sont pas *légalement* condamnés.

Mais, dira-t-on, que faut-il donc faire? Les renverra-t-on au Sénégal? On ne le peut à l'égard de ceux qui n'ont pas été déportés nominativement par la décision que le conseil examine; ce serait changer la peine, ce serait l'aggraver. Or, j'en suis sûr, il n'est pas un des membres du conseil qui croie avoir reçu du roi ce pouvoir, ou qui croie pouvoir conseiller au ministre de le prendre.

Si la décision est inexécutable en France, on ne peut que les mettre en liberté, en leur laissant la faculté d'y réaliser leur fortune, et d'y vivre à l'abri de ses lois, ce qui permettrait à ces malheureux de réparer leurs pertes; ou de se rendre à Saint-Domingue, ou dans les colonies voisines, afin de se réunir à leurs familles.

Mais, dira-t-on, si on les met en liberté, ils peuvent retourner à la Martinique, et le salut de la colonie s'y oppose. Je crois qu'il n'y a de salut pour la colonie que dans la justice, et que le gouvernement français, en favorisant l'esprit brouillon et insurrectionnel des blancs, aliène le cœur de sujets fidèles, et prépare de grands malheurs; mais pour répondre à l'objection, je dirai que si les déportés enfreignent leur ban, ils seront punissables. Reconnaître qu'ils peuvent l'enfreindre sans encourir aucune peine, serait reconnaître que la mesure de déportation a été illégale.

J'espère donc que le comité, pour répondre aux intentions de S. E., exprimera l'avis qu'aucune loi n'autorise la détention en France d'individus frappés d'une mesure extrajudiciaire, et que leur mise en liberté seule peut mettre la responsabilité du ministre à couvert.

Veuillez me pardonner ces réflexions; elles me sont dictées par un devoir sacré et impérieux. Je n'abandonnerai jamais des innocens, qui ont placé dans moi, et dans la justice de leur cause, toutes leurs espérances.

Daignez agréer, monsieur le conseiller d'État, l'expression de mon respect.

N° XLIII. *Extrait de la citation donnée à la requête de MM. Eriché, Millet, Laborde et Thébia, aux sieurs comte de Mauny, conseiller auditeur à la cour de la Martinique, à l'éditeur responsable du Drapeau blanc, au comte de Caqueray-Valmenier, ancien procureur-général et député de la colonie, et à madame Agasse, éditeur responsable du Moniteur, en parlant à leurs personnes.*

12 août 1824.

Attendu, en ce qui concerne M. le comte de Mauny, que par une lettre signée de lui, insérée au Drapeau blanc du 24 juillet, il s'est permis de dire que les déportés de la Martinique, du nombre desquels sont les exposans, étaient des *coupables*, qu'une *procédure a été instruite* contre eux, *que les formes ont été observées* à leur égard, qu'ils sont des *condamnés* subissant une *peine* légale, et qu'en se servant des expressions suivantes: *En 1824, quelques jours de plus, et les massacres de Saint-Domingue recommençaient*, M. de Mauny impute aux requérans des crimes qui font horreur, tandis qu'il sera prouvé que ceux qui sont l'objet des calomnies de M. de Mauny, ont défendu, au péril de leur vie, la personne et la propriété des blancs ou créoles de la Martinique.

En ce qui concerne M. le comte de Caqueray-Valmenier :

Attendu que par un article inséré dans le Moniteur du 27 juillet, il s'est permis de traiter les *requérans de factieux*, que l'on se plaisait à qualifier ridiculement de missionnaires, de les traiter de conspirateurs qui s'étaient partagés les places des principaux fonctionnaires de la colonie, et de dire, sans preuves, que l'exécution du complot devait avoir lieu à la Martinique, le 25 décembre, et qu'il n'a manqué son exécution que par l'arrivée à Saint-Pierre d'une compagnie d'artillerie venant de France ;

Que par ces écrits, les sieurs comte de Mauny et Caqueray-Valmenier, ont imputé aux requérans des crimes, punis par les lois pénales de la peine capitale, et qu'ils sont dans l'impossibilité de rapporter à l'appui de leur assertion, en ce qui concerne les déportés, aucun jugement ou preuve légale ;

Ce qui constitue au plus haut degré le délit de diffamation, prévu par l'article 18 de la loi du 17 mai 1819;

Et en ce qui concerne les éditeurs responsables du Drapeau

blanc et du Moniteur, qui par leur caractère semi-officiel donneraient créance à des calomnies aussi atroces ;

Attendu qu'en publiant ces lettres, ils se sont rendus les instrumens et les complices du délit.

Se voir les susnommés condamnés solidairement et par corps à 100,000 francs de dommages-intérêts envers les requérans, aux frais de l'affiche du jugement à intervenir au nombre de dix mille exemplaires, et aux dépens; sauf au ministère public à requérir, dans l'intérêt de la vindicte publique, les peines corporelles et les amendes établies par la loi.

Déclarent les requérans, se porter partie civile sur la présente citation.

N° XLIV. *Lettre de S. A. R. le duc de Glocester au défenseur des déportés.*

Londres, 4 août 1824.

Monsieur Stephens a reçu les ordres de S. A. R. M. le duc de Glocester de remercier M. Isambert, de ce qu'il a bien voulu envoyer à S. A. R. la brochure intitulée : « *Mémoire pour les déportés de la Martinique*, » et de lui témoigner combien S. A. R. est sensible à son attention, et admire le zèle qu'il a déployé, et les sentimens que M. Isambert a si bien exprimés dans une cause si importante pour le genre humain.

Glocester-House, London, le 4 août 1824.

N° XLV. *Lettre au nouveau président de la section criminelle de la Cour de cassation.*

Paris, 19 août 1824.

Monsieur le Comte, le 29 du mois dernier j'ai présenté à la Cour par l'huissier de service, deux actes passés, l'un au greffe du tribunal de Brest, l'autre au greffe du tribunal de Rochefort, contenant déclaration de pourvoi en cassation, par six individus déportés de la Martinique.

M. le président, par intérim, m'a remis ces pièces, en me faisant observer que ces déclarations ne contenaient pas la date de l'arrêt de condamnation, ni la qualification de la juridiction dont il émane. Cela est vrai ; mais c'est la faute des juges et non des condamnés : l'arrêt ne leur a pas été lu ni procuré ; nous croyons que la décision est du 27 décembre 1823, et qu'elle émane d'une commission judiciaire ; mais, pour savoir ce qu'il en est, et si la Cour de cassation est compétente, il faut un arrêt d'apport de pièces, comme dans l'affaire des cent six transfuges.

En attendant, un rapporteur doit être nommé sur le dépôt de ces déclarations, et arrêt doit être rendu en audience publique, après plaidoirie. Le défenseur n'est pas le maître de supprimer les déclarations de pourvoi, et la Cour ne peut pas y statuer à *huis clos* et *verbalement*.

J'invoquerai à cet égard un précédent remarquable, émané d'un magistrat qui a laissé dans la Cour de si grands souvenirs, et dont on connaît la sévère exactitude dans le maintien des formes. J'avais l'honneur de lui présenter la requête du sieur Caron. M. Barris eut la bonté de me répondre, par écrit, de Mont-Rouge, le 29 septembre 1822, en ces termes :

« Il ne peut être nommé de rapporteur que sur les affaires » dont la Cour est légalement saisie.

» Elle n'est saisie que par une déclaration de pourvoi, faite » conformément à la loi.

» Si l'article 424 du Code d'instruction criminelle autorise » les condamnés à déposer directement leurs requêtes au greffe » de la Cour, il suppose qu'un extrait en forme de pourvoi, » accompagne ces requêtes, ou a été antérieurement déposé » ou transmis.

» La requête du sieur Caron n'est point jointe à un acte de » pourvoi : si donc un acte de ce genre n'est pas parvenu au » greffe, l'enregistrement de la requête a été régulièrement » refusé par le greffier.

» Si M. Isambert insiste, il pourra s'adresser à la Cour jeudi » prochain ; elle en délibérera ; mais son président, agissant » individuellement et dans l'exercice de son autorité particu- » lière de discipline et de police, doit se renfermer soigneuse- » ment dans les formes légales et les formes d'usage.

» Il ne peut donc, dans l'état, commettre un rapporteur » sur la requête signée par M. Isambert.

» Mont-Rouge, le 29 septembre 1822. *Signé*, le président » Barris. »

D'après cette lettre, je demandai la parole à la Cour le 3 octobre. Elle me l'accorda ; ma requête fut de suite remise, par l'ordre de M. le président, à M. le conseiller Avoyne de Chantereyne, et il y eut arrêt.

J'invoque la même faveur, et ici je suis bien plus fondé. Il ne s'agit pas de la réception d'un arrêt informe, rédigé par l'avocat, mais d'une déclaration de pourvoi, faite par le condamné lui-même.

Si la déclaration est irrégulière ou nulle, la Cour le déclarera par un arrêt ; mais il est nécessaire, pour ma décharge, qu'il y ait arrêt sur le dépôt que je déclare faire dans vos mains des déclarations dont il s'agit. (*V*. l'article 1ᵉʳ du réglement du 4 prairial an VIII.)

Veuillez agréer, etc.

N° XLVI. *Réponse de M. le président de la section criminelle.*

Paris, le 20 août 1824.

Pour que la Cour entende un avocat sur une affaire, et, par conséquent, ordonne l'apport des pièces, il est nécessaire qu'elle soit régulièrement saisie.

Elle ne peut être régulièrement saisie, s'il s'agit d'un recours contre un acte émané des tribunaux du royaume, que par une déclaration faite conformément aux dispositions de l'art. 417 du Code d'instruction criminelle.

Si les mêmes formes ne sont point applicables aux recours formés contre les actes émanés des tribunaux de la colonie de la Martinique, parce que le Code d'instruction criminelle n'y est point en vigueur, pour que la Cour soit saisie d'un tel recours, quelle qu'en soit d'ailleurs la forme, il faut qu'il existe substantiellement.

Or, il ne peut exister substantiellement sans un acte authentique du condamné qui le déclare devant les juges qui l'ont condamné, ou qui fasse connaître l'impossibilité où il s'est trouvé de le faire, et qui indique en même temps le tribunal qui a rendu le jugement attaqué, et la teneur et la date de ce jugement, et c'est ce qui n'est point dans l'espèce.

Les déclarations des cliens de Mᵉ Isambert n'annoncent pas la date des actes qu'ils dénoncent à la Cour, et non-seulement ils n'indiquent pas le tribunal duquel ces actes émanent, mais ils n'établissent même pas que ces actes soient le fait d'une autorité qui ressortisse à la Cour de cassation. Ces déclarations ne peuvent donc saisir la Cour.

En cet état, M. le président, par *interim*, de la section criminelle, a fait tout ce qu'il y avait à faire ; et la Cour n'a point d'arrêt à rendre ni à *huis clos*, et dans la chambre du conseil, ni en *audience publique*.

Le précédent, invoqué par Mᵉ Isambert, a eu lieu dans un cas tout spécial et ne saurait tirer à conséquence. Il ne peut autoriser le président de la section criminelle, à donner la parole, à l'audience, à un avocat, à l'occasion d'une affaire dont la Cour n'est point saisie, et que rien n'annonce être de sa compétence.

Signé, le comte Portalis, président de la section criminelle de la Cour de cassation.

N° XLVII. *Plaidoyer* (1) *de M. Isambert devant la Cour de cassation.*

Messieurs, un ministre du roi ayant à s'expliquer sur le malheureux événement qui dans la colonie de la Martinique a donné lieu à plus de deux cents déportations, et à trois condamnations aux galères perpétuelles, a dit à la tribune nationale, le 17 juillet, que les infortunés que je défends aujourd'hui devant vous, étaient *coupables*, et qu'ils étaient *condamnés*.

C'est à l'opinion que ce ministre s'est formée de la décision sous le poids de laquelle gémissent les demandeurs en cassation, qu'il faut attribuer le silence qu'il a gardé sur leurs réclamations successives, et sur leurs respectueuses suppliques.

Son Excellence a dit qu'elle n'avait vu nulle part qu'un *condamné* pût prétendre se soustraire au jugement qu'il a encouru par la raison qu'il était arrivé en France.

Ce langage, Messieurs, est conforme aux lois; le ministre, ne pouvait s'immiscer dans la connaissance de cette affaire, que pour provoquer une grâce de Sa Majesté, s'il est vrai qu'il existe en effet des condamnations prononcées contre ceux que je défends.

Quant à nous, Messieurs, nous ignorons ces décisions; elles ne nous ont jamais été notifiées ni même communiquées et lues; tout ce que nous savons, c'est que nous sommes détenus; c'est que nous sommes, selon la qualification qu'ont prisse les autorités à notre égard, des *déportés*.

Vous le savez, Messieurs, après la mort et les travaux forcés à perpétuité, cette peine est la plus grave de toutes celles que les tribunaux criminels peuvent prononcer. Cette peine est perpétuelle; elle s'étend à toute la durée de la vie. Celui qui enfreint son ban, est condamné à la peine des travaux forcés à perpétuité.

Cette peine cruelle qui sépare le malheureux qui en est frappé, de sa famille et de son pays, est afflictive et infamante; elle emporte la mort civile.

Si une telle peine a été prononcée contre nous, nous avons certainement le droit de connaître de quel tribunal elle émane, quels sont les juges qui ont signé la sentence, et si cette sentence a été rendue dans des formes régulières et légales.

Vous n'apprendrez pas sans surprise, que nous ignorons la forme, les traces, et jusqu'à la date de l'arrêt que nous subissons.

---

(1) Il n'a pas été prononcé, M. le président n'ayant pas cru devoir accorder la parole.

Aussi vous l'avez remarqué; les déclarations du pourvoi ne les spécifient pas. Mais l'absence de ces désignations ne peut pas être un motif de repousser le pourvoi; car s'il arrivait qu'un arrêt de la Cour d'assises n'eût pas été prononcé à l'audience, ni lu au condamné, ce serait un vice de plus dans la procédure; ce ne serait pas un moyen contre le condamné.

Vous ne vous arrêterez pas non plus à cette circonstance que le pourvoi a été déclaré en France aux greffes des tribunaux de la métropole, à Brest et à Rochefort; car s'il est vrai, comme nous sommes chargés de l'articuler formellement devant vous, que les demandeurs aient été arrachés violemment de leurs domiciles, embarqués sur des navires, et amenés en France sans pouvoir communiquer avec la terre; c'est la force, et la force majeure seule, qui les a empêchés de faire leur déclaration au greffe des tribunaux de la colonie.

Vous avez jugé, dans l'affaire du sieur Lecalvé, par arrêt du 9 janvier 1824, que c'était au greffier à se transporter dans la prison et à dresser l'acte de pourvoi.

Vous ne vous arrêterez pas non plus à cette circonstance que le pourvoi aurait été déclaré, après le délai de trois jours, établi par le Code d'instruction criminelle; car, en premier lieu, ce Code n'est pas publié à la Martinique; et, en second lieu, le délai des trois jours ne court que du jour de la prononciation.

Or, comme, dans l'espèce, il n'y a pas eu de prononciation, aucun délai fatal n'a pu courir.

Enfin, vous ne vous arrêterez pas à cette dernière circonstance que la condamnation est émanée des tribunaux des colonies françaises; car, aucune loi n'interdit les pourvois de la part des Français de ces colonies; le droit de se pourvoir est au contraire garanti par la loi, et confirmé par votre jurisprudence, à l'égard des colonies qui, comme la Martinique, sont encore régies par l'ordonnance de 1670 et par le réglement de 1738. — Vous l'avez ainsi jugé, le 15 juillet 1824, au rapport de M. le conseiller Avoyne de Chantereyne, à l'égard de jugemens criminels portant peine afflictive ou infamante.

Tout se réduit donc à savoir s'il y a eu des condamnations prononcées à la Martinique contre les demandeurs. Nous serions trop heureux qu'il n'en existât aucune, ou que les décisions qui nous frappent ne fussent que des mesures temporaires ou provisoires de haute police; car alors nous ne serions pas des condamnés, comme on l'a dit.

Le pouvoir judiciaire n'appartient pas à l'autorité administrative; la justice est rendue, au nom du roi, par des magistrats inamovibles, et non par des administrateurs révocables. Cette justice est rendue publiquement, et non dans le secret et dans l'ombre; des formes protectrices de l'innocence sont établies devant les tribunaux, et des administrateurs n'en observent aucune. Ne pas observer ces formes, a dit le plus ancien de nos criminalistes, c'est *force*, c'est *violence*, c'est *tyrannie*.

En un mot, Messieurs, c'est la justice que nous invoquons contre le pouvoir arbitraire quel qu'il soit.

Un article a paru dans le Moniteur du 8 juillet, dont on pourrait induire que les décisions émanées du gouvernement de la Martinique, sous les dates des 27 décembre 1823, 5, 16 et 25 janvier, et 5 février 1824, seraient des mesures purement administratives.

Mais, Messieurs, un article du journal n'est point une pièce officielle; vous ne pouvez pas y ajouter foi, et motiver un arrêt sur ses allégations; car personne n'est responsable de la fidélité de ces articles, et la liberté des hommes est trop précieuse pour qu'on s'en joue à ce point.

Vous et nous ne connaissons encore qu'un fait : c'est l'existence matérielle de la *déportation;* quant aux jugemens qui la prononcent, vous ne pourrez les apprécier que quand ils auront été rapportés en forme officielle, et quand nous-mêmes nous aurons été mis à portée d'en examiner la légalité.

Nous verrons alors si nous pouvons proposer les moyens d'incompétence contre la juridiction qui a jugé, faire valoir l'excès de pouvoir, résultant de l'adjonction de plusieurs juges, si le récit qu'on nous en a fait est vrai; l'absence de témoins, d'actes d'accusation, de défense, l'absence du corps de délit; en un mot, la violation de toutes les formes de la justice criminelle et de la raison.

Jusqu'à cet apport de pièces, que nous souhaitons de votre justice, toute discussion serait prématurée.

J'entends que l'on me dit : Mais l'autorité qui a prononcé, n'est pas un corps judiciaire, dont les actes ressortent à la Cour de cassation.

Messieurs, votre juridiction souveraine plane sur tous les tribunaux d'exception. Vous avez succédé à l'ancien conseil; eh bien! le conseil d'État connaissait des jugemens de compétence rendus par les prévôts des maréchaux, ou les commissions du conseil, etc.

Quand on a voulu exclure le recours en cassation, on l'a dit par une loi formelle comme pour les jugemens de la haute cour.

La loi du 21 fructidor an 4, porte que le recours en cassation est admis contre les jugemens des commissionss militaires, pour incompétence et excès de pouvoir.

Une loi du 13 thermidor an 7 (non abrogée) a étendu votre juridiction à tous jugemens rendus par les tribunaux maritimes, cours martiales, conseils de justice, tribunaux révolutionnaires, conseils martiaux, conseils de discipline; en un mot, à toutes les juridictions portant peine afflictive et infamante.

Ici, c'est d'une déportation qu'il s'agit; c'est un conseil spécial qui a prononcé, ou prétend avoir prononcé légalement; c'est ce qu'il s'agira d'examiner quand vous aurez ordonné l'apport des pièces.

Nº XLVIII. *Lettre à S. A. R. monseigneur le duc d'Angoulême.*

Paris, 24 août 1824.

Mon Prince, l'intérêt que votre A. R. porte au malheur non mérité m'enhardit à vous supplier de jeter les yeux sur le mémoire ci-joint. Cette affaire n'est pas indigne de l'attention d'un prince que son humanité, sa générosité et tant d'autres qualités brillantes recommandent à la nation.

Si, comme je l'espère, votre A. R. demeure convaincue de l'innocence des déportés, elle pourrait par sa puissante intercession faire révoquer la mesure de déportation qui pèse sur tant de malheureux.

Dans tous les cas, un suffrage aussi auguste me consolerait du silence que les ministres gardent sur les réclamations les plus humbles qui leur ont été adressées.

Daignez, mon Prince, agréer l'hommage, etc.

Nº XLIX. *Réponse du Prince au défenseur des déportés.*

Paris, 6 septembre 1824.

Monsieur, Monseigneur, duc d'Angoulême, a pris connaissance de la lettre que vous lui avez adressée, et à laquelle se trouvaient joints deux exemplaires de votre Mémoire, sur l'affaire des déportés de la Martinique.

S. A. R. me charge de vous faire connaître que, bien qu'elle ne se mêle de rien depuis long-temps, elle avait cependant, il y a plus de deux mois, parlé avec intérêt à M. de Clermont-Tonnerre, alors ministre de la marine, des malheureux déportés dont vous avez plaidé la cause. Le Prince, Monsieur, a fait en leur faveur tout ce qu'il était en son pouvoir de faire, et j'ai reçu l'ordre de vous le dire et de vous remercier, de la part de S. A. R., de l'hommage que vous lui avez fait de vos éloquentes plaidoiries.

Le chef de bataillon, D'ACHER, *Secrétaire de S. A. R.*

N° L. *Tribunal de police correctionnelle* (1).

Audience du 1er septembre 1824.

MM. de Mauny et Cacqueray de Valmenier prennent place dans l'intérieur du parquet, à côté de madame Agasse, éditeur responsable et imprimeur du *Moniteur*; et de M. Pesson de Maisonneuve, éditeur du *Drapeau Blanc*.

M. Berthous de la Serre, avocat du roi, expose en peu de mots le sujet du procès. Il ajoute :

Nous devons, Messieurs, dans l'intérêt de la loi, vous proposer une exception tirée de la qualité de conseiller-auditeur à la cour royale de la Martinique dont est revêtu M. le comte de Mauny. Les articles 481 et 482 du Code d'instruction criminelle sont ainsi conçus :

« Art. 481. Si c'est un membre de cour royale ou un officier exerçant près d'elle le ministère public qui soit prévenu d'avoir commis un délit ou un crime hors de ses fonctions, l'officier qui aura reçu les dénonciations ou les plaintes sera tenu d'en envoyer de suite des copies au ministre de la justice, sans aucun retard de l'instruction qui sera continuée comme il est précédemment réglé, et il adressera pareillement au ministre une copie des pièces.

» Art. 482. Le ministre de la justice transmettra les pièces à la cour de cassation qui renverra l'affaire, s'il y a lieu, soit à un tribunal de police correctionnelle, soit à un juge d'instruction pris l'un et l'autre hors du ressort de la cour à laquelle appartient le membre inculpé. S'il s'agit de prononcer la mise en accusation, le renvoi sera fait à une autre cour royale. »

M. l'avocat du roi continue en ces termes :

Nous venons de recevoir à l'instant de Mgr. le garde-dessceaux une lettre qui porte que M. le comte de Mauny est actuellement conseiller-auditeur à la cour royale de la Martinique. Comme on ne justifie pas de l'accomplissement des formalités exigées par la loi, nous demandons que le tribunal se déclare incompétent. Il en doit être de même pour M. le comte Cacqueray-Valmenier et pour les éditeurs responsables du *Drapeau Blanc* et du *Moniteur* à cause de la connexité.

Me Fontaine, avocat de MM. Mauny et Caqueray :

Messieurs, mes cliens déclarent qu'ils ne veulent pas devoir leur justification à une fin de non-recevoir : comme l'exception a été introduite par la loi en leur faveur, ils déclarent y renoncer et demandent qu'on passe outre aux débats.

Me Gauthier Biauzat, avocat des déportés :

Messieurs, le ministère public ne peut tirer ici avantage de

---

(1) La censure n'a pas laissé passer ce récit dans le Courrier français.

ce qu'il a omis de remplir une formalité prescrite par la loi ; en effet il y a plus de trois semaines que nous nous sommes présentés en personne devant M. le procureur du roi. Ce magistrat, avant de permettre de citer, a demandé communication de la plainte pendant vingt-quatre heures ; la loi ne lui accordant pas ce pouvoir quand il s'agit de citation directe, nous nous sommes d'abord refusé à lui laisser les pièces ; mais comme on ne peut forcer le ministère public à faire ce à quoi il se refuse, nous avons rapporté les pièces qui sont restées pendant vingt-quatre heures entre les mains de M. le procureur du roi, et quoiqu'à notre connaissance personnelle le rôle ne soit pas tellement chargé que l'on ne puisse permettre de citer à la huitaine, et que la formalité n'ait lieu que pour empêcher l'encombrement de vos audiences, M. le procureur du roi n'a pas voulu indiquer jour avant le 1er septembre. On a donc eu tout le temps de remplir la formalité dont M. l'avocat du roi vient de vous parler. M. le procureur du roi ne l'a pas remplie, il a eu ses raisons pour cela, car on ne peut pas l'accuser de négligence. Ainsi M. l'avocat du roi est mal fondé à nous opposer cette exception au moment du jugement.

M. Berthous de la Serre : Vous avez pris la voie de plainte directe : le ministère public n'avait point alors le droit d'arrêter votre plainte pour vous imposer l'exécution des formalités prescrites par la loi : l'exception ne peut être opposée qu'au moment où la discussion est portée à l'audience : si M. le procureur du roi a donné jour pour la citation, il ne l'a fait que pour éviter l'encombrement de l'audience sans aucune approbation de la plainte.

Me Isambert, au nom des déportés, fait remarquer au tribunal que M. de Cacqueray n'est revêtu d'aucun caractère officiel ; qu'il a agi comme simple particulier ; que dès-lors il n'a pas droit au privilége de la juridiction extraordinaire devant laquelle on demande que M. de Mauny soit renvoyé ; que d'ailleurs la connexité ne peut exister, puisque les deux prévenus sont cités chacun à raison d'une lettre particulière insérée dans des journaux différens.

M. de Cacqueray, assis : J'ai rempli les fonctions de procureur-général.....

M. le président : Puisque vous avez fait partie d'un corps de magistrature, vous devez savoir qu'on se lève en parlant devant la justice.

M. le comte de Cacqueray de Valmenier se lève et ajoute que depuis qu'il a cessé de remplir les fonctions de procureur-général, il est conseiller honoraire.

Le tribunal délibère quelques instans, et rend un jugement par lequel, attendu que la qualité dont sont revêtus les prévenus leur assure le privilége des articles 481 et 482 du Code d'instruction criminelle, et qu'ainsi il y a empêchement d'ordre public pour le tribunal de passer outre au jugement, il se déclare incompétent.

M*e* *Fontaine* : Comme on pourrait croire que l'exception a été officieusement sollicitée par nous, je demande acte au tribunal de ce que mes clients ont renoncé au bénéfice de la disposition des art. 481 et 482 du Code d'instruction criminelle.

M. *le président* : Le tribunal donne acte à MM. de Mauny et Cacqueray-Valmenier de ce qu'ils renoncent à l'exception établie en leur faveur.

M*e* *Gautier Biauzat* : M. le président, il y a erreur de fait, en ce que rien ne justifie que M. le comte de Cacqueray soit membre de la cour de la Martinique ; la lettre de M. le garde-des-sceaux n'en fait aucune mention, et son nom ne se trouve pas même indiqué sur l'almanach de la Martinique.

En adoptant la doctrine du tribunal, relativement à l'application du privilége de juridiction, ce n'est pas le cas de se déclarer incompétent, mais seulement de surseoir, jusqu'à ce que les formalités prescrites par les articles 481 et 482 du Code d'instruction criminelle aient été remplies. La question est grave ; je supplie le tribunal de considérer que nous n'avons aucun droit de demander le renvoi des pièces, soit au ministre, soit à la Cour de cassation, et que c'est à l'officier qui aura reçu la dénonciation ou la plainte que la loi impose cette obligation : nous n'avons aucun moyen de forcer le ministère public à remplir un devoir qu'il a eu le temps d'accomplir : je demande donc que le tribunal réforme son jugement en ce point, et déclare qu'il y a lieu à surseoir jusqu'à ce que le ministère public ait demandé les autorisations nécessaires.

M. *Berthous de la Serre* fait remarquer que le tribunal était saisi par voie de plainte directe, et que c'est à la partie à mettre les tribunaux à portée de la juger. Le tribunal étant saisi sur la plainte, ajoute-t-il, a eu le droit de rendre un jugement définitif.

M*e* *Gauthier Biauzat* fait observer que le tribunal peut aussi ne rendre qu'un jugement provisoire.

Le tribunal, après en avoir délibéré de nouveau, maintient son jugement.

N° LI. *Bannissement des quatre déportés résidant à Brest.*

Brest, 26 août 1824.

Le sous-préfet de l'arrondissement de Brest, chevalier de Saint-Louis, etc.

Prévient le sieur . . . déporté de la Martinique, qu'en vertu de la dépêche de S. Ex. le ministre de la Marine et des Colonies, en date du 15 août courant, et de celle de S. Ex. le ministre de l'Intérieur, en date du 21 du même mois ; il lui est enjoint de sortir du royaume dans le délai de quinze jours, et qu'il lui sera délivré à cet effet un passe-port pour se rendre au port, qu'il désignera hors du territoire français, avec l'obligation de se rendre dans celui des ports de la Manche, où il pourra trouver des occasions favorables pour s'y embarquer. QUESNEL,

N° LII. *Lettre au ministre de la Marine et des Colonies.*

Paris, 17 septembre 1824.

Par décision du 21 août, S. Exc. le ministre de l'Intérieur a reconnu, après délibération du conseil d'État (comité de l'intérieur et du commerce), et après s'en être concertée avec votre département, que la déportation prononcée contre les hommes de couleur de la Martinique, ne pouvait être mise à exécution en France, dans les termes où elle a été prononcée.

En conséquence, MM. Thebia, Ériché, Laborde et Millet, ont, le 26 du même mois, été déchargés de la mise en surveillance de la haute police, sous laquelle, par suite de la décision de déportation, ils étaient retenus à Brest;

La justice commandait une mise en liberté pure et simple, puisque le ministère a eu le temps de se convaincre de la fausseté de l'accusation, et que l'illégalité de la mesure *extra-judiciaire* de déportation, est démontrée et attestée par tout ce que le barreau offre de plus distingué.

Cependant on les bannit du royaume. Ils se doivent à eux-mêmes de protester contre la légalité de cette mesure; et c'est ce qu'ils font et feront jusqu'au moment de leur départ. Ils ne sortiront pas volontairement de cette terre de France, où ils croyaient trouver justice et protection, et dont le gouvernement les traite comme des conspirateurs étrangers.

Quoi qu'il en soit, et s'il ne leur est pas donné d'obtenir une autre justice, on a droit d'attendre que la mesure soit généralisée : les trente-cinq infortunés, envoyés au Sénégal, ne seront pas détenus plus légitimement dans cette colonie, que ne l'étaient à Brest, les quatre négocians hommes de couleur, qui ont obtenu d'en sortir. Votre Excellence doit donc donner, à leur égard, les mêmes ordres que Son Excellence le ministre de l'Intérieur vient de notifier à Brest.

Il n'y a rien qui blesse plus la justice, rien qui aille plus directement contre le but de l'association politique, que l'inégalité dans les peines.

Parce que les déportés du Sénégal sont pauvres, ce n'est pas une raison pour qu'on dispose de leur liberté à jamais, et qu'ils soient condamnés à subir une prison perpétuelle, dans les arides déserts et dans le climat brûlant et meurtrier du Sénégal.

On peut éprouver quelques regrets à quitter la France ; jamais on n'en éprouvera aucun à s'éloigner d'une terre si ingrate, où la vie d'ailleurs serait d'autant plus insupportable, qu'on y serait privé de la liberté ; en sorte qu'il n'y aurait aucune différence entre les trente-cinq infortunés que je défends, et les esclaves mêmes de la colonie.

Je viens donc supplier Votre Excellence de faire expédier, par le premier bâtiment qui fera voile pour le Sénégal, à M. le commandant *Roger*, l'ordre de mettre en liberté les trente-cinq déportés embarqués à bord du Chameau.

J'ai l'honneur de prier V. Exc. de m'accuser réception, etc.

A LA CHAMBRE DES PAIRS

DU

ROYAUME.

PLAINTE

POUR

LES DÉPORTÉS DE LA MARTINIQUE,

CONTRE

M. le général DONZELOT, gouverneur général et administrateur, pour le Roi, de la colonie de la Martinique.

Nobles Pairs,

Un grand attentat contre la liberté des personnes a été commis dans l'une de nos colonies. Plus de deux cents déportations, *sans jugement*, ont eu lieu par l'ordre du gouverneur de la Martinique; près de quinze cents expatriations en ont été la suite. Parmi les déportés, quarante-trois ont été dirigés sur la France; deux sont morts pendant la traversée. Les quarante-un qui restent se présentent devant la noble Cour, et réclament sa haute protection contre l'exécution forcée qui est donnée à une mesure illégale de sa nature.

Tant qu'ils ont espéré justice par les voies régulières, et en empruntant le langage des supplians, ils ont négligé d'exercer une action criminelle contre l'administrateur qui livrait leurs personnes au pouvoir arbitraire.

Ils allaient même jusqu'à l'excuser sur ses intentions, et jusqu'à supposer qu'il plaidait leur cause devant le trône du monarque.

Mais puisque justice n'est pas faite, puisqu'on se repent d'avoir amené les déportés en France, ils n'auront pas touché en vain cette terre de liberté, ils ne s'en laisseront pas arracher volontairement, et ils prouveront qu'ils sont encore ses enfans, en réclamant hautement la protection de ses lois.

Aucun d'eux n'a été jugé; aucun n'est donc coupable. Si personne n'est coupable, comment qualifier la déportation autrement que d'un attentat contre la liberté des personnes et contre la sûreté de la colonie; disons plus, contre la sûreté de l'État?

L'acte dont ils se plaignent est si effrayant par lui-même, on est tellement dans l'opinion qu'il n'existe plus de justice à la Martinique pour les Français de couleur, que ceux à la liberté desquels on n'a pas attenté, se sont hâtés de quitter cette terre malheureuse, préférant abandonner leurs propriétés et tous les liens qui attachent l'homme à son pays natal, pour conserver le dernier bien, la liberté.

Les arrestations ont commencé le 23 décembre 1823 à trois heures du matin sur la personne des supplians, Joseph Nullot, Montlouis Trébia, Joseph Millet, Zacharie Armand, Hilaire Laborde, Germain Saint-Aude, Dufond, Etienne Paschal, Angel Joseph Berne Verdet, Monganier et Edouard Nouillé. Elles ont continué jusqu'au 15 mars 1824, date de leur embarquement pour la France.

On a refusé de leur donner communication de l'ordre de déportation. Cette injustice n'avait pas lieu, même sous le régime des lettres de cachet. Arrivés en France en rade de Brest, à la fin d'avril, quatre d'entre eux ont reçu la permission de débarquer le 19 mai ; mais il résulte de la lettre ci-jointe du sous-préfet de Brest, sous la date du 3 juin 1824, qu'ils sont détenus, puisqu'on leur refuse des passe-ports. Germain Saint-Aude et ses autres compagnons d'infortune ont été transportés en rade de l'île d'Aix ; deux seulement ont obtenu d'entrer à l'hospice pour y être soignés dans leur maladie ; mais tous sont détenus, ainsi qu'il résulte de la lettre ci-jointe, sous la date du 15 juin, de M. le comte de Maurville, commandant de la marine, à Rochefort.

Le 24 juin, ils ont été embarqués de nouveau, même les malades, sur le navire le *Chameau*, sans qu'on leur ait fait connaître les ordres en vertu desquels on les arrache à la justice de la mère-patrie, et peut-être les infortunés naviguent déjà vers le Sénégal, où l'on veut ensevelir leurs plaintes et celles de leurs enfans.

Mais il n'en peut être ainsi : nous avons un roi ami de la justice et protecteur de tous ses sujets ; nous avons une pairie investie de pouvoirs suffisans pour réprimer de pareils attentats.

Sa compétence, à l'égard de M. le général Donzelot, premier auteur de tous ces maux, résulte de la nature même de l'attentat, il a porté atteinte à la sûreté de l'État, et de la qualité du fonctionnaire, il est gouverneur de colonie, et, à ce titre, justiciable de la Cour des Pairs, ainsi que cela résulte de la résolution de la Chambre du 8 mars 1816, interprétative de l'article 33 de la Charte.

A ces causes les supplians demandent à la noble Cour acte de la plainte qu'ils déposent entre les mains de Monseigneur le chancelier de France, son président, contre M. le gouverneur général Donzelot, pour les attentats dont il s'agit, requérant qu'il en soit informé.

Et pour justifier du contenu de cette plainte, on

produit : 1° l'état nominatif des quarante-un déportés ; 2° lettre du sous-préfet de Brest, du 3 juin 1824 ; 3° lettre du commandant de la marine à Rochefort, du 15 juin 1824 ; 4° copie authentique du pouvoir donné au soussigné par les supplians ; 6° mémoire imprimé en forme de consultation qui prouve que la déportation n'est pas autorisée par les lois de la Martinique ; 5° mémoire imprimé, adressé au Roi en son conseil des ministres, contenant la justification des supplians.

Sous la réserve de produire toutes autres pièces et documens, et sauf à la noble Cour à faire apporter à son greffe tous les documens qui sont parvenus au ministère de la marine et des colonies, desquels documens communication sera donnée sans déplacement au soussigné.

ISAMBERT,
AVOCAT AUX CONSEILS DU ROI
ET A LA COUR DE CASSATION.

Paris, ce 2 juillet 1824.

Monseigneur le Chancelier de France a daigné accuser réception de ces pièces le 3 juillet, et d'informer le défenseur qu'il ne peut donner suite à la procédure avant que le Roi ait autorisé la poursuite, en nommant un procureur général pour procéder à l'instruction, et qu'il ait consulté la Chambre des pairs elle-même dans la forme qui lui aura paru la plus convenable.

D'après ces observations suggérées par monseigneur le Chancelier, et pour éviter de recourir à l'autorisation préalable du Conseil d'Etat qui pourrait se faire attendre long-temps, ou qui pourrait être refusée, comme dans l'affaire du sieur Tonlieux contre M. le baron Pasquier, la présente plainte a été convertie en simple pétition.

IMPRIMERIE DE J. TASTU,
RUE DE VAUGIRARD, N° 36.

L'ANCIEN AVOCAT SOUSSIGNÉ,

Communication prise,

1°. D'un Mémoire au Roi, en son Conseil des ministres, pour quarante-un habitans de la Martinique qui ont été déportés de cette colonie *sans jugement*,

2°. D'un Mémoire à consulter sur la question de savoir si les déportations sans jugement sont autorisées par les lois de la colonie,

Est d'avis des résolutions suivantes :

Ce qui a surtout rendu les Français si heureux de revoir le sceptre aux seules mains dignes de le porter, ce qui leur fait chérir de plus en plus le gouvernement légitime, c'est la volonté bien notoire de notre vénérable Monarque, que l'arbitraire soit exclu de l'exercice du pouvoir public, et que la loi préside, seule, aux actes de toute rigueur devenue nécessaire.

Avec le prince, dont la Charte est l'immortel ouvrage, ont reparu ces jours de confiance et de sécurité, où, comme sous le règne de quelques-uns de ses prédécesseurs, les Français, à la nouvelle ou au spectacle d'un acte arbitraire, peuvent s'écrier : *Ah! si le Roi le savait!*

Les mémoires qui précèdent, établissent positivement le fait d'un abus d'autorité, commis à l'égard des consultans, qu'un *ordre* du *gouverneur* de la Martinique a déportés de cette colonie, sans *jugement* rendu contre eux. L'avoir signalé, cet abus d'autorité, c'est avoir posé le terme de leur souffrance et commencé la justice à leur égard.

Que des coupables soient punis, conformément aux lois, c'est ce que veulent la raison publique et l'ordre social. Mais que des individus non-jugés subissent, par suite de la faiblesse, de l'erreur ou de la passion d'un dépositaire du pouvoir, les rigueurs qui ne doivent atteindre que des coupables, légalement reconnus tels, c'est ce qui est intolérable sous le gouvernement des Bourbons.

Il faut bien, pourtant, que les agens supérieurs du pouvoir public, quels qu'ils soient, se persuadent enfin, que non-seulement la Charte textuellement parlant, mais encore l'esprit de la Charte, doit dominer et régler tous leurs actes.

Et qu'on n'allègue pas le prétexte trop bannal, de la différence réclamée dans l'usage du pouvoir entre la métropole et les colonies. Oui sans doute, les colonies ont et doivent avoir, sous plusieurs rapports, un régime particulier. Ainsi le veut la nature même des choses. Mais dans les colonies comme dans la métropole, le droit d'infliger des peines, pour crimes ou délits, comme de reconnaître et proclamer l'existence de ces délits ou de ces crimes, n'appartient qu'à l'autorité judiciaire; et ce droit de punir, on voit que, dans l'espèce, la cour royale de la Martinique l'a exercé envers d'autres individus que les consultans. — La loi le lui donnait; elle a pu en user. S'il est vrai, comme on l'assure dans le mémoire au roi, qu'elle ait violé les formes, renouvelé la doctrine des suspects, commis des excès de pouvoir; la cour de cassation doit être saisie de la connaissance de son arrêt, tout est dans l'ordre. S'il est vrai encore que le greffier, que le procureur général, lui-même ayant refusé de recevoir le pourvoi, l'arrêt ait eu toute son exécution, dans la colonie, notamment, (ce qui fait frémir) par la peine de la marque, imprimée *provisoirement* à trois des condamnés, une responsabilité terrible pèse sur les coupables d'un pareil mépris de la loi et de l'humanité.

Mais la loi ne le conférait pas au gouverneur de la colonie, ce même droit de punir. Il a donc commis à l'égard des consultans, l'abus d'autorité dont ils souffrent et se plaignent, dont ils souffrent avec injustice, dont ils ne se seront pas plaints vainement: car, dans les colonies comme dans la métropole, ce sont des Français, ce sont des sujets des Bourbons que l'autorité gouverne.

Si la législation des colonies était barbare à ce point, de mettre dans les mains d'un homme le pouvoir absolu, il faudrait en gémir; il faudrait réclamer avec tout l'accent de l'indignation contre un aussi monstrueux écart de la civilisation moderne.

Enfin, il faudrait aussi que, jusqu'à son abrogation, cette législation, toute révoltante qu'elle serait, reçût son exécution; car il y aurait loi. Mais en est-il ainsi dans l'organisation actuelle de nos colonies? Non, sans doute, grâces à la sagesse, à l'humanité de nos rois; et c'est avec raison que le Mémoire qui précède, leur rendant un juste hommage, montre les habitans de nos colonies moins paternellement gouvernés depuis les malheurs de la dynastie, qu'au temps de sa splendeur.

Non, le pouvoir arbitraire, dont les consultans sont victimes, n'a été remis par aucune loi, même coloniale, aux mains de personne. Personne n'a eu le droit de les bannir, de les déporter sans jugement; et il est doux de reconnaître, au milieu de ce désordre, de cette calamité sociale, que le haut fonctionnaire de qui serait émané l'ordre qu'ils déferent à la justice suprême du Roi, n'a pas consommé volontairement le mal qu'il s'agit de réparer; son caractère connu, la douceur habituelle de son administration, non-seulement à la Martinique, mais partout où l'autorité lui a été confiée, exclut toute idée d'une rigueur gratuite de sa part. Il paraît avoir cédé à l'un de ces soulèvemens d'opinion, qui, dans les temps de l'anarchie coloniale, comme de l'anarchie au sein de la métropole, ont fait violence aux agens, aux dépositaires eux-mêmes de la puissance publique. Un excès de prudence l'a emporté chez lui sur le devoir de la fermeté envers et contre tous, et craignant un mal que l'une lui laissait entrevoir, il s'est rendu l'involontaire instrument de celui que l'autre aurait prévu.

Le Gouvernement du Roi qui, placé à une telle

distance du théâtre des événemens, n'a pu prévenir d'aussi douloureux excès, mais qui aura la volonté, comme il a le devoir d'en faire une justice éclatante, remettra infailliblement tout dans l'ordre. On a le droit d'attendre de lui un de ces actes qui doivent toujours signaler son respect pour la loi, et pour les droits qu'elle protège, puisqu'elle les consacre.

A l'aspect du malheur des consultans, on se rappelle, non sans beaucoup de sécurité, quant au retour de pareils excès, qu'une détermination récente du gouvernement vient de pourvoir à la préparation d'un régime définitif pour les colonies. Les blancs, les hommes de couleur, les noirs, désirent avec une égale ardeur cette organisation, dans le plan de laquelle l'humanité, la prudence, la considération des nécessités locales, et l'intérêt de resserrer plus étroitement que jamais les liens qui unissent les Colonies à la métropole, ne pourront manquer d'être combinés avec sagesse et bonheur. On en a pour garans les lumières et le patriotisme des hommes que le Roi a chargés de cet important travail.

De bonnes lois, voilà le principe fondamental de toute conservation : elles sont les armes les plus sûres pour la défense de tous les intérêts sociaux. *Imperatoriam majestatem non solum armis decoratam, sed etiam legibus oportet esse armatam.* Cette grande pensée d'un grand prince, aux yeux de qui les armes n'étaient que *l'ornement*, mais les lois constituaient la *force* véritable du pouvoir suprême, est tout entière celle de notre auguste Monarque ; elle ne peut que devenir, sous de tels auspices, celle des agens supérieurs de la puissance publique, soit dans la métropole, soit dans les colonies, partout, en un mot, où il y a des Français à gouverner, au nom des Bourbons.

Délibéré à Paris, par l'ancien avocat à la Cour royale, ancien bâtonnier de l'ordre, soussigné, le 8 juillet 1824.

BILLECOCQ.

IMPRIMERIE DE J. TASTU, RUE DE VAUGIRARD, N. 36.

MÉMOIRE

AU CONSEIL D'ÉTAT,

POUR

LES DÉPORTÉS DE LA MARTINIQUE,

A fin d'autorisation de mise en jugement du Sous-Préfet de Brest et du Commandant du navire *le Chameau*,
Pour détention arbitraire et séquestration de personnes.

(1) Ils étaient dénommés dans la requête. — Le préposé de l'enregistrement a exigé le paiement de 41 fois le droit de 27 f. 50 c., c'est-à-dire 1,127 fr. 50 c. Alors on a rédigé ainsi : « Et pour
» G. M. St.-Aude, faisant tant pour lui que pour ses compagnons
» d'infortune ci-après nommés, lesquels ne figurent pas en la
» présente requête, par le seul motif que l'on veut les assujettir
» au paiement d'autant de droits d'enregistrement qu'il y a de
» supplians, malgré le principe qui met à la charge du trésor,
» en matière criminelle, toutes les avances. »

Le préposé a vu dans cette clause un moyen indirect de faire figurer dans la requête les trente-six déportés qu'on disait n'y être pas; il a exigé qu'elle fût ainsi libellée :

« Et pour. G M. St.-Aude, commis et propriétaire, détenu en
» rade de l'île d'Aix. Etant observé que les ci-après nommés ne
» figurent pas en la présente requête, attendu qu'ils ne peuvent
» consigner autant de droits qu'il y a de supplians; l'intérêt étant
» identique. » — Il a fallu s'y conformer pour ne pas empêcher le pourvoi de recevoir son effet. — Est-ce la faute de ces malheureux s'ils sont obligés de recourir à la justice du Conseil-d'État?

IMPRIMERIE DE J. TASTU,
RUE DE VAUGIRARD, N° 36.

AU ROI,

EN SON CONSEIL D'ÉTAT.

REQUÊTE

POUR

J. MILLET, J. ÉRICHÉ, MONTLOUIS Thébia et J. LABORDE, tous quatre négocians et propriétaires de la Martinique (représentant pour 900,000 f. de capitaux), actuellement détenus à Brest;

Et pour Germain ST.-AUDE, et autres (1) au nombre de trente-sept, réunissant plus d'un million de capitaux; détenus à bord du navire *le Chameau*, en rade de l'île d'Aix.

Sire,

Quarante-un négocians, propriétaires et artisans de la Martinique, dont le sort est commun à cet égard, avec deux cent vingt autres hommes de couleur, libres, de cette colonie, ont été, le 15 mars dernier, et jours précédens, enlevés à leurs affaires, à leurs femmes et à leurs enfans, déportés sans jugement à bord du navire le *Tarn*, et conduits à Brest le 19 mai dernier.

Les quatre premiers d'entre les supplians ayant obtenu d'être descendus à terre, se sont présentés le 21 mai au greffe du tribunal pour y protester contre cette mesure illégale. — Ils ont demandé des passe-ports pour Paris, se considérant comme libres. Ces passe-ports leur ont été refusés le 3 juin par M. le sous-préfet de Brest, et depuis ce moment ils y sont restés en état de surveillance forcée de la haute police.

Les trente-sept autres ont été conduits à Rochefort; à peine si quelques-uns d'entre eux ont obtenu, pour cause de maladie, la permission de débarquer et d'entrer à l'hôpital. — Leur état de détention est également constaté.

Le 12 mai dernier, ils ont adressé à S. Exc. le ministre de la marine et des colonies une requête tendant au sursis à l'exécution de l'ordre de déportation ultérieure dont ils se croyaient menacés. Ils ont dès-lors soutenu que la déportation dont ils sont victimes n'était point autorisée par les lois de la Martinique, et qu'il n'existait d'ailleurs aucun motif pour les frapper de suspicion. — Ils annonçaient à cet égard un mémoire justificatif qui a été produit à S. Exc. le ministre de la marine, le 29 juin.

Le 19 mai, ils ont adressé à S. Exc. monseigneur le président du conseil des ministres une nouvelle supplique tendant à être mis en jugement s'ils sont coupables, si non à être rendus à la liberté.—En même temps, leur défenseur suppliait S. Exc. de mettre sous les yeux de Votre Majesté cette requête, et il insistait sur le sursis, les pièces n'étant point encore arrivées.

Le 31 mai, leur défenseur, en rappelant l'assurance donnée dans les bureaux du ministère de la marine, que le sursis avait été accordé, demandait à être rassuré sur les bruits du départ forcé des supplians pour le Sénégal. — Il demandait pour les détenus de Rochefort la permission de débarquer, et pour ceux de Brest, la permission de se rendre à Paris à cause des affaires très-importantes de commerce (1) qu'ils

---

(1) Voyez le Mémoire au conseil des ministres.

ont à y traiter. — Il rappelait que cette demande ne pouvait éprouver de difficulté sérieuse, puisque, d'après les lois de la métropole, nul ne peut être retenu sous la surveillance de la haute police sans jugement.

Le 26 juin, il a été produit au ministère de la marine un mémoire, dans lequel il est démontré que les déportations sans jugemens, ne sont point autorisées par les lois enregistrées dans les tribunaux de la Martinique, surtout depuis l'ordonnance du 12 décembre 1814 qui a replacé cette colonie sous la protection de ses anciennes lois.

Dans le mémoire du 29 juin, adressé à V. M. et à son conseil des ministres, il a été prouvé que le seul reproche qu'on pût adresser à quelques hommes de couleur était l'introduction, dans la colonie, d'une brochure qui circule librement à Paris, et pour laquelle on a rempli toutes les formalités légales. — Au surplus, ces hommes ont été traduits devant les tribunaux. — La Cour de cassation est saisie de leur pourvoi; il n'est pas question ici de leur défense.

Quant aux déportés, ils ne sont convaincus d'aucun crime ou délit; bien loin d'avoir troublé la colonie, ils sont victimes d'une persécution atroce et de menées séditieuses et insurrectionnelles de quelques blancs contre l'autorité suprême de V. M. et des dépositaires de sa puissance dans la colonie. — Les hommes de couleur ont donné des preuves non équivoques et publiques de leur fidélité à V. M. et à son gouvernement; ils sont des sujets fidèles et dévoués: leur seul crime est d'avoir sollicité humblement la jouissance des droits qui leur sont garantis par les ordonnances de Louis XIII, de Louis XIV et de Louis XVI, vos augustes prédécesseurs, et la réalisation des promesses que V. M. a daigné leur faire dans son ordonnance du 22 novembre 1819.

Loin d'attaquer dans ce mémoire les intentions de M. le général Donzelot gouverneur de la colonie, dont la mesure à leur égard n'est que provisoire et soumise à l'approbation de Votre Majesté, ils invoquaient son propre témoignage et ils attendaient avec confiance, un acte éclatant de la justice de Votre Majesté. — En l'obtenant, ils auraient renoncé à la réparation légitime des pertes que leur déportation a déjà occasionées, et des angoisses de leurs familles. — Ils se seraient efforcés d'oublier la manière cruelle et outrageante dont ils ont été traités par les créoles au moment de leur arrestation, la mort de plusieurs d'entre eux, la ruine de leur crédit, l'expatriation de quinze cents de leurs compatriotes; ils auraient eu le courage de faire ce sacrifice au bien de la paix et au désir d'une réconciliation sincère.

Venus sur cette terre de France qui est une terre de liberté même pour les esclaves, ils s'attendaient que leurs fers allaient tomber.

Mais voilà que tout-à-coup, sans qu'on ait daigné répondre à aucune de leurs suppliques, sans qu'on leur ait notifié l'acte en vertu duquel leur personne est sequestrée au mépris des lois, ils sont arrachés violemment à la justice de la métropole, et conduits comme des criminels au Sénégal pour y périr dans les déserts.

Le 24 juin ils ont été embarqués, malgré leurs protestations, malgré leurs cris de désespoir, malgré l'invocation qu'ils faisaient du nom sacré de V. M., à bord du navire *le Chameau*, qui n'attend pour appareiller, vers le Sénégal, que des vents favorables.

Nous espérons encore que la Providence, qui protège le malheur et l'innocence, empêchera les vents de souffler avant que V. M. ait pris connaissance de l'acte irrégulier que nous sommes forcés de dénoncer aux tribunaux.

Les déportés résidant à Brest sont menacés du même sort; ils ne sépareront jamais leur cause de celle de leurs compagnons d'infortune.

Il est des circonstances graves dans lesquelles les avocats institués par V. M. pour faire parvenir aux pieds du trône les justes plaintes de ses sujets, doivent s'armer de tout leur courage et compter sur leur indépendance pour revendiquer, au nom des lois et de la justice, la punition des fonctionnaires qui attentent à la liberté des personnes, ou se rendent coupables de leur séquestration. — Jamais V. M. n'aura eu une occasion plus éclatante de proscrire l'arbitraire.

Vainement on aura dissimulé l'ordre clandestin en vertu duquel les supplians sont enlevés à leurs foyers et à leurs familles. Vainement on aura refusé de leur donner copie des ordres en vertu desquels ils sont retenus prisonniers. Vainement on les aura qualifiés du titre de passagers; ce refus lui-même est un indice de l'illégalité de l'ordre; on ne se le permettait pas sous l'empire des lettres de cachet qui étaient toujours notifiées.

Nous n'avons besoin que d'un fait. Est-ce volontairement que les uns sont retenus à Brest et que les autres sont embarqués à bord du navire le *Chameau ?*

Sont-ils détenus en vertu d'un jugement rendu avec les formes légales, et entraînant par conséquent exécution?.... — Non.

Il y a donc arrestation et détention arbitraire. Maintenant que dit le Code-Pénal? L'article 114 porte : Que lorsqu'un fonctionnaire public, un agent ou un préposé du gouvernement aura ordonné quelque acte arbitraire et attentatoire à la liberté individuelle d'un ou de plusieurs citoyens, il sera condamné à la peine de la dégradation civile. Les lois temporaires qui ont accordé à l'autorité administrative le droit de détenir dans des prisons d'Etat ou autrement, n'existent plus, et sans doute on ne le verra jamais reparaître.

L'art. 117 du même Code, porte : « Que les dommages et intérêts qui pourraient être prononcés à raison des attentats exprimés en l'art. 114, seront réglés eu égard aux personnes, aux circonstances et au préjudice souffert, sans qu'en aucun cas, et quel que soit l'individu lésé, lesdits dommages puissent être moindres de 25 francs pour chaque jour de détention illégale et arbitraire, et pour chaque individu.

L'art. 119 punit de la dégradation civique et des mêmes dommages et intérêts les fonctionnaires publics chargés de la police administrative et judiciaire, qui ne justifieront pas avoir dénoncé à l'autorité supérieure les détentions illégales et arbitraires.

L'art. 120 punit de la même peine ceux qui auront reçu un prisonnier sans mandat ou jugement.

Ces art. s'appliquent évidemment à M. le sous-préfet de Brest et à M. le commandant du navire le *Chameau*. Ni l'un ni l'autre ne peuvent ignorer qu'il existe en France des lois protectrices de la liberté individuelle; ni l'un ni l'autre ne peuvent ignorer que les personnes sont sous la protection des tribunaux qui rendent la justice au nom de V. M., et qu'elles n'appartiennent à aucun fonctionnaire administratif, quel que soit son rang.

A ces causes, plaise à V. M., permettre aux supplians, de poursuivre devant les tribunaux compétens, M. le sous-préfet de Brest et M. le commandant du navire le *Chameau*, en rade de l'île d'Aix, pour faire prononcer contre eux les peines prévues aux art. 114, 117, 119, et 120 du Code Pénal.

Production.

Déclaration faite au greffe du tribunal de Brest, par les sieurs Millet, Eriché, Laborde et Mont-Louis, le 21 mai 1824.

ISAMBERT,
AVOCAT AUX CONSEILS DU ROI.

RÉPONSE

DES DÉPORTÉS DE LA MARTINIQUE

AU DISCOURS PRONONCÉ PAR SON EXC. LE MINISTRE
DE LA MARINE ET DES COLONIES,

Dans la séance de la Chambre des Députés, du samedi 17 juillet 1824.

Paris, 23 juillet 1824.

Monseigneur,

En prenant la parole dans la séance du 17 juillet, sur la déplorable affaire portée devant S. M. et son conseil des ministres, V. Exc. n'a sans doute pas eu l'intention d'entreprendre à la tribune, la discussion d'une affaire judiciaire aussi grave, et dans des circonstances aussi pénibles.

Il serait trop facile de triompher ainsi des malheureux, qui ne sont pas là pour rectifier les faits erronés échappés dans la chaleur de l'improvisation et pour rétablir les principes qui seraient méconnus ou altérés, faute d'examen suffisant.

V. Exc. n'a parlé que pour combattre l'orateur qui contestait l'allocation du crédit demandé pour la dépense des colonies, et c'est parce que la Chambre a jugé que vous aviez, Monseigneur, suffisamment répondu sur ce point, qu'elle a fermé aussitôt, ou plutôt qu'elle n'a pas voulu laisser entamer la discussion sur un autre point étranger à ses attributions, qu'elle a prononcé la clôture.

Assurément les honorables membres composant la Chambre des députés des départemens, qui sont pour la plupart magistrats (1), qui tous du moins connaissent les règles de la justice, savent trop bien quelles sont les garanties dues aux accusés, et le respect que l'on doit au malheur suppliant, pour avoir voulu fermer la bouche à leurs défenseurs, et pour les avoir condamnés à un silence éternel, alors que rien n'a encore été statué sur leurs demandes, et qu'ils attendent toujours une décision de la justice du gouvernement.

Nous en avons pour garant, l'observation très-juste qui a été faite dans cette même discussion par un de ses membres, c'est que, les faits cités par un autre membre fussent-ils vrais, il fallait suspendre son jugement, parce que la Chambre n'avait pas entendu encore la justification, et parce que l'impression du discours de ce membre pourrait donner un préjugé défavorable.

Oui, Monseigneur, il n'est que trop vrai; des questions judiciaires ne peuvent pas être traitées à la tribune, surtout quand il s'agit de l'honneur et de la liberté des citoyens; et pourquoi? c'est que le débat ne peut être contradictoire; c'est que l'accusé n'est pas entendu; et que, sans la défense la plus libre et la plus complète, les accusations criminelles seraient le plus grand fléau de la société.

A Dieu ne plaise que nous accusions les intentions de V. Exc.: elles ont été pures; mais nous déplorons le résultat; les erreurs dans lesquelles elle s'est trouvée entraînée, bien malgré elle, en parlant sur un sujet dont il ne lui avait pas été rendu un compte fidèle, sont telles, que l'opinion publique se trouve divisée; tandis que, si l'on connaissait toute la vérité, si les principes de la matière étaient mis à la portée de tous,

---

(1) Dans les tribunaux, l'accusé ou son défenseur a toujours la parole le dernier. On ne peut prononcer la clôture que quand il a déclaré qu'il n'avait plus rien à dire.

il y aurait unanimité d'opinions sur l'illégalité de la déportation, et sur l'innocence entière des malheureux qui ont placé toute leur confiance dans la justice du Roi et de son Gouvernement.

Oui, nous en avons la certitude, si V. Exc. connaissait comme nous-mêmes tout ce qui s'est passé, elle témoignerait sa juste indignation contre les auteurs de la persécution dirigée contre ceux dont nous avons entrepris la défense.

Nous en avons pour garant, ces paroles mémorables échappées du cœur de V. Exc., à la seule idée que le fils aurait été déporté pour son père, et le frère pour son frère.

Vous avez nié ces horreurs, et la Chambre entière a paru se soulever lorsqu'elle en a entendu le récit.

Eh bien ! elles ne sont que trop vraies; la vérité même passe toute croyance.

Il est incontestable que M. Germain-Saint-Aude, fils, qui figure parmi les trente-cinq déportés dirigés vers le Sénégal, a été arrêté, arraché à sa famille et à ses foyers, pour être embarqué sur un bâtiment du Roi, le jour même où on lui apprenait que son malheureux père, vieillard plus que sexagénaire, compris dans la première déportation du 23 décembre, s'était précipité la nuit dans les flots.

Ce n'est pas tout : M. *Rose-Ambroise*, propriétaire à la Basse-Pointe, était à peine déporté, que son fils aîné l'a remplacé dans les prisons.

M. Jacques *Cadet*, riche propriétaire, apprenant qu'il allait partir, fait appeler son jeune fils; pendant ce temps, l'atelier est envahi; le fils rend plainte devant le procureur du Roi; pour toute réponse il est arrêté lui-même.

M. *Procope* père a été déporté pour les colonies étrangères avec ses trois fils.

On a douté si le frère avait été arrêté pour le frère; cela n'est encore que trop vrai ! M. *Sidney Descasse*, instruit que des ordres avaient été donnés pour l'arrêter, s'était mis à couvert; son frère, négociant à Saint-Pierre, M. Montrose Descasse, a été déporté pour l'étranger.

Mais, dira-t-on, ils ont été arrêtés pour leurs propres fautes et non pour celles de leurs parens; sans doute on a pu alléguer ce prétexte; mais la vérité est qu'ils n'ont été privés de la liberté qu'après coup; leur seul crime était d'avoir fait entendre des plaintes légitimes sur l'injustice qui frappait leurs parens.

D'ailleurs, qu'y a-t-il d'incroyable dans ces faits? N'a-t-on pas déporté des personnes du sexe, sous prétexte de conspiration ou de liaison avec les conspirateurs?

N'a-t-on pas maltraité les sœurs, les épouses, les mères, les enfans des malheureux qu'on arrêtait? Connaissons-nous d'ailleurs toutes les infamies qui ont accompagné une proscription qui, selon l'état nominatif joint aux pièces, s'élevait déjà à deux cent vingt personnes à la date du 15 mars?

V. Exc. n'a pas été informée de ces faits; nous le concevons; les proscripteurs avaient intérêt à les dissimuler; mais ils n'en sont pas moins vrais; et ils resteront tels, jusqu'à ce que leur fausseté ait été démontrée par une enquête.

V. Exc. a dû s'apercevoir elle-même que l'on n'avait pas tout dit pour éclairer sa religion; ne lui a-t-on pas dissimulé cette lettre menaçante des colons blancs, qui explique si bien la véritable cause de la catastrophe de la Martinique?

V. Exc. a raison de mépriser le sentiment de rébellion qui a dicté cette lettre; mais tout doit être pesé dans la balance de la justice, et il était du devoir de M. le gouverneur de ne pas laisser ignorer un document aussi important aux ministres du roi.

Quand on accuse et quand on condamne, il faut faire connaître toutes les pièces à charge et à décharge.

On a dit aussi à V. Exc. que des témoins avaient

été entendus, que les prévenus avaient été interrogés, et qu'enfin certaines formes de justice avaient été observées; et bien, Monseigneur, tout cela est encore faux; si des témoins avaient été entendus, les accusés en auraient eu connaissance, ils auraient dû être confrontés; car qu'est-ce qu'un témoignage non contredit?

Si les prévenus ont été interrogés, que l'on produise leurs interrogatoires; mais on ne les produira pas; car nous pouvons affirmer que, parmi les quarante-trois personnes déportées pour la France, Hyppolite Zenne, Jacques Cadet, et Charlery Desgrottes ont été les seuls qui aient été interrogés; et comment l'ont-ils été? les deux premiers dans la prison même (comme si c'était un lieu propre aux opérations de la justice), par le procureur du roi, qui n'était pas assisté de son greffier. La décision de la déportation était prise dès avant son interrogatoire, puisque le procureur du roi l'annonça même avant d'avoir terminé sa mission. Charlery Desgrottes fut interrogé au parquet de la Cour, par le procureur-général (M. *Richard de Lucy*); mais un procureur-général n'est pas un juge; et il n'y avait pas de greffier assermenté pour tenir note des demandes et des réponses.

Voilà cependant, Monseigneur, comme on trompe votre religion et celle du roi; voilà comme on se joue, dans les colonies, de l'honneur et de la liberté des citoyens!

C'en est assez sur les faits. S'il y avait inexactitude elle ne pourrait être rectifiée que dans un débat contradictoire; combien, dans les affaires judiciaires, de faits de cette nature, recueillis dans l'instruction écrite, qui ne supportent pas le grand jour de la discussion, et que l'accusation est obligée d'abandonner! Ce fameux complot dont on a effrayé V. E. et qu'on a mis en avant pour être déclaré le sauveur de la colonie, quand on en est en effet (avec intention ou non, peu importe) volontairement l'oppresseur, s'évanouirait comme la fumée, s'il était soumis à un débat public et oral; c'est une pure chimère.

Maintenant arrivons aux principes et à leur application. Supposé qu'il y ait eu des coupables, et que le bien de la colonie voulût qu'ils fussent punis, les lois coloniales avaient tracé la marche; il y a des tribunaux dans la colonie; ces tribunaux ont connu de l'accusation portée contre Bissette, Fabien et Volny; ceux-ci du moins, si l'on a violé les formes et les lois, ont un moyen sûr d'en obtenir réparation; la Cour de cassation fera droit à leurs griefs. Ceux-là sont jugés, et à leur égard, le ministère n'a d'autres devoirs à remplir que de transmettre les pièces qui lui sont remises à titre de dépôt, pour arriver plus sûrement à leur destination.

Mais quant aux déportés qui, quoi qu'on ait pu dire à V. E., ont touché le sol français, qui ont communiqué avec la mère-patrie, qui ont saisi, de leurs justes réclamations, les autorités locales et supérieures, à Brest et à Rochefort, dont plusieurs d'ailleurs ont débarqué; que leur répondra-t-on? Pourra-t-on dire qu'ils ont été *jugés?* Pourra-t-on leur donner légalement la qualité de *condamnés?*

Ces épithètes flétrissantes leur ont été données; loin de nous la pensée d'accuser la pureté des intentions; S. M. qui ne pourrait pas enlever au plus humble de ses sujets la moindre parcelle de sa propriété, aurait-elle délégué à d'autres le pouvoir de disposer arbitrairement de la liberté, qui est la première et la plus précieuse des propriétés? on n'a pas informé V. E. de la différence immense qu'il y avait entre un tribunal légalement institué et le conseil de gouvernement qui a pris sur leur sort des décisions que l'on a toujours cachées.

La justice et l'administration sont deux choses depuis long-temps séparées, même aux colonies; on pourrait en rapporter mille preuves; nous les avons données ailleurs; il suffit d'indiquer les édits de création des conseils supérieurs. Toutes les lois coloniales défendent aux gouverneurs de s'immiscer dans l'administration de la justice.

Qu'est-ce que le conseil de gouvernement de la Martinique? Est-ce une cour de justice régulière, une cour prévôtale, une cour spéciale, un conseil de guerre ou une commission militaire? Ce n'est rien de tout cela; car jamais roi de France n'a accordé à un seul homme le droit de prononcer des *condamnations* sur la vie et l'honneur.

Je dis à un seul homme, car le réglement qu'on invoque donnerait au gouverneur le droit de prononcer seul la déportation ou le bannissement, contre l'avis des autres membres du conseil de gouvernement.

Même dans les commissions militaires, le sujet de l'accusation est connu, l'accusé est appelé, les témoins lui sont confrontés, il a un défenseur, il est entendu dans tous ses moyens, on va aux opinions, la conscience des juges est chargée de la responsabilité du jugement quel qu'il soit.

Ici qu'y a-t-il de pareil? Il n'est pas même certain que le commandant militaire, le procureur-général et l'ordonnateur aient été appelés, qu'ils aient délibéré et qu'ils n'aient pas émis une opinion contraire à la déportation.

Quand même ils auraient été unanimes, comme ils n'ont pas reçu du roi le caractère de *juges,* leur décision n'est pas un jugement, mais une mesure de haute police? elle n'emporte pas la mort civile, ni aucune flétrissure; c'est si peu un jugement criminel, que si quelqu'un s'avisait de donner aux individus frappés par cette mesure, des qualifications flétrissantes, celui-là serait justement puni par les tribunaux comme *diffamateurs.*

Supposons que la liberté individuelle soit habituellement suspendue à la Martinique, quoiqu'il soit impossible de rapporter aucune LOI qui l'ait ainsi mise hors du droit commun, et que le réglement de 1817 ne soit applicable qu'aux pays où ces LOIS existent. Supposons, disons-nous, que M. le général Donzelot ait cru pouvoir prononcer par voie extrajudiciaire, du moins est-il incontestable que le réglement de 1817 ne lui donnait pas le droit de déporter au Sénégal ou ailleurs, mais seulement d'expulser de la colonie.

Là s'arrêtait son pouvoir : du moment donc que les déportés sont sortis de la juridiction extraordinaire de cette île, ils étaient libres de se transporter partout où bon leur semblait.

Ils l'étaient bien plus encore en touchant le sol français, qui est une terre de liberté, même pour les esclaves.

Si à Brest, on ne les a pas rendus à la liberté, c'est une erreur ; les mesures extrajudiciaires sont heureusement assez rares en France, pour qu'on leur pardonne d'avoir hésité. V. Exc. elle-même serait bien excusable d'avoir cru d'abord qu'elle ne pouvait les considérer comme entièrement libres.

Mais aujourd'hui qu'il est prouvé qu'ils ne sont point *condamnés*, que l'ordre de M. le général *Donzelot* n'a pas pu excéder sa juridiction, qu'il a reçu tout son effet; qui pourrait prononcer de même? Ce serait une seconde déportation ; où est la loi qui l'autorise ?

Si V. Exc. avait encore des doutes, qu'elle daigne consulter les jurisconsultes les plus dévoués à la légitimité, et réunir une commission de magistrats ; nous en sommes certains d'avance : tous s'accorderont à penser que les décisions du gouvernement de la Martinique n'ont point le caractère d'une *condamnation*, et qu'elles ont cessé de peser sur les supplians dès leur sortie de la colonie.

S'ils invoquent la justice de la métropole, ce n'est pas qu'ils ne doivent se considérer comme libres en

France, c'est pour avoir le droit de rentrer dans leurs foyers, et de reprendre la direction de leurs affaires.

C'est pour que le gouvernement prononce sur le droit de retour ; si on ne faisait pas justice, les supplians seraient obligés de réaliser leurs fortunes, et d'abandonner une ingrate patrie qui leur aurait refusé la protection de ses lois et des juges.

Mais quant à la déportation au Sénégal, elle est d'une illégalité et d'une injustice manifestes. V. Exc. doit s'empresser de rappeler ceux qui sont partis, et bannir du cœur de ceux qui sont restés, la crainte d'une semblable mesure.

Si le climat du Sénégal n'est pas meurtrier pour ceux qui vont y chercher fortune, il l'est pour ceux qui y sont conduits comme des criminels avec le sentiment de l'injustice qui leur est faite.

Dans notre longue révolution, des mesures semblables ont été prises ; des Français ont été déportés à Synamary, à Cayenne et ailleurs ; combien en sont revenus ? et qui n'a pas regardé ces déportations comme la plus affreuse des peines ?

Le défenseur des hommes de couleur a répudié comme eux-mêmes l'héritage de la révolution ; il n'a invoqué que les anciennes ordonnances, que les garanties accordées par Louis XIII, Louis XIV et Louis XVI, et confirmées par notre auguste monarque : est-ce là provoquer à l'incendie des colonies ?

Quant à ceux auxquels S. M. a départi la noble mission de faire parler sa justice, quels ne seraient pas leurs regrets, d'avoir laissé échapper cette occasion de réparer la plus criante injustice ? Les passions politiques sont étrangères à cette cause ! il ne s'agit que d'humanité et de justice.

Quelle gloire attend le ministre qui, sans se laisser séduire par les clameurs de l'esprit colonial, saurait proclamer la vérité, et venger l'innocence outragée ? On ne trouve qu'une fois dans sa vie l'occasion de s'immortaliser.

MÉMOIRE

A M. LE COMTE DE CHABROL,
NOUVEAU MINISTRE DE LA MARINE.

Paris, 14 août 1824.

Un noble pair (M. le vicomte Lainé), en soutenant, dans la séance du 3 août, avec son éloquence accoutumée, les projets de colonisation tentés dans la Guiane, n'a pu se défendre d'un mouvement de sensibilité.

« Ce fut, dit-il, une terre coupable, quand elle » servit à ces déportations dont le souvenir déchire » le cœur. »

A votre Excellence est réservé l'honneur de sauver un jour à la France cette flétrissante qualification, qu'elle aura méritée à plus juste titre si, ayant le pouvoir de réparer une injustice et d'arrêter l'exécution d'une mesure illégale, elle continuait à garder le silence.

Au mois d'avril dernier, quarante-un hommes de couleur, reste de quarante-trois choisis parmi les négocians, propriétaires et artisans de la Martinique, qui ont donné des preuves multipliées de leur fidélité au Roi, de leur attachement à la métropole et de leur zèle pour le repos de la colonie, ont été amenés dans le port de Brest, arrachés qu'ils étaient à leurs affaires, à leurs foyers et à leurs familles, sans qu'on leur ait encore (chose inouïe dans les annales judiciaires des peuples civilisés) donné copie, ni même lecture de la décision qui prononce contre eux une si terrible peine.

Ils étaient soupçonnés et non pas convaincus de conspiration. — Pour confondre leurs calomniateurs, ils attendaient leur débarquement, et demandèrent ou la liberté ou leur mise en jugement.

Aucune réponse ne leur fut faite. — Les suppliques les plus pressantes et les plus respectueuses furent adressées au prédécesseur de Votre Excellence. Il garda le silence.

Craignant, par la publicité donnée à leurs plaintes, de fournir un aliment à la malignité, et de fournir des armes pour attaquer le ministère, ils s'abstinrent d'user du droit qui leur appartenait de faire connaître à la France, au monde entier, leurs justes griefs. — On disait dans les bureaux qu'un sursis était accordé. — On leur faisait espérer la solution la plus favorable. Déjà ils regardaient leurs fers comme brisés, et l'espérance renaissait dans leurs cœurs.

Tout-à-coup leur défenseur apprend que trente-cinq de ces infortunés colons, conduits de Brest à Rochefort, sont embarqués pour le Sénégal. — Il ne pouvait croire à une pareille résolution, qui détruisait toutes les espérances qui leur avaient été données et qui blessait toutes les règles de la justice, puisque la décision n'a aucune existence publique et qu'aucune réponse n'avait été faite aux réclamations.

Le défenseur se hâta d'implorer un ordre de sursis par voie télégraphique. En même temps il adressait au Roi, en son conseil des ministres, un mémoire justificatif, qui prouve que non-seulement les infortunés qui réclament la justice suprême du monarque n'ont pas conspiré, mais encore qu'ils sont les victimes des menées séditieuses de quelques esprits ardens et brouillons de la colonie.

On peut ici hautement l'avancer, parce que MM. Billecocq et Chauveau-Lagarde ont hautement exprimé leur conviction désintéressée à cet égard, ce mémoire a convaincu la France et le monde entier de l'innocence des supplians.

Son Excellence elle-même parut ébranlée. — Le 2 juillet elle fit adresser à leur défenseur une lettre datée du 30 juin, portant qu'elle allait se faire rendre compte, *sur-le-champ*, de l'objet de leurs réclamations.

Cette lettre contenait la promesse implicite de faire connaître la réponse; car il est inutile d'examiner, si l'on veut se taire sur le résultat de l'examen. — Ce silence est un aveu que l'on n'a rien trouvé à opposer aux raisonnemens du mémoire.

Mais Son Excellence, le marquis de Clermont-Tonnerre, s'est crue apparemment dégagée de cette obligation sacrée de répondre au malheur, par les applaudissemens qu'elle obtint à la tribune de la Chambre des députés, le 17 juillet, en défendant une allocation de son budget.

Nous avons démontré, dans le mémoire du 23 juillet, combien Son Exc. avait été trompée sur les faits.

Néanmoins, elle a continué de garder le silence, jusqu'au moment de sa retraite, malgré la décision de la chambre des pairs, qui, dans sa séance du 30 juillet, n'est passée à l'ordre du jour sur la pétition des déportés, que parce que le gouvernement devait statuer sur la question.

Un pareil silence est si contraire aux habitudes du gouvernement royal, et aux règles d'un gouvernement légitime, qui se dirige toujours d'après les lois et les convenances, qu'on est obligé d'en chercher les raisons.

Le prédécesseur de Votre Excellence aura, sans doute, été conduit à penser que la décision ou les décisions relatives aux déportés de la Martinique, étaient irréformables, parce qu'elles seraient des *jugemens*.

On dit que c'est pour se conformer strictement à ces décisions, que quatre d'entre ces déportés ont une résidence forcée assignée en France; et que trente-sept autres doivent être envoyés au Sénégal.

Mais puisque les décisions dont il s'agit n'émanent d'aucune autorité judiciaire, puisqu'elles n'ont été accompagnées d'aucune forme de justice, puisqu'il n'y a eu aucun débat contradictoire, aucune défense, il est évident que ces décisions n'ont pas l'autorité de la chose jugée.

Ce sont des actes administratifs, sujets à réformation de la part de l'autorité supérieure; ils contiennent d'ailleurs, nous le savons, la réserve expresse de cette approbation.

Donc, du moment que ces décisions ont été adressées au ministère par le général Donzelot, il y a eu nécessité d'examiner et de soumettre au Roi les mesures que la justice et les lois de la métropole commandaient.

Or, ce que la justice veut, c'est que les innocens soient déclarés tels.

Ce que les lois de la métropole exigent, c'est qu'on ne retienne pas en prison, sur la terre de France, des hommes qui ne sont frappés d'aucun jugement, qui ne sont pas même suspendus de leurs droits civils.

La politique aussi recommande de ne pas porter le désespoir, par un cruel déni de justice, dans une population nombreuse, industrieuse et fidèle, dans un moment où tous les intérêts de l'Etat se portent vers les colonies, et où les négociations entamées avec Saint-Domingue, quelle qu'en soit l'issue, sont déjà contrariées par ce qui s'est passé à la Martinique.

Dans le cas même où par suite de rupture on préparerait une guerre contre Saint-Domingue, on aura besoin de cette population fidèle, qui a fait toutes sortes de sacrifices dans les jours de danger.

Si dans les colonies le gouvernement est en possession du droit barbare et illégitime de bannir sans jugement, il est évident du moins que ce pouvoir extra-judiciaire ne peut pas s'étendre au-delà des limites de l'île, etc.

Les exposans supplient donc Votre Excellence, en conséquence de la décision du 30 juin 1824, de se faire rendre un compte spécial de cette affaire, etc.

CONSULTATION DU BARREAU DE BOURGES.

LE CONSEIL SOUSSIGNÉ, qui a lu un Mémoire à consulter, expositif des principaux faits suivans :

Quarante-trois propriétaires et négocians ou artisans de la Martinique ont été enlevés par ordre du gouverneur Donzelot, et conduits en France.

Cet ordre n'a point été notifié aux déportés : deux sont morts dans la traversée.

Quarante-un sont arrivés dans la rade de Brest, où ils ont débarqué un instant. Ils y ont donné mandat, par écrit, de réclamer la protection des lois contre cette déportation.

Quatre sont résidens à Brest; ils ont déposé au greffe du tribunal une protestation du 21 mai 1824, et ont demandé des passe-ports pour Paris.

Le 3 juin, le sous-préfet de Brest leur a répondu, par écrit, qu'ils étaient retenus sous la surveillance de la haute police en vertu des ordres du ministre de la marine.

Les trente-sept autres ont été conduits à Rochefort, en rade de l'île d'Aix; là ils ont réclamé, par l'organe d'un avocat, leur mise en liberté. Le commandant de la marine à Rochefort a répondu, le 15 juin, qu'il ne pouvait accéder à la demande de l'avocat, attendu que les déportés étaient détenus en vertu d'une dépêche du ministre de la marine.

Le 25 juin, trente-cinq ont été embarqués, malgré leurs protestations, à bord du navire le *Chameau*, pour être déportés au Sénégal; deux sont restés comme détenus à l'hôpital de Rochefort.

Le 12 juillet, M. le procureur du roi leur a donné acte de leur plainte sur leur illégale détention.

Le 23 juillet, les déportés résidant à Brest et à Rochefort ont déclaré se pourvoir en cassation contre les jugemens et décisions en vertu desquels ils sont privés de leur liberté.

On prétend que la déportation, sans jugement, est autorisée, à la Martinique, par un réglement du 10 septembre 1817, ayant force de loi, et l'on ajoute que les décisions, à l'égard de ces déportés, ont l'autorité de la chose jugée, et sont de véritables condamnations que le ministère français doit faire exécuter.

On observe que ces décisions sont encore inconnues aujourd'hui aux consultans; que, si des témoins ont été interrogés, aucun des déportés n'a connaissance de ce fait, et qu'eux-mêmes n'ont subi aucun interrogatoire juridique.

On propose à résoudre les questions suivantes :

1°. Si le réglement de 1817, en le supposant publié dans la forme légale avait l'autorité d'une loi coloniale, selon l'art. 73 de la Charte; et si, par conséquent, le gouverneur a pu, en vertu de ce réglement, enlever les déportés à leurs juges naturels?

2°. Si, du moins, la déportation n'a pas cessé de produire son effet, hors des limites de la juridiction de l'île; si elle n'était pas provisoire de fait et de droit?

3°. Si les déportés n'ont pas suffisamment touché le sol français, et n'ont pas été autorisés à réclamer leur mise en liberté?

4°. Si le ministre de la marine a été dispensé de faire droit à leur réclamation, et s'il a reçu de la loi le pouvoir de confirmer et donner force d'exécution à une mesure extra-judiciaire ?

5°. Si l'on peut donner aux consultans la qualité de condamnés, et s'ils ont perdu, par l'effet des décisions du gouverneur de la Martinique, aucun droit civil?

Est d'avis des résolutions suivantes.

Sur la Ire question.

Si le réglement de 1817 a force de loi et donnait pouvoir de déporter?

Ce réglement porte l'intitulé suivant :

« Au nom du roi, le maréchal de France, minis-
» tre secrétaire d'État au département de la marine
» et des colonies, a *arrêté* et *arrête* ce qui suit. »

Ce n'est pas une ordonnance : celle-ci est supposée émanée directement de la puissance royale : le ministre au département duquel elle appartient la contresigne pour attester la volonté directe du prince.

Ici c'est le ministre qui agit seul, qui exprime sa volonté ministérielle non connue du prince, non délibérée dans son conseil : c'est un simple acte d'administration.

Si les ordonnances elles-mêmes doivent être faites pour l'exécution des lois, à plus forte raison les simples actes d'administration doivent-ils y être conformes? (Art. 14 de la Charte.)

Si donc le pouvoir de déportation ne se trouve pas dans une loi antérieure, cet acte purement ministériel n'en peut avoir posé le principe ; ce n'est pas par des instructions, par des décisions, par des lettres d'administration, que l'on peut créer sur les personnes libres une dictature que le droit public refuse à la législature elle-même, dans les gouvernemens libres.

Ainsi, en s'arrêtant à la forme de l'acte, à l'autorité essentiellement inférieure à la loi dont cet acte émane, à la nécessité de l'intervention de la puissance législative pour lui imprimer le caractère de loi, le réglement du 10 septembre 1817 n'est évidemment pas une loi, ni une ordonnance pour l'exécution des lois.

C'est un acte purement ministériel obligatoire, en tout ce qu'il renferme de conforme aux lois, parce que le ministre est préposé à l'exécution des lois; mais sans efficacité, non pas seulement en ce qu'il renfermerait de contraire aux lois, mais encore en tout ce qu'il prescrirait de dérogatoire au droit naturel et au droit commun.

Le texte de ce réglement administratif, après avoir déterminé les délégations de puissance exécutive à divers fonctionnaires des colonies et la forme de leurs délibérations et arrêtés, dit, article 8 : Aucun indi-
» vidu NE POURRA être *extraordinairement banni ou*
» *déporté* de la colonie; aucun agent du gouverne-
» ment poursuivi pour délit commis dans l'exercice de
» ses fonctions, sans qu'il en ait été délibéré, et en
» conseil spécial, où siégeront, avec le gouverneur et
» administrateur pour le roi qui le présidera, le com-
» mandant militaire, le procureur général et l'ordon-
» nateur. »

On ne peut pas traduire ces mots : « Aucun individu
» *ne pourra* être extraordinairement banni ou déporté
» de la colonie sans qu'il en ait été délibéré en con-
» seil spécial. »

Par ceux-ci :

« Tout individu pourra être extraordinairement
» banni ou déporté après qu'il en aura été délibéré
» en conseil spécial. »

Le premier texte suppose seulement le pouvoir de déportation déjà préexistant.

Le second texte créerait lui-même un tel pouvoir.

La supposition de l'existence de ce pouvoir, si elle est démentie par le fait, ne devient pas une vérité légale, par cela seul qu'elle est inscrite dans un acte purement ministériel.

La création de ce pouvoir extra-légal ne peut naître non plus d'un acte purement ministériel, et par conséquent essentiellement subordonné aux lois.

La déportation est une peine. (Art. 6 du C. P.)

Elle ne peut jamais être, comme l'arrestation, un moyen de mettre le prévenu sous la main de la justice ; elle le soustrait au contraire à ses juges naturels, quand elle est prononcée sans jugement.

Elle ne peut être non plus une mesure préventive, puisqu'elle produit des effets irréparables pour celui qui est obligé de souffrir la douleur physique d'une violente translation dans des climats souvent mortels, le chagrin d'une séparation brusque d'avec sa famille et tous les objets de son affection, la rupture subite et ruineuse de toutes ses relations intéressées, l'anxiété cruelle inhérente à une situation dont la durée est indéfinie.

C'est au pouvoir judiciaire qu'il appartient exclusivement de prononcer des peines ; le pouvoir administratif ne peut pas plus, de sa nature, prononcer la déportation que la marque, le carcan, la détention, les fers. Un État où les citoyens seraient exposés, tout à la fois, à des peines prononcées par jugement des tribunaux, et à des peines identiques prononcées par décision administrative, n'aurait en réalité ni pouvoir judiciaire ni pouvoir administratif; cette double juridiction pénale, établie sur deux lignes parallèles, ne constituerait que l'anarchie et ne produirait que la tyrannie.

Toute application de peine attribuée au pouvoir judiciaire, est par cela même déniée au pouvoir administratif indépendamment du principe qui refuse à celui-ci toute capacité pour juger.

Or, en compulsant la volumineuse législation coloniale, composée de tant d'édits, d'ordonnances, d'arrêts du conseil, d'arrêtés et réglemens coloniaux, on trouve :

1°. L'arrêt du conseil d'État du 21 mai 1762, contenant réglement entre les officiers de justice et les gouverneurs, portant défense a ceux-ci d'entreprendre sur les fonctions des juges.

C'est bien assurément entreprendre sur les fonctions des juges, que d'appliquer une peine de leur compétence. L'absence de toute instruction légale de la part du pouvoir administratif n'excuse pas l'usurpation de juridiction, elle l'aggrave au contraire, puisqu'elle fait le mal avec moins de précautions.

2°. L'ordonnance du 24 avril 1679 qui défend aux gouverneurs de mettre en prison et de condamner à l'amende les habitans de la colonie.

Assurément encore, la répression de l'abus des arrestations arbitraires renferme bien virtuellement la défense de prononcer des déportations, plus oppressives, plus cruelles, sans contredit, que l'arrestation et l'amende.

3°. L'arrêt de réglement du 24 mars 1763 sur l'administration coloniale de la Martinique qui, après avoir établi la séparation du gouvernement militaire et civil confié à un gouverneur, d'avec la justice confiée à un conseil supérieur, dit, article 24 : « Que » les gouverneurs pourront arrêter les malfaiteurs *ou* » *autres qui troubleront l'ordre public* et *les faire* » *punir*, sauf, si le cas *requiert* que procès leur soit » fait, à les remettre ès-mains de la justice ordinaire. »

Faire arrêter les malfaiteurs *ou autres* qui *troubleront l'ordre public* et *les faire punir;* voilà l'attribution de police administrative. Elle a deux élémens : *Faire arrêter*, mais non pas prononcer un emprisonnement qui ne se confond pas avec la simple mesure provisoire d'arrestation ; *faire punir*, mais non pas prononcer eux-mêmes des applications de lois pénales et afflictives, sans quoi l'obligation *de les remettre à la justice ordinaire* ne signifierait plus rien, et la distinction des deux pouvoirs administratif et judiciaire établie par ce réglement disparaîtrait entièrement ; *les faire punir* s'entend ou de l'application des peines de simple police administrative pour de simples contraventions, ou de l'emploi du pouvoir judiciaire dans tous ses degrés, dont le gouverneur a le droit d'exciter la juridiction répressive contre les perturbateurs quelconques de l'ordre public qu'il lui dénonce, après les avoir préliminairement fait arrêter.

Dans aucun cas, on ne peut trouver dans ce texte le droit administratif de déporter, puisque la déportation est précisément une peine du haut criminel, qui, si elle était méritée, aux yeux du gouverneur, l'obligerait à remettre le prévenu ès-mains de la justice ordinaire pour lui faire son procès.

4°. L'ordonnance de Louis XVI, du 22 mai 1775, qui défend encore, en statuant sur le gouvernement civil, aux gouverneurs, d'entreprendre sur les fonctions des officiers de justice.

Cette ordonnance, conforme sur ce point à celle du 21 mai 1762, prouve seulement qu'il y avait une propension d'usage dans les gouverneurs des colonies à empiéter sur le pouvoir judiciaire.

Si l'ancien ordre de choses ne renferme aucune attribution administrative du pouvoir de déportation, le régime constitutionnel n'est assurément pas propre à le créer.

L'art. 73 de la Charte, en disant que les « colonies » *seront* régies par des lois et réglemens particuliers, » ne leur promet certainement pas le pouvoir arbitraire de déporter sans jugemens les habitans des colonies. Il leur fait espérer au contraire une prompte assimilation des lois coloniales à celles de la métropole, avec les seules différences indispensables aux localités. Ainsi l'abolition de l'esclavage qui exige, dans l'intérêt même des esclaves, des mesures transitoires pour les conduire à la liberté sans danger pour eux et pour la colonie, peut résister à l'idée d'une subite assimilation de la législation coloniale. Ainsi la distinction établie, par le fait, entre les deux castes d'hommes libres, présente peut-être de sérieuses difficultés dans l'égalité politique et dans le nivellement de ces deux classes : mais le titre d'hommes libres qui leur est commun, s'il admet des distinctions dans les droits politiques, ne peut reconnaître le pouvoir administratif de la déportation arbitraire qui anéantit ce titre.

Liberté et pouvoir arbitraire de déportation sont deux choses absolument incompatibles. Comment concevoir la faculté d'agir librement, quand toute action peut exposer à la déportation, parce qu'il n'en est pas qui soit exempte du soupçon. Quelle idée possible se faire de deux classes d'hommes libres dont aucune n'a la certitude que la propriété de sa personne sera respectée? Quelle prétention peut soutenir, quels droits peut invoquer, quelle autre propriété peut disputer avec sécurité celui qui n'a pas la première de toutes les sûretés, celle de sa personne? Il n'y a point de propriétés là ou existe un homme revêtu du pouvoir d'en ôter la jouissance à son gré et à chaque instant.

Il n'y a point de lois, point d'organes des lois, là où existe un homme qui impose silence aux lois et à ses organes. Si l'on réside sur le territoire, c'est qu'il le veut bien; si l'on y respire, c'est qu'il y consent; si l'on possède, c'est qu'il n'a pas encore dépossédé. « N'avoir pas la propriété de ses biens, dit M. de La
» Chalotais (1), c'est être esclave; n'avoir pas la li-
» berté de sa personne, c'est le plus grand esclavage
» que les lois civiles connaissent. Ce degré de la dé-
» gradation de l'humanité suppose le plus grand des-
» potisme. »

On ne peut pas dire, sans blasphémer contre la Charte et son auguste auteur, qu'elle a effacé le titre d'hommes ●●● pour les deux castes des habitans des colonies. ●● faut conclure qu'elle aurait aboli le pouvoir arbitraire de déportation, s'il avait existé, comme incompatible avec la liberté qu'elle fonde ou qu'elle maintient.

L'ordonnance du 22 octobre 1819, digne émana-

---

(1) Sur les constitutions des Jésuites.

tion de l'art. 73 de la Charte, promet la continuation des travaux pour la mise en activité des Codes français dans les colonies ; et par anticipation, elle oblige les Cours royales remplaçant les conseils supérieurs à motiver leurs arrêts. Cette ordonnance renferme nécessairement un principe incompatible avec le pouvoir de déporter administrativement sans jugement. Il ne peut y avoir de Codes de lois dans les colonies, s'il y a un pouvoir arbitraire de déportation. Le principal objet des Codes est la jouissance des droits civils. La déportation arbitraire qui enlève cette jouissance ne peut co-exister avec des Codes qui la protègent. Le législateur qui dirait à son peuple : « Je vous promets des Codes pour protéger » vos personnes et vos propriétés ; mais j'établirai » des agens qui enlèveront vos personnes à leur gré, » pour les déporter où il leur plaira, et aussi long-» temps qu'ils le voudront, » ferait une promesse de la plus amère dérision. Jamais les modifications dont les Codes promis sont susceptibles à raison des différences locales ne peuvent en détruire l'essence qui est de respecter le droit naturel et le droit public, qui garantissent la première de toutes les propriétés, celle des personnes.

Assurément la Charte n'a pas inscrit les colonies dans l'art. 73 pour les mettre entièrement hors du droit public de France, dont elles sont une partie intégrante d'après la loi du 1ᵉʳ mars 1790. L'ordonnance du 22 novembre 1819 n'a pas permis non plus l'introduction des Codes français pour maintenir ou constituer dans les colonies un pouvoir arbitraire destructeur de la propriété des personnes, base essentielle de ces Codes.

Ainsi se trouve résolue négativement la première question de savoir si le règlement du 10 septembre 1817 a force de loi, et s'il donne le pouvoir de déporter sans jugement.

Ce règlement, émané du ministre seul, ne peut être

obligatoire que comme expression fidèle d'une loi antérieure.

Il n'a ni la forme ni l'efficacité d'une loi ou d'une ordonnance rendue pour l'exécution des lois.

Il n'existe aucune loi antérieure qui attribue au gouverneur colonial le pouvoir arbitraire de déportation.

Il existe au contraire des ordonnances et réglemens qui, en séparant l'administration militaire et civile d'avec la justice, refusent à l'une la juridiction pénale réservée exclusivement pour l'autre.

Il existe encore des ordonnances et réglemens qui prohibent les arrestations arbitraires de la part des gouverneurs, mesures cependant bien moins acerbes que la déportation, et d'autres qui, en permettant l'arrestation des perturbateurs de l'ordre public, dans les colonies, ordonnent de les remettre à la justice ordinaire, si le cas le requiert, c'est-à-dire s'ils ont encouru l'application d'une loi pénale par la juridiction criminelle.

Il en résulte que l'acte purement ministériel du 10 septembre 1817, a supposé, par erreur, qu'il y avait dans la législation antérieure, une attribution au gouverneur de la colonie, du pouvoir de déporter.

Si un tel pouvoir avait existé, son incompatibilité absolue avec l'ancien et le nouveau droit public consacré par la Charte l'aurait aboli.

Sur la IIe question.

Si la déportation a cessé hors du territoire colonial, et si elle n'était pas provisoire de fait et de droit.

L'affirmative résulte des raisons suivantes.

Mais cette solution n'est donnée que pour l'hypothèse contraire à la précédente résolution selon laquelle le pouvoir arbitraire de déportation ne peut pas exister légalement, et n'est aussi fondée non plus sur aucune loi.

Si, contre le vœu du plus auguste monument de notre ancien droit public, la loi salique, qui veut que les « Français soient juges les uns des autres (1) ; » contre tous les capitulaires (2) qui proscrivent les ordres arbitraires donnés sans procédures préalables, sans conviction de la culpabilité du prévenu, « en » sorte que l'accusé ne puisse nier le crime, et que » la loi ne soit pas violée par le poids de la puissance (3) ; » contre les déclarations de nos premiers rois, qui frappaient de nullité tous les actes de leur autorité contraires aux lois (4) ; contre tous les anciens fastes de la nation qui lui assurent le privilége de ne pouvoir être même emprisonné, ce qui est bien moins que d'être déporté, sous quelque prétexte que ce soit, à moins de crime notoire ; contre le droit naturel auquel toutes les lois positives sont seules subordonnées ; contre le droit public exprimé dans la Charte, il était possible de reconnaître une haute police ayant le pouvoir de déporter sans jugement, par mesure administrative, une telle dictature sur les personnes serait nécessairement limitée et réformable dans ses écarts.

La puissance de retrancher de la société coloniale l'individu soupçonné d'en troubler la paix publique ne doit produire que des actes essentiellement provisoires. Ceux qu'elle atteint ne sont que soupçonnés ;

---

(1) Pactum legis salicæ. Voyez Baluze.
(2) Voyez Baluze.
(3) Non nunquam gravedo potestatis depravare solet justitiam sanctionis. L. des Visigoths.
(4) Si quis auctoritatem nostram subrepticè contra legem elicuerit fallendo principem, non valebit. V. cap. de Clotaire I en 560, Baluze, T. I, fol. 7, n° 5. Quidquid legibus decernitur omnibus contra impetrandi aliquid licentia derogatur, quæ si quolibet impetrata fuerit vel obtenta, à judicibus repudiata inanis habeatur et vacua. — Idem.

car sans jugement légal il n'y a jamais qu'un soupçon. C'est au jugement légal exclusivement qu'appartient la puissance de convertir le soupçon en conviction.

L'administration ne peut donc imprimer à la déportation tout au plus que le caractère de mesure préventive. Cependant si elle lui faisait produire un effet indéfini quant au lieu où elle déporterait ou quant à la durée de la déportation, elle commuerait la mesure préventive en châtiment. Le soupçon conquerrait la même efficacité que le jugement, et cela s'appelle tyrannie.

Or, déporter ailleurs que sur le territoire de la métropole, c'est précisément commettre un de ces actes de tyrannie qui convertissent la mesure de police en punition et le soupçon en jugement.

C'est sur le territoire de la métropole qu'existe l'autorité supérieure qui doit juger l'administration elle-même dans l'exercice de ce pouvoir arbitraire.

C'est là que la plainte doit avoir la puissance de l'atteindre. C'est là que le soupçon qui osa proscrire sans jugement doit se justifier lui-même, par la nécessité du salut de la colonie, d'avoir violé le droit naturel et la loi commune.

C'est là que la mesure provisoire doit être révoquée, si elle n'est pas indispensable, tempérée par tous les allégemens, si elle était nécessaire, limitée dans sa durée parce qu'elle est essentiellement temporaire.

C'est là que le colon, aussitôt qu'il a touché du pied le sol de la mère-patrie, doit, comme un nouvel Antée, retrouver toutes les forces de la liberté pour combattre et pour vaincre le despotisme colonial dans ses excès ou dans ses erreurs.

C'est là que doivent le suivre tous les documens nécessaires au bill d'indemnité dont l'administration a besoin pour avoir attenté à la liberté civile qu'il est de son devoir de protéger.

Le soupçon de la police la plus arbitraire ne peut

donc jamais que dénoncer et traduire devant le pouvoir supérieur de la métropole la personne de celui qu'elle retranche provisoirement de la société coloniale.

Il serait impossible de concilier avec les plus légères notions d'un gouvernement régulier le pouvoir de déporter définitivement, sans jugement, deux cent soixante personnes libres, tel que cela vient d'arriver à la Martinique.

Un tel pouvoir serait, par le fait, supérieur à la puissance royale dont il émane cependant. Il serait sans responsabilité au respect des victimes de ses actes arbitraires, car il les mettrait, par le choix du lieu de la déportation, dans l'impuissance réelle de réclamer, tandis que la royauté ne peut agir que par des fonctionnaires responsables. Il condamnerait sans formes judiciaires, tandis que le roi ne peut jamais juger, ni intervertir l'ordre des juridictions. Il opérerait par des déportations en masse sur la population coloniale, tandis que la royauté de la métropole ne peut jamais influer que par des jugemens individuels, par des punitions graduées selon la culpabilité, par des magistrats de son choix dans leur institution mais indépendans dans leur action. Le gouverneur de la colonie en serait le despote; et le roi de France n'en serait que le monarque constitutionnel.

Assurément l'acte ministériel du 10 septembre 1817, ne peut avoir créé ce pouvoir gigantesque. Si l'on peut en extraire une autorisation pour des mesures de police contraire à notre droit public, c'est indubitablement avec les conditions nécessaires,

1°. De soumettre au pouvoir supérieur de la métropole la confirmation ou la rétractation de la mesure.

2°. De mettre la victime d'une telle mesure arbitraire en état de faire personnellement accueillir ses plaintes contre l'exercice ou l'abus du pouvoir colonial.

Arrivé sur le territoire de la métropole, le déporté n'est plus qu'un citoyen essentiellement soumis exclusivement au droit commun. En touchant cette terre de liberté, dont l'ancienne vertu est d'affranchir l'esclave qui y met le pied, il conquiert la faculté de se replacer sous la protection du droit public et constitutionnel. L'arbitraire colonial n'est pas une sorte de statut personnel qui suit partout ses victimes et les frappe, jusque sur le sol français, d'incapacité dans la jouissance des droits civils.

Rien dans la législation n'autorise une telle pensée; et la raison la réprouve évidemment, parce que la raison est contre toutes les anomalies qui conspirent contre le droit naturel et la loi commune.

Sur la IIIe question.

Si les déportés n'ont pas suffisamment touché le sol français, et n'ont pas été autorisés à réclamer leur mise en liberté.

Le fait d'avoir touché le sol français est établi clairement dans l'exposé préliminaire, où l'on dit que quatre déportés sont à Brest; trente-sept arrivés à Brest ont été conduits à Rochefort, et parmi eux, trente-cinq ont été ensuite embarqués à bord du navire le *Chameau*, pour le Sénégal.

On les suppose même tous en rade de Brest ou en rade de l'île d'Aix.

On suppose que la législation coloniale a un empire distinct de la législation de la métropole, et qu'il faille sortir de l'une pour conquérir les bienfaits de l'autre.

La loi française a nécessairement le gouvernement des personnes et des choses en rade d'Aix ou de Brest : ces rades sont une partie intégrante du royaume continental de France. Le droit maritime reconnaît la possession des rades, des ports, des îles, de toutes les parties de la mer y adjacentes, sur lesquelles s'étend la force habituelle de défense et de protection de la puissance continentale ; aucune autre puissance étrangère ne pourrait y faire paraître ses vaisseaux sans le consentement de la France, à moins de déclaration de guerre. La plupart des traités de paix et de commerce ont fixé à deux lieues des côtes la domination respective des souverains. Il y a plus ; depuis la loi du 4 germinal an II, titre 2, article 3, tout capitaine arrivé dans les quatre lieues de la côte est soumis à l'exhibition de son manifeste, à la visite, en un mot, à toute l'action de la loi continentale française. S'il ne peut être rien soustrait des choses à l'empire de la loi française, en cette position, assurément cette loi domine aussi sur les personnes françaises ou naturellement sujettes à la souveraineté française dans la même position.

Aucun crime, aucun délit, aucune contravention ne pourraient se commettre en rade de Brest ou de l'île d'Aix, sans être répressibles selon la loi française. Le gouverneur de la Martinique, quelque pouvoir arbitraire qu'on lui suppose, ne pouvait donner l'ordre de conduire un individu sur le territoire ou sous la juridiction de la loi française du continent ; puis de le reprendre, de le soustraire à l'empire de cette loi, pour le conduire au Sénégal, ou à Cayenne, ou à Synamary, ou dans tout autre lieu de déportation. L'ordre du gouverneur expirait avec sa puissance, là où commençait le règne supérieur, la souveraineté prédominante de la loi continentale.

En France, il n'y a de détention légale possible que celles autorisées par le droit public de France. Si le déporté réclamait sa liberté pour en jouir sur le sol continental, assurément il n'était pas de pire condition que le dernier des esclaves qui aurait conquis sa liberté par le fait seul d'être placé sous le bénéfice de la loi française. L'ordre arbitraire de déportation imprime bien le sceau d'une servitude sur la victime ;

mais il n'est pas plus indélébile que le caractère de la servitude native que la loi française efface pleinement aussitôt qu'elle étend son empire sur l'esclave, quelle que soit son origine : la déportation sans jugement ne pouvant être une punition légale, n'avait aucun caractère permanent; elle ne s'attachait pas à la personne, comme la peine légale : la police administrative avait atteint son but de préserver la colonie de l'influence perturbatrice dont elle avait soupçonné le déporté; elle l'avait retranché de la colonie, mais elle ne pouvait le retrancher de la société politique à laquelle il appartenait, et par sa naissance sur un territoire dépendant de l'empire français (loi du 1ᵉʳ mars 1790), et par sa présence sur le territoire français et sous la juridiction de la loi française.

Sur la IVᵉ question.

Si le ministre de la marine a pu se dispenser de faire droit à leur réclamation, et s'il a reçu de la loi le pouvoir de confirmer et de donner force d'exécution à la déportation extra-judiciaire ?

Le pouvoir du ministère de la marine est respectivement aux colonies, aux personnes et aux choses qui dépendent des colonies, le même que celui du gouverneur, quant à sa nature; il lui est supérieur dans ses effets purement administratifs : le réglement du 16 septembre 1817 exige du gouverneur et du procureur général l'envoi, au ministre de la marine, d'une double expédition du procès-verbal de la délibération du conseil spécial qui a arrêté la mesure de déportation : cela suppose le pouvoir supérieur de confirmation ou de rétractation qui d'ailleurs se trouve naturellement dans la hiérarchie administrative, puisque le ministre transmet au gouverneur les ordres du roi qui peut rétracter ou confirmer une mesure administrative.

Mais il ne faut pas confondre les matières purement administratives avec le contentieux administratif : aussitôt qu'une mesure administrative offense la propriété des personnes ou des choses, aussitôt peut naître la plainte qui donne lieu au contentieux administratif. Le ministre qui a l'administration, n'a pas le contentieux administratif dans ses attributions : juge et directeur naturel des personnes qu'il emploie dans l'accomplissement des services publics, relativement aux fonctions qu'il leur confie, il n'est rien, il est sans autorité au respect des tiers qui prétendent être offensés par les actes administratifs de lui ou de ses agens, ou de tous fonctionnaires placés dans sa hiérarchie administrative.

Quand les déportés se sont plaints, soit de leur déportation comme d'un acte arbitraire, soit de leur embarquement forcé de Rochefort sur le *Chameau*, pour le Sénégal, le ministre aurait pu sans doute faire cesser cette violence, en prescrivant une conduite contraire à ses agens subordonnés ; mais s'il ne le jugeait pas convenable, il était sans juridiction sur une pareille plainte ; elle faisait naître un contentieux dévolu au conseil d'État, soit pour reconnaître la compétence du pouvoir judiciaire, soit pour annuler les actes arbitraires, soit pour rendre de suite les plaignans au bénéfice de la loi commune : mais dans aucun cas le ministre de la marine n'a pu, sur le territoire français, et contre les individus placés, par le seul fait de leur position, sous la protection de la loi commune, donner suite à l'acte du pouvoir arbitraire colonial. En cela, il commettait une double infraction :

1°. A la loi de sa propre compétence qui lui refuse le droit de statuer sur des plaintes qui intéressent la propriété des personnes et des choses ;

2°. A la loi commune, ou au droit public des Français, qui ne reconnaît sur son territoire ou dans les limites de sa juridiction aucunes déportations sans jugement.

Sur la Ve question.

Si l'on peut donner aux déportés la qualité de condamnés, et s'ils ont perdu par l'effet des décisions du gouverneur de la Martinique aucuns droits civils ?

A moins de prétendre fausser toutes les idées sur ce qui constitue un jugement en matière criminelle, il est impossible de trouver dans l'arrêté colonial de déportation l'ombre d'un jugement.

Tout jugement criminel exige,

1°. Une action commise et qualifiée crime, délit ou contravention par des lois claires et précises ;

2°. Une instruction pour en découvrir l'auteur ;

3°. Une défense libre et nécessaire de la part du prévenu ;

4°. Une déclaration de culpabilité par des juges légalement investis de cette fonction ;

5°. Une application de la loi pénale par les juges légaux à l'individu déclaré coupable.

Supprimez un de ces élémens, et il n'y aura pas de jugement.

Que sera-ce donc si tous ces élémens manquent à la fois ? Tel est cependant le cas qui fait naître la question proposée :

1°. Point d'action connue et qualifiée crime, délit ou contravention par la loi ;

2°. Aucune instruction dont l'élément essentiel est la confrontation des témoins avec les prévenus (1) ;

3°. Aucune défense libre de la part des déportés ;

4°. Aucune déclaration de culpabilité d'un fait incriminé par les lois ;

---

(1) Ordonnance de 1670 enregistrée le 3 novembre 1681 au conseil souverain de la Martinique.

5°. Aucune application de lois pénales.

L'arrêté de déportation ressemble si peu à un arrêt de justice, qu'il n'a même pas été lu ni notifié aux déportés ; ils savent qu'ils sont déportés. Voilà tout.

Le réglement administratif sur lequel paraît fondé l'arrêté de déportation résiste lui-même à l'idée d'un jugement prononcé.

Il n'attribue au gouverneur et à son conseil spécial aucune des fonctions de justice séparées de l'administration civile et militaire par les lois antérieures (1), séparation renouvelée par l'ordonnance royale du 22 novembre 1819 sur l'administration de la justice confiée aux Cours royales remplaçant les anciens conseils souverains.

Il qualifie de *délibération* (art. 8) et non de jugement l'arrêté de déportation.

Il permet au gouverneur président du conseil spécial de faire prévaloir son avis en cas d'opposition, et par conséquent de décider seul la déportation : ce qui est contre la nature des compagnies judiciaires délibérantes, où non-seulement l'avis de la majorité prévaut, mais où, en cas de partage en matière criminelle, l'avis le plus favorable à l'accusé l'emporte.

Il ne prescrit aucune instruction, aucune audition de témoins, aucune confrontation, aucun recollement, aucun interrogatoire, aucune défense ; l'absence de toutes formes ne permet pas de croire à la plus légère apparence d'un jugement de condamnation dans un tel acte.

Il ne spécifie aucun des cas où la déportation pourra être méritée. On ne sait ce qu'il faut faire ni ce qu'il faut éviter pour échapper à la déportation qui peut, à chaque instant, être délibérée par le conseil colonial et prononcée, contre son avis même, par le gouverneur tout seul.

---

(1) Voyez la première solution ci-dessus.

C'est au ministre de la marine qui n'a aucun pouvoir judiciaire de révision que l'on doit adresser l'expédition de la *délibération* de déportation.

Cette délibération n'a pas même besoin d'être motivée ni sur un délit matériel, ni sur une preuve requise, ni sur un texte de loi.

A tous ces traits on ne peut reconnaître une condamnation légale, parce qu'on n'y peut découvrir aucun des caractères du jugement; mais on y voit très-clairement un acte du pouvoir arbitraire qui agit sans formes parce qu'il se sent dans l'impuissance de convaincre celui qu'il soupçonne; qui opère sans publicité, parce qu'il ne pourrait supporter la critique; qui frappe sans écouter, parce qu'il reçoit l'impulsion de sa propre irritabilité; qui sacrifie tout à la peur, parce qu'il n'y a rien de si ombrageux que l'arbitraire.

Ce terrain colonial que l'on veut mettre hors du droit commun, on ne peut le placer hors des limites de la raison, en changeant les notions les plus vulgaires, en oblitérant les lumières du simple bon sens. Or, il faudrait opérer cette subversion totale du sens commun, pour qualifier de condamnation légale une déportation décidée sans jugement.

S'il n'y a pas de condamnation légale, il ne peut y avoir privation d'aucun des droits civils. L'effet ne peut se concevoir sans la cause.

Délibéré à Bourges, ce 26 août 1824.

H. DEVAUX.
MAYET GENÉTRY.
D. MATER.
DESEGLISE.
FRAVATON.

TURQUET, docteur en droit.
CHÉNON aîné.
THIOT-VARENNE.

CONSULTATION DU BARREAU DE ROUEN.

Les avocats soussignés qui ont lu 1° un Mémoire au roi pour les déportés de la Martinique; 2° un Mémoire à consulter suivi de pièces justificatives pour les mêmes individus; 3° une Consultation délibérée à Paris, le 8 juillet 1824, par M. Billecocq; 4° un second Mémoire à consulter du 4 août dernier;

Sans rentrer dans les considérations générales si bien développées dans la Consultation de M. Billecocq, et laissant de côté tout ce que les inspirations de l'humanité ou les conseils de la politique peuvent suggérer dans une pareille cause, pour ne s'occuper que des questions de droit qui leur sont soumises;

Sont d'avis des résolutions suivantes :

I. On allègue contre les consultans une déportation motivée sur un complot formé à la Martinique par les hommes de couleur contre le régime colonial. Il y a donc ici crime imputé et peine infligée. Quelle autorité devait intervenir pour reconnaître ce crime et appliquer cette peine? Les principes généraux du droit public répondent que c'étaient les tribunaux du pays. « Leur office, a très-bien dit un des premiers magistrats du royaume (et nous ajoutons : L'avantage de leur intervention), est de maintenir l'autorité en prévenant l'arbitraire, et d'assurer la soumission en ôtant tout prétexte à la révolte. » Le pouvoir de juger ne peut être réuni au pouvoir exécutif, parce qu'*alors le juge aurait la force d'être oppresseur.* (Montesquieu, *Esprit des Lois*, liv. VI, ch. 5.)

Le régime colonial de la Martinique fait-il exception à ce principe nécessaire, puisqu'il tient aux bases mêmes de l'ordre social? pages 72 et 73 du Mémoire imprimé pour les consultans, on rapporte les dispositions des anciens édits et arrêts du conseil sur cette matière. Il en résulte qu'il était expressément ordonné au gouverneur de s'abstenir de tout ce qui pouvait appartenir aux tribunaux, et qu'il lui était défendu d'exercer en aucun cas le pouvoir judiciaire.

C'était donc à l'autorité judiciaire de la Martinique, et non au gouverneur, de vérifier le crime imputé à certains habitans, et d'appliquer les peines fixées par les lois.

Pour légitimer la conduite du gouverneur dans l'espèce, on invoque un règlement ministériel du 10 septembre 1817. Mais ce règlement n'a pas pu déroger aux anciens édits et arrêts du conseil ci-dessus rappelés : *premièrement*, parce qu'il est essentiellement nul comme contenant un excès manifeste de pouvoirs ; *secondement*, parce qu'il est nul comme n'étant pas revêtu de la forme légale.

1°. L'art. 73 de la Charte porte : *Les colonies seront régies par des lois et des règlemens particuliers.* Il eût été, en effet, aussi impraticable qu'injuste de vouloir soumettre uniformément les colonies aux mêmes lois et aux mêmes règlemens que la métropole. D'autres nécessités sociales appelaient une législation et une police différentes.

Mais le pouvoir législatif a une sphère d'action bien plus élevée que le pouvoir réglementaire, et il ne faut pas croire que, dans l'esprit de la Charte, les lois et les règlemens, quant au régime colonial, aient été assimilés et mis dans la même classe, de telle sorte que ce qui, d'après les principes fondamentaux du droit public, est du domaine exclusif de la loi, puisse être ordonné par de simples réglemens. Ce serait une grave erreur, surtout si l'on se reporte aux idées généreuses et à la haute sagesse qui ont présidé à la rédaction de la Charte.

Ainsi, dans les colonies comme dans la métropole, des lois seules peuvent régler ce qui est du domaine de la loi et le pouvoir réglementaire n'a qu'une action subalterne et subordonnée.

Nous savons, il est vrai, que la limite qui sépare le pouvoir législatif du pouvoir réglémentaire est souvent difficile à fixer; mais, dans l'espèce, il ne peut se rencontrer aucune incertitude. Il s'agit de l'établissement d'une compétence sur la liberté des hommes et sur leur état civil et politique, et jamais un pareil objet n'a pu être du domaine d'un simple réglement. Pour créer des compétences, des formes, des peines, il faut une loi. Un réglement est, en pareil cas, tout-à-fait impuissant à rien établir de nouveau comme à rien abroger ou modifier de ce qui est établi.

Nous n'hésitons donc pas à penser, sous ce premier rapport, que l'acte du 10 septembre 1817, même en lui accordant le caractère de réglement d'administration publique, n'a pu attribuer au gouverneur le droit de déporter dictatorialement les habitans de la colonie, parce qu'un pareil pouvoir ne pouvait être constitué que par une loi, et qu'il fallait une loi aussi, c'est-à-dire un acte de souveraineté, pour abolir les actes de l'autorité souveraine de l'ancien régime qui défendent au gouverneur de s'attribuer en aucun cas l'exercice du pouvoir judiciaire.

2°. Mais l'acte du 10 septembre 1817 paraît bien plus impuissant encore à établir un pareil état de choses, lorsque, considérant sa forme, on se convainct que ce n'est pas même un réglement d'administration publique, un acte de l'autorité royale, mais un simple acte ministériel.

Cet acte est bien intitulé *Au nom du roi*, et le ministre qui l'a signé annonce bien dans le préambule que *Sa Majesté a jugé convenable d'en ordonner les dispositions sous forme de décision;* mais la signature du roi n'y est pas apposée, et cette formalité essentielle pouvait seule certifier authentiquement cet acte comme émané de l'autorité royale.

En supposant donc, contre l'art. 73 de la Charte, que, pour les colonies, une simple ordonnance royale aurait suffi pour investir extrajudiciairement le gouverneur, assisté d'un conseil spécial, d'un droit qui appartient essentiellement à l'autorité judiciaire ; dans cette hypothèse même, la participation de Sa Majesté à tout acte qui, par sa nature, appelle l'action de l'autorité royale, ne peut être garantie que par la signature du roi. Celle du ministre ne peut la suppléer. Un ministre ne peut attester par sa signature isolée que de simples décisions ministérielles qui ne peuvent avoir force réglementaire. Un réglement d'administration publique doit nécessairement pour sa validité être revêtu de la signature du monarque, parce que cette signature seule peut représenter et certifier l'action de l'autorité royale.

C'est là un principe de droit public aussi ancien que la monarchie. Les parlemens refusèrent toujours de déférer aux actes qui, ne contenant pas seulement des instructions sur l'exécution des lois et l'ordre du service, mais portant quelque innovation ou quelque dérogation aux lois établies, n'étaient néanmoins revêtus que de la signature du chancelier. On peut voir à cet égard des remontrances du parlement de Provence, du 28 juin 1734 (*Maximes du droit public français*, édit. in-12, 1772, tom. 1er, pag. 354). Le parlement d'Aix avait rendu un arrêt de réglement sur les refus arbitraires de sacremens. Le chancelier lui écrit : *Le roi me charge de vous ordonner de suspendre la publication de votre arrêt jusqu'à ce que vous ayez reçu de nouveaux ordres de sa part.* Le parlement fit à ce sujet des remontrances où il établit que la volonté royale n'était pas suffisamment certifiée par cette lettre. On y lit « que l'idée que l'ordre du roi était suffisamment attesté par le seing de son chancelier est contraire au droit public de la nation et à l'autorité royale..... Lorsque votre chancelier parle avec la raison et la loi, et qu'il s'appuie encore sur la loi vivante qui est le prince, tous ces témoignages se certifient mutuellement et forment un corps d'autorité. Lorsqu'il parle sans loi, il ne peut être garant; il est sans garant lui-même. Lorsqu'il parle contre la raison et la loi, la déclaration qu'il fait au nom du prince, bien loin de fortifier le commandement, ne sert qu'à le rendre plus suspect. La volonté qu'il prétend avoir recueillie ne peut être qu'une volonté supposée ou une volonté momentanée qui ne suffit pas en France pour changer la règle, et qui d'ailleurs est mal certifiée..... Votre Majesté ne fait connaître ses intentions aux siéges inférieurs que par l'entremise de son chancelier, parce qu'ils ne reçoivent que des ordres d'exécution et de manutention, et non des ordres de législation. Vos parlemens sont institués pour recevoir, à l'exclusion des tribunaux subalternes, les actes de l'autorité législative et du plein pouvoir, et ils ne les reçoivent que de vous. Le sceau est la seule marque à laquelle ils puissent reconnaître votre autorité; et ce serait une formalité bien vaine que le sceau, si la signature de votre chancelier était équivalente..... La volonté du roi n'opère dans la justice, comme acte du pouvoir suprême, qu'au nom de celui que Dieu en a revêtu, et avec les marques de la souveraineté. »

Ce principe n'a pas pu changer, puisqu'il tient aux formes essentielles, à la manifestation complète et sans surprise de la volonté royale. Aussi le conseil d'État l'a-t-il appliqué récemment dans toute sa rigueur. Il s'agissait d'un acte ministériel du 25 janvier 1819, rendu, y est-il dit, *après avoir pris les ordres du roi*, mais non signé de Sa Majesté. Le roi, en son conseil d'Etat, n'a eu aucun égard à cette décision, « *considérant que rien ne peut suppléer à notre signature dans les actes qui sont susceptibles d'en être revêtus; qu'ainsi, quoiqu'il soit énoncé, dans cette décision, que le ministre qui l'a rendue avait préalablement pris nos ordres, cette énonciation ne suffit*

En supposant donc, contre l'art. 73 de la Charte, que, pour les colonies, une simple ordonnance royale aurait suffi pour investir extrajudiciairement le gouverneur, assisté d'un conseil spécial, d'un droit qui appartient essentiellement à l'autorité judiciaire; dans cette hypothèse même, la participation de Sa Majesté à tout acte qui, par sa nature, appelle l'action de l'autorité royale, ne peut être garantie que par la signature du roi. Celle du ministre ne peut la suppléer. Un ministre ne peut attester par sa signature isolée que de simples décisions ministérielles qui ne peuvent avoir force réglementaire. Un réglement d'administration publique doit nécessairement pour sa validité être revêtu de la signature du monarque, parce que cette signature seule peut représenter et certifier l'action de l'autorité royale.

C'est là un principe de droit public aussi ancien que la monarchie. Les parlemens refusèrent toujours de déférer aux actes qui, ne contenant pas seulement des instructions sur l'exécution des lois et l'ordre du service, mais portant quelque innovation ou quelque dérogation aux lois établies, n'étaient néanmoins revêtus que de la signature du chancelier. On peut voir à cet égard des remontrances du parlement de Provence, du 28 juin 1734 (*Maximes du droit public français*, édit. in-12, 1772, tom. 1er, pag. 354). Le parlement d'Aix avait rendu un arrêt de réglement sur les refus arbitraires de sacremens. Le chancelier lui écrit: *Le roi me charge de vous ordonner de suspendre la publication de votre arrêt jusqu'à ce que vous ayez reçu de nouveaux ordres de sa part.* Le parlement fit à ce sujet des remontrances où il établit que la volonté royale n'était pas suffisamment certifiée par cette lettre. On y lit « que l'idée que l'ordre du roi était suffisamment attesté par le seing de son chancelier est contraire au droit public de la nation et à l'autorité royale..... Lorsque votre chancelier parle avec la raison et la loi, et qu'il s'appuie encore sur la loi vivante qui est le prince, tous ces témoignages se certifient mutuellement et forment un corps d'autorité. Lorsqu'il parle sans loi, il ne peut être garant; il est sans garant lui-même. Lorsqu'il parle contre la raison et la loi, la déclaration qu'il fait au nom du prince, bien loin de fortifier le commandement, ne sert qu'à le rendre plus suspect. La volonté qu'il prétend avoir recueillie ne peut être qu'une volonté supposée ou une volonté momentanée qui ne suffit pas en France pour changer la règle, et qui d'ailleurs est mal certifiée..... Votre Majesté ne fait connaître ses intentions aux siéges inférieurs que par l'entremise de son chancelier, parce qu'ils ne reçoivent que des ordres d'exécution et de manutention, et non des ordres de législation. Vos parlemens sont institués pour recevoir, à l'exclusion des tribunaux subalternes, les actes de l'autorité législative et du plein pouvoir, et ils ne les reçoivent que de vous. Le sceau est la seule marque à laquelle ils puissent reconnaître votre autorité; et ce serait une formalité bien vaine que le sceau, si la signature de votre chancelier était équivalente..... La volonté du roi n'opère dans la justice, comme acte du pouvoir suprême, qu'au nom de celui que Dieu en a revêtu, et avec les marques de la souveraineté. »

Ce principe n'a pas pu changer, puisqu'il tient aux formes essentielles, à la manifestation complète et sans surprise de la volonté royale. Aussi le conseil d'État l'a-t-il appliqué récemment dans toute sa rigueur. Il s'agissait d'un acte ministériel du 25 janvier 1819, rendu, y est-il dit, *après avoir pris les ordres du roi*, mais non signé de Sa Majesté. Le roi, en son conseil d'État, n'a eu aucun égard à cette décision, « *considérant que rien ne peut suppléer à notre signature dans les actes qui sont susceptibles d'en être revêtus; qu'ainsi, quoiqu'il soit énoncé, dans cette décision, que le ministre qui l'a rendue avait préalablement pris nos ordres, cette énonciation ne suffit* pas pour lui attribuer l'autorité d'une ordonnance émanée de nous, et n'empêche pas qu'elle ne doive uniquement être considérée comme une simple décision ministérielle. (Arrêt du conseil du 29 janvier 1823, n° 5354, h^s *Caraman*, Sirey, *Recueil général*, tom. 1824, 2ᵉ p., pag. 138.)

Si, dans l'espèce citée, le conseil d'Etat a si rigoureusement tenu à la stricte observation de la seule forme qui puisse garantir que l'autorité royale a été légalement consultée, à combien plus forte raison ne devra-t-il pas regarder comme nul de toute nullité un acte qui, destiné à abroger des réglemens souverains et à mettre hors la loi une population entière, n'est néanmoins revêtû que de la signature isolée d'un ministre.

Et qu'on ne dise pas que la forme des lois et des réglemens peut différer aux colonies de celle qui est consacrée en France. D'abord l'art. 73 de la Charte ne porte rien de semblable, et ensuite il ne s'agit pas ici d'une simple formalité extérieure, mais d'une forme essentielle et viscérale. Les ministres ne sont pas plus aux colonies qu'en France suppléans de Sa Majesté et dépositaires de l'autorité royale; ils n'en sont que les agens.

II. Le plus ancien de nos criminalistes (Ayrault) a dit : *Justice gist en formalité : sans forme, ce n'est plus justice, c'est force, c'est violence, c'est cruauté, c'est tyrannie pure.* Si aucune forme légale n'a été suivie par M. le gouverneur de la Martinique dans les traitemens qu'il a infligés aux consultans, c'est par une pure *voie de fait* qu'il les a fait enlever de leurs foyers et déporter du pays. Et en effet qui pourrait voir autre chose, lorsqu'aucune instruction n'a eu lieu, que les prévenus n'ont été ni interrogés, ni confrontés avec les délateurs et les témoins, ni entendus dans leurs défenses, et qu'enfin aucun jugement, aucune décision quelconque ne leur a été notifiée préalablement à toute exécution? Et si ce n'est pas là justice, si ce n'est pas là acte d'autorité légale, si ce n'est que force et violence, il est incontestable que ceux qui étaient sous le coup de cette voie de fait ont dû en être affranchis, aussitôt qu'entrés dans les limites d'une autre juridiction, ils ont réclamé le secours de l'autorité publique, parce que dans aucun pays, sinon sous les gouvernemens absolus et despotiques, le pouvoir ne peut prêter main-forte à un acte arbitraire, ni même en rester passivement témoin.

III. Surtout la France est une terre de franchise et de liberté. Un de nos rois (1) disait : «Puisque ce royaume s'appelle le royaume des Francs, je veux que la chose soit consonnante au mot.» Aussi, soit que les consultans aient été momentanément débarqués, soit qu'ils soient restés en rade, ils ont pu invoquer le privilége de tout homme qui a touché le sol français, et, de même que les magistrats français auraient qualité pour informer relativement à un crime commis sur un vaisseau en rade, de même l'autorité française devait réprimer l'acte arbitraire qui se commettait dans les eaux de la France, dans l'étendue de la domination française.

IV. Une fois qu'à la première vue des côtes de la mère-patrie les déportés de la Martinique eurent crié : *France !* une fois surtout qu'en relation avec les diverses autorités françaises, ils eurent invoqué le nom du roi et l'appui des lois du pays, aucun pouvoir n'a pu prêter force d'exécution à l'acte illégal dont ils étaient victimes : *hoc est contrà mores Franciæ*, pour rappeler ici la réponse que Suger, ce digne ministre de l'un de nos rois, avait coutume de faire lorsqu'on sollicitait de lui l'autorisation de quelque arrestation arbitraire. En France, nul pouvoir ne peut agir que conformément aux lois. Aucune loi ne donne à qui que ce soit le droit de séquestrer un Fran-

---

(1) Louis X, dit le Hutin, en 1315.

pas pour lui attribuer l'autorité d'une ordonnance émanée de nous, et n'empêche pas qu'elle ne doive uniquement être considérée comme une simple décision ministérielle. (Arrêt du conseil du 29 janvier 1823, n° 5354, h^s *Caraman*, Sirey, *Recueil général*, tom. 1824, 2e p., pag. 138.)

Si, dans l'espèce citée, le conseil d'Etat a si rigoureusement tenu à la stricte observation de la seule forme qui puisse garantir que l'autorité royale a été légalement consultée, à combien plus forte raison ne devra-t-il pas regarder comme nul de toute nullité un acte qui, destiné à abroger des réglemens souverains et à mettre hors la loi une population entière, n'est néanmoins revêtu que de la signature isolée d'un ministre.

Et qu'on ne dise pas que la forme des lois et des réglemens peut différer aux colonies de celle qui est consacrée en France. D'abord l'art. 73 de la Charte ne porte rien de semblable, et ensuite il ne s'agit pas ici d'une simple formalité extérieure, mais d'une forme essentielle et viscérale. Les ministres ne sont pas plus aux colonies qu'en France suppléans de Sa Majesté et dépositaires de l'autorité royale; ils n'en sont que les agens.

II. Le plus ancien de nos criminalistes (Ayrault) a dit : *Justice gist en formalité : sans forme, ce n'est plus justice, c'est force, c'est violence, c'est cruauté, c'est tyrannie pure.* Si aucune forme légale n'a été suivie par M. le gouverneur de la Martinique dans les traitemens qu'il a infligés aux consultans, c'est par une pure *voie de fait* qu'il les a fait enlever de leurs foyers et déporter du pays. Et en effet qui pourrait voir autre chose, lorsqu'aucune instruction n'a eu lieu, que les prévenus n'ont été ni interrogés, ni confrontés avec les délateurs et les témoins, ni entendus dans leurs défenses, et qu'enfin aucun jugement, aucune décision quelconque ne leur a été notifiée préalablement à toute exécution? Et si ce n'est pas là justice, si ce n'est pas là acte d'autorité légale, si ce n'est que force et violence, il est incontestable que ceux qui étaient sous le coup de cette voie de fait ont dû en être affranchis, aussitôt qu'entrés dans les limites d'une autre juridiction, ils ont réclamé le secours de l'autorité publique, parce que dans aucun pays, sinon sous les gouvernemens absolus et despotiques, le pouvoir ne peut prêter main-forte à un acte arbitraire, ni même en rester passivement témoin.

III. Surtout la France est une terre de franchise et de liberté. Un de nos rois (1) disait : «Puisque ce royaume s'appelle le royaume des Francs, je veux que la chose soit consonnante au mot.» Aussi, soit que les consultans aient été momentanément débarqués, soit qu'ils soient restés en rade, ils ont pu invoquer le privilége de tout homme qui a touché le sol français, et, de même que les magistrats français auraient qualité pour informer relativement à un crime commis sur un vaisseau en rade, de même l'autorité française devait réprimer l'acte arbitraire qui se commettait dans les eaux de la France, dans l'étendue de la domination française.

IV. Une fois qu'à la première vue des côtes de la mère-patrie les déportés de la Martinique eurent crié : *France !* une fois surtout qu'en relation avec les diverses autorités françaises, ils eurent invoqué le nom du roi et l'appui des lois du pays, aucun pouvoir n'a pu prêter force d'exécution à l'acte illégal dont ils étaient victimes : *hoc est contrà mores Franciæ*, pour rappeler ici la réponse que Suger, ce digne ministre de l'un de nos rois, avait coutume de faire lorsqu'on sollicitait de lui l'autorisation de quelque arrestation arbitraire. En France, nul pouvoir ne peut agir que conformément aux lois. Aucune loi ne donne à qui que ce soit le droit de séquestrer un Fran-

---

(1) Louis X, dit le Hutin, en 1315.

çais, soit dans un hôpital, soit à bord d'un vaisseau, et tout acte illégal et exorbitant doit perdre sa force dans un pays où nul ne peut être arrêté que dans les cas prévus et suivant les formes déterminées par la loi. (Art. 4 de la Charte.)

V. Les solutions ci-dessus suffisent également à la 5ᵉ question proposée. S'il n'y a pas eu de jugement légal, il n'y a pas de condamnés. Il n'y a eu qu'une voie de fait qui ne peut rien changer à l'état ou aux droits de ceux qui en ont été frappés.

N'en doutons pas ; le roi, dans sa haute sagesse, réparera les erreurs échappées à ses ministres, et sa main, qui a fermé tant d'autres plaies, saura fermer encore celle que cette déplorable affaire a révélée.

Délibéré à Rouen, le 12 août 1824.

DAVIEL père, *bâtonnier de l'ordre.*
HOUEL.
CALENGE.
FERCOQ.
DECORDE.
DUPUY.
CHÉRON.

E. AROUX.
Ch. GRAINVILLE.
J. SENARD.
A. DAVIEL fils.
HÉBERT.
LEMARIÉ.
PICART.
F. FLEURY.

CONSULTATION DU BARREAU DE RENNES.

Les anciens avocats soussignés, vu le Mémoire à consulter qui leur a été soumis, sont d'avis des résolutions suivantes.

Sur la première question : « Le réglement de 1817, en le supposant publié dans les formes légales, avait-il l'autorité d'une loi coloniale, selon l'article 73 de la Charte ? Le gouverneur a-t-il pu, en vertu de ce réglement, enlever les consultans à leurs juges et les déporter ? »

Le conseil pense que la négative n'est pas douteuse ; pour le démontrer, il suffira d'établir quelques principes élémentaires.

Lorsque, après de longs orages, les Bourbons sont remontés sur le trône de leurs ancêtres, ils ont fondé la monarchie constitutionnelle ; cette monarchie a pour base la Charte.

La Charte est la première des lois, ou plutôt elle en est la source ; c'est d'elle que les lois découlent. Elle domine la législation, et tout ce qui est contraire aux grands principes fondamentaux qu'elle a établis, doit être réprouvé et réprimé comme attentatoire à la monarchie même.

La Charte est la règle des Français ; elle les oblige tous, mais aussi elle les protège tous.

Les colonies font-elles partie de la France ? Les colons libres, noirs ou blancs, sont-ils Français ? qui pourrait en douter ? qui oserait le contester ?

Les colons sont donc soumis à la Charte ; mais s'ils doivent se soumettre à son empire, ils sont aussi placés sous sa sauvegarde et sa protection ; sans doute ils lui doivent obéissance lorsqu'elle leur commande, mais aussi en retour ils peuvent se réclamer d'elle, lorsqu'on leur fait injustice.

Or, un des droits les plus sacrés que la Charte, dans ses articles fondamentaux, garantit aux Français sans exception, est la liberté individuelle.

Art. 4. « Nul ne peut être poursuivi, ni arrêté, que dans les cas prévus par la loi et dans la forme qu'elle prescrit. »

Ce droit, si cher à l'homme libre, appartient à l'habitant des colonies comme à celui de la métropole ; le caprice et l'arbitraire ne peuvent pas plus séquestrer les personnes à la Pointe-à-Pître qu'à Paris.

Pour contester l'application des principes ci-dessus voudrait-on augmenter de l'article 73 de la Charte même ?

« Les colonies seront régies par des lois et des réglemens particuliers. »

Quelle conséquence à tirer de cette disposition, et que prouve-t-elle ?

Voici, à ce qu'il semble, la pensée qui l'a dictée.

Toute législation, pour être bonne, doit être appropriée aux besoins de ceux qu'elle doit gouverner ; et pour cela il faut la combiner avec leurs mœurs, leurs habitudes et même leur climat ; les principes immuables de la justice et de l'équité en seront toujours et partout la base ; mais il y aura des modifications dans les détails et des différences dans l'application. Les mœurs des colonies ne sont pas les nôtres, non plus que leur climat et leurs habitudes ; dès-lors on a pu penser et avec raison qu'il leur fallait une législation particulière.

En conséquence on peut dire que les Français colons sont hors les lois communes aux Français de la métropole ; mais on ne peut pas dire qu'ils sont hors de toute la Charte, et que la déclaration du droit public des Français n'a pas été faite pour eux ; il faut donc, admettre que leur liberté individuelle leur a été garantie, et qu'on ne peut y porter atteinte que dans les cas et dans les formes déterminés par la loi.

Ce qui précède conduit à solution de la question

proposée; les colons, quelle que soit leur couleur, peuvent-ils être déportés extra-judiciairement?

Enlever un homme de son domicile, le séparer de ses propriétés, l'arracher à sa famille, le jeter hors de sa patrie, le conduire dans une terre d'exil et l'y enchaîner; certes, c'est là une grave atteinte portée à la liberté individuelle. A-t-on pu se la permettre sans une loi qui l'autorisât? Certes *non*, et cette réponse part du cœur plus encore que de l'esprit.

Or, que l'on parcoure toutes les lois dont se compose le code des colonies, on n'en trouvera aucune qui autorise les déportations sans jugement; du moins le conseil n'en connaît-il pas? Les déportations extra-judiciaires sont donc illégales; elles sont donc un attentat à la liberté individuelle, liberté garantie par le droit public des Français.

On objecte l'ordonnance, ou plutôt la prétendue ordonnance du 10 septembre 1817.

Une ordonnance royale mérite, sans doute, tous nos respects; mais cependant les jurisconsultes ont le droit d'en discuter la légalité : 1° parce que le roi peut avoir été induit en erreur par ses ministres, 2° parce que ses ministres eux-mêmes peuvent avoir été trompés; en supposant que celle du 10 septembre 1817, eût été publiée dans les formes légales, les soussignés ne sauraient admettre qu'elle ait pu autoriser des déportations sans jugemens, et cela sous deux rapports. D'abord en droit, ils ne peuvent penser qu'une ordonnance du roi suffise pour établir et faire prononcer des peines aussi graves; autrement il faudrait dire que Louis XVIII, roi constitutionnel de la France proprement dite, est monarque (1) absolu de ses colonies, qualification qu'il repousserait lui-même si on voulait la lui donner, car c'est lui qui a déclaré qu'il ne voulait régner que par la Charte; et

---

(1) Resterait à examiner si le pouvoir absolu n'est pas illégitime partout où il exerce son empire de fait.

on le répète, le droit public, consacré par ce monument de sa sagesse, appartient à tous les Français sans exception. Qu'il y ait une législation spéciale pour les colonies, soit; qu'il y ait des peines particulières pour les colonies, soit encore; mais ces peines ne peuvent être établies que par une loi; une ordonnance ne suffit pas. En second lieu, les soussignés pensent, en fait, que l'on peut d'autant moins objecter ici la décision du 10 septembre 1817; que cette décision n'est pas une ordonnance; qu'elle n'est pas revêtue de la signature de Sa Majesté, et qu'en un mot ce n'est autre chose qu'un réglement ministériel qui, sous aucun rapport, ne peut avoir force de loi. Ils pensent, en outre, en fait encore, que ce réglement, en cette partie, n'est que la conséquence d'une erreur du ministre; le ministre croyait que les déportations extra-judiciaires étaient autorisées dans les colonies, et son réglement a même pour objet d'y apporter des restrictions. Pour être convaincu que telle était l'erreur du ministre, il suffit de lire le réglement, article 8 :

« A l'avenir, nul ne pourra être extrajudiciairement banni ni déporté. »

Il est évident que ce n'est pas un droit nouveau que le ministre a voulu introduire, qu'il a voulu seulement apporter des restrictions à un droit ancien. Cette erreur du ministre d'alors a entraîné le ministre d'aujourd'hui, qui, dans le discours qu'il a prononcé à la chambre des députés, dans la séance du 17 juillet dernier, a dit que les lois des colonies permettaient les déportations sans jugement; donc le ministre pense encore que de semblables déportations étaient autorisées par la loi. Eh bien! le ministre d'aujourd'hui se trompe, comme le ministre d'alors s'était trompé; et comment argumenter d'un réglement qui n'est que le résultat d'une erreur de fait?

Sur la deuxième question : « Si du moins la déportation n'a pas dû cesser ses effets, hors des limites de la juridiction de l'isle : si elle n'était pas provisoire de fait et de droit ; »

Les soussignés répondent affirmativement; en effet, en admettant que l'ordonnance du 10 septembre 1817 (c'est-à-dire, le réglement) dût être considérée comme une loi, qu'en résulterait-il ? Que les colons pourraient être extra-judiciairement bannis et déportés des îles, c'est-à-dire pour se servir d'une expression triviale qui rend toute la pensée du conseil, qu'on pourrait les mettre à la porte avec défense de rentrer ; mais voilà tout : d'après le réglement même, le pouvoir du gouverneur n'irait pas plus loin, et ce serait lui donner une étrange extension que de décider qu'il aurait le droit non-seulement de chasser, d'expulser un individu des lieux soumis à son gouvernement; mais encore de l'envoyer vivre et mourir dans tel lieu du monde qu'il lui plairait de désigner.

Que l'on réfléchisse aux conséquences qui en résulteraient. Le réglement dont il s'agit serait, dans le système que l'on combat, une loi de police et de sûreté; les lois de police et de sûreté régissant tous ceux qui résident sur le territoire, il s'ensuivrait, dès-lors, qu'un Français de la métropole, un étranger même, un Anglais, un Russe résidant momentanément aux colonies, seraient soumis à ce pouvoir exorbitant conféré au gouverneur; que celui-ci aurait le droit non-seulement de les faire sortir des îles, mais de les exiler ailleurs, de les faire conduire au Sénégal par exemple, et de les y écrouer pour toute leur vie, comme si le Sénégal était une vaste prison dont il pourrait disposer à son gré. Jamais une telle pensée n'est entrée dans l'esprit du ministre rédacteur du réglement du 10 septembre 1817. La juridiction du gouverneur cesse avec les limites de son territoire, et quand ces limites sont franchies tout individu quel qu'il soit, quelle que soit sa nation, échappe à la police coloniale et rentre sous la protection des lois de son pays.

Sur la troisième question : « Si les déportés n'ont pas suffisamment touché le sol français, et n'ont pas été autorisés à réclamer leur mise en liberté ? »

Il est évident que les déportés étant en rade de Brest ou de Rochefort, quelques-uns même à terre, avaient les uns réellement, les autres fictivement touché le sol français; la preuve c'est qu'on leur a déclaré qu'ils étaient sous la surveillance de la police de France; s'ils étaient sous la surveillance de la police de France, ils étaient aussi sous la protection de ses lois, et ils ont pu et dû les invoquer.

Sur la quatrième : « Si le ministre de la marine a été dispensé de faire droit à leurs réclamations, et s'il a reçu de la loi le pouvoir de confirmer et donner force d'exécution à une mesure extra-judiciaire ? »

Non; les déportations ordonnées par le gouverneur de la Martinique étaient illégales. Dès-lors au lieu de concourir à leur exécution comme ministre de la marine, comme membre du conseil, il devait formellement s'y opposer. Le ministère est un, et chacun de ses membres est chargé de veiller à ce que la Charte soit observée.

Sur la cinquième question : « Si on a pu donner aux consultans la qualité de condamnés, et s'ils ont perdu par l'effet des décisions du gouvernement de la Martinique aucun droit civil ? »

N'ayant pas été jugés, les déportés n'ont pu être condamnés; n'ayant pas été condamnés, ils n'ont pu perdre aucun droit civil; car on ne perd ses droits civils que par suite d'une loi ou d'un jugement.

Délibéré à Rennes le 5 août 1824.

G.-R. GRIVART.   L.-M. COATPONT.
TOULLIER.   MOREL.
JUMELAIS.   GAILLARD DE KERBERTIN.
HUNAULT.   BERNARD.